지중해와 흑해 사이,
제국들의 역사

지중해와 흑해 사이, 제국들의 역사

발행일   2026년 3월 18일

지은이   전승민
펴낸이   손형국
펴낸곳   (주)북랩

출판등록   2004. 12. 1(제2012-000051호)
주소   서울특별시 금천구 가산디지털 1로 168, 우림라이온스밸리 B동 B111호, B113~115호
홈페이지   www.book.co.kr
전화번호   (02)2026-5777   팩스   (02)3159-9637

ISBN   979-11-7598-145-4 03900 (종이책)   979-11-7598-146-1 05900 (전자책)

작가 연락처 문의 ▸ ask.book.co.kr

전용 게시판에 문의를 남기시면 저자에게 직접 전달됩니다.

(주)북랩 성공출판의 파트너

북랩 홈페이지와 SNS에서 다양한 출판 솔루션을 만나 보세요!

홈페이지 book.co.kr   •   **블로그** blog.naver.com/essaybook   •   **출판문의** text@book.co.kr
카톡채널 북랩

외교관의 시선으로 다시 읽는 세계사의 중심축

지중해와 흑해 사이,
제국들의 역사

전승민 지음

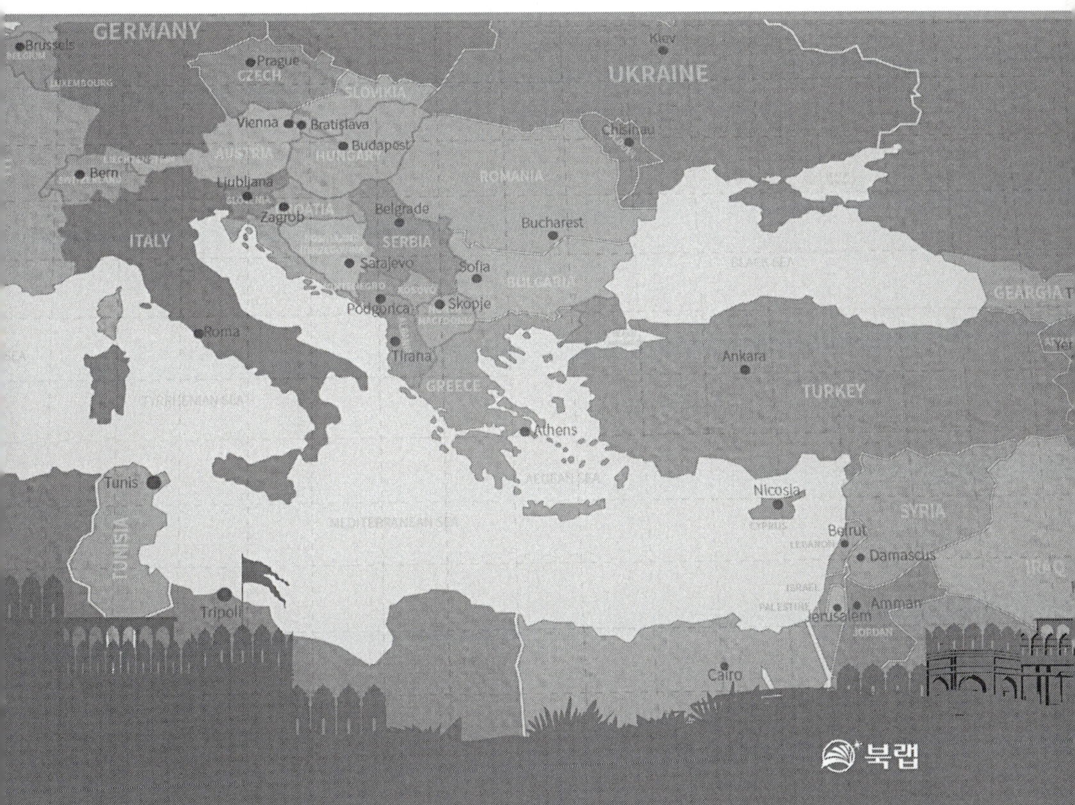

북랩

괄호 안의 연대 표시는 군주나 종교 수장의 재위 기간, 또는 왕조의 존속 기간을 나타내는 숫자입니다.

유라시아의 유목민 세계를 통해 카자흐스탄의 역사를 알아보는 책인 『유라시아의 중심국 카자흐스탄 이야기』를 출간한 지 4년이 지났다. 그 책은 약 7,000㎞에 달하는 몽골고원과 흑해 사이의 초원에 등장했던 유목국가들과 카자흐스탄의 연관성에 관한 내용이었다.

그 책을 쓰면서 큰 관심을 가졌던 분야는 투르크족과 이슬람이었다. 그 책에서는 제목대로 서술 공간이 유라시아였기에 지중해 지역은 다루지 않았다. 그러나 투르크족들은 훈족을 필두로 4세기 후반 흑해 북부 초원을 거쳐 발칸반도로 들어와 당시 지중해를 지배하고 있던 로마제국을 침략했다. 7세기 초 지중해 동부에서 태동한 이슬람은 유대교와 그리스도교에 이은 새로운 일신교로 북아프리카, 중동, 페르시아, 중앙아시아에서 강력하게 자리 잡았다.

투르크족들은 10세기 중반경부터는 중앙아시아에서 페르시아를 거쳐 아나톨리아반도로 진출하기 시작했다. 이들은 13세기 후반 아나톨리아반도에 오스만제국을 건설했다. 유목민인 투르크족이 중앙아시아에서 아나톨리아반도까지 이동해 와 정주 국가를 세운 것이다. 그리고 이들이 아랍인에 이어 이슬람 세계의 맹주로서 동로마제국(비잔티움제국)를 비롯한 기독교 세계와 수백 년간 대치한 것은 흥미로운 역사적 현상이었다.

지중해는 유럽, 아프리카, 아시아 3개 대륙으로 둘러싸여 있다. 3개 대륙
에 사는 종족들도 다르다. 그리스와 로마 등 지중해 북부에는 인도유럽어
계 종족이, 아프리카와 중동에는 함어족과 셈어족이 살고 있다. 페르시아
인은 인도유럽어계 종족이지만, 인접한 중동 지역의 셈어족들과 섞이고 메
소포타미아문명의 영향을 받으면서 동양 문명의 특징을 갖고 있다. 이슬람
역사서들은 셈족을 아랍인과 페르시아인의 조상으로 기술하고 있다.[1]

그리스와 페르시아, 카르타고와 로마, 기독교 왕국과 이슬람 왕국은 지중
해를 사이에 두고 대치하며 이 지역의 패권을 차지하기 위해 서로 다투었
다. 이들의 전쟁은 북아프리카와 에스파냐에서 흑해까지 영향을 미쳤다.
지중해와 흑해를 중심으로 한 이들의 대결 구도는 고대부터 지금까지 면면
히 내려오는 역사적 사실로, 일종의 동서양 간 문명 충돌이었다.

기독교가 탄생하고 7세기 초 이슬람이 등장한 후 지중해 북부 사람들은
기독교, 남부 사람들은 이슬람을 믿으며 유럽과 아프리카·중동은 종교적
으로도 분리되었다. 일신교가 각각 강력하게 자리를 잡으며 이들은 더 배
타적으로 되었다. 이 지역의 전쟁은 전통적인 영토 확장 목적에 자신들이
믿는 방식의 일신교가 더 우월하다는 종교적 명분이 가세하며 더욱 치열해
졌다.

지중해와 인접한 곳에 흑해가 있다. 두 바다는 다르다넬스해협(헬레스폰
투스해협)과 보스포루스해협을 통해 연결되어 있다. 기원전 8세기 중반 그
리스 폴리스 국가 시대부터 그리스인들이 상업적 목적으로 흑해에 진출했

---

1 라시드 앗 딘 저, 김호동 역, 『라시드 앗 딘의 집사 1 부족지』(사계절, 2002), 103쪽.

다. 이후 로마 시대에 흑해는 동로마의 영향권 아래 있었다. 그러나 흑해 북부는 유라시아와 연결된 초원 지대여서 훈, 아바르, 페체네크, 킵차크 등 투르크계 유목 세력이 진출한 곳이기도 하다. 이들은 아시아 초원에서 흑해 초원을 거쳐 동유럽으로 들어가 이 지역의 역사에 큰 영향을 미쳤다.

훈족은 4세기 말 흑해 북부 초원에 있던 고트족을 공격해 서유럽에 큰 영향을 미친 게르만족의 대이동을 촉발했다. 훈족의 왕 아틸라는 5세기 중반 로마제국을 침략해 신의 채찍이라는 별명을 얻기도 했다. 아바르는 6세기 중반 중앙아시아에서 발칸반도로 들어와 사산왕조와 연합해 비잔티움제국을 공격했다. 페체네크는 1071년 만지케르트 전투에서 당초 동로마와 연합했으나, 동로마를 배신하고 동족인 셀주크 투르크(오구즈 투르크의 분파)을 지원해 셀주크 투르크가 승리하는 데 이바지했다. 그리고 이 전투의 승리로 아나톨리아반도는 투르크화되고, 이는 오스만제국이 건설되는 밑거름이 되었다. 킵차크는 11세기경 카자흐스탄 초원에서 흑해 북부에 걸쳐 광범위하게 세력을 형성했다. 훗날 칭기즈칸의 손자 바투가 이 지역에 세운 왕국은 이 종족의 이름을 따서 킵차크 칸국이라 불렸다.

흑해 북부는 유목 세력의 이동지여서 지중해보다 정주왕조의 태동이 늦었다. 몽골이 이 지역에 13세기 초반 킵차크 칸국을 세우며 비로소 정규 왕조가 들어섰다. 킵차크 칸국은 러시아의 여러 공국을 가신으로 두고 러시아를 간접 지배했다. 그러나 킵차크 칸국은 원나라의 몰락과 14세기 후반 티무르의 공격을 여러 차례 받고 약화하기 시작했다. 그 결과 카잔 칸국, 크림 칸국, 아스트라한 칸국이 새로 생겨났다. 이러한 킵차크 칸국의 약화를 이용해 오스만제국이 1475년 크림반도와 그 주변 일대를 지배하던 크림 칸국을 복속시키고 흑해를 오스만제국의 호수로 만들었다. 그러나

1240년부터 킵차크 칸국에 종속해 있던 러시아가 1480년 몽골의 굴레에서 벗어났다. 이후 러시아는 흑해와 발칸반도에서 오스만제국과 대결했다. 이 대결에서 러시아가 승리해 1783년 크림 칸국을 복속시키고 흑해 북부 지역을 평정했다. 러시아는 또한 오스만제국을 발칸반도 대부분 지역에서 몰아내는 데도 성공했다.

오스만제국은 13세기 말에 건국되어 20세기 초에 소멸하며 약 600년 동안 존속했다. 아프리카, 유럽, 아시아 3개 대륙에 걸쳐 영토를 구축한 오스만제국은 동방과 서방의 대결에서 마지막으로 서방에 대해 우위를 점했던 동방의 왕국이다.

오스만제국은 17세기 후반부터 발칸반도에서 유럽과 러시아에 밀리며 약화하기 시작했다. 결국 오스만제국은 제1차 세계대전 발발 시 동맹국(독일·오스트리아-헝가리제국)편에 섰다가 동맹국이 패하자 망하게 된다. 오스만제국이 붕괴하고 제2차 세계대전을 겪으면서 지중해와 흑해 연안에 많은 변화가 일어났다.

지중해 북부에는 고대 이 지역의 선두 주자였던 그리스와 로마를 대신해 영국, 프랑스, 독일이 주도적 위치를 점했다. 오스만제국의 지배하에 있던 발칸반도에는 그리스, 불가리아, 세르비아, 루마니아 등의 독립 국가들이 들어섰다. 투르크계 유목세력과 오스만제국이 세력을 떨쳤던 흑해 북부는 러시아와 우크라이나 등 슬라브계 국가들이 차지했다.

오스만제국의 통치 아래 있다가 프랑스, 영국, 이탈리아의 지배를 받던 아프리카 북부 지역에도 알제리, 튀니지, 이집트 등의 독립 국가가 들어섰다. 팔레스타인에는 유대인이 2,000년 만에 귀환해 독립 국가 이스라엘을 세웠다. 유대인은 2세기 초 로마에 의해 예루살렘에서 쫓겨나기 전 이 지역에 왕국을 세우고 살았기에 연고권이 있음을 주장하지만, 이는 팔레스타인 사람들과 큰 갈등을 불러일으키고 있다.

오스만제국 멸망 후 탄생한 튀르키예(터키)는 발칸반도와 중동, 아프리카에서 영토를 상실하고, 아나톨리아반도로 영토가 축소되었다. 그리고 무엇보다 지중해와 흑해 지역의 전통 주역이 아니었던 미국이 제1, 2차 세계대전에 참전해 연합국의 승리를 이끌며 이 지역에서 큰 영향력을 행사하고 있다.

서방(유럽 및 미국)보다 먼저 고대 문명을 꽃피웠던 동방(지중해 동부 및 페르시아)은 오스만제국이 붕괴한 후 흑해와 지중해의 주도권을 서방에 빼앗겼다. 그러나 오스만제국이 몰락하기 전까지는 서방과 동방은 어느 정도 세력 균형을 이뤘다. 그리스에 패한 페르시아는 아나톨리아반도 서부와 발칸반도 일부의 영토만 상실했을 뿐 제국은 건재했다. 팍스 로마나 시대에도 페르시아의 파르티아왕조, 그리고 이어서 들어선 사산왕조는 로마제국과 메소포타미아에서 세력 균형을 이루며 대등한 관계를 유지했다.

우마이야왕조, 아바스왕조 등 이슬람의 칼리프왕조는 로마제국에 대해 우위를 보였다. 로마를 지중해 동부에서 몰아내고, 콘스탄티노플을 여러 차례 공격했다. 이슬람 세력은 기독교 지역인 에스파냐에 711년 발을 들여놓으며 800여 년간 이 지역을 지배했다. 오스만제국은 1,000년 넘게 동로마제국의 수도 역할을 한 콘스탄티노플을 1453년 함락시키며 동로마제국을 무너뜨렸다.

중동과 이란에서 보듯이 종족과 종교에 따라 지중해와 흑해를 중심으로 남북으로 갈라진 국가들의 반목 상태는 오늘날에도 이어지고 있다. 동방보다 먼저 근대화를 이룬 서방은 높은 시민의식, 경제력, 핵무기 등을 갖추고 동방에 대해 우세를 보인다. 그러나 이러한 서방 우위는 1922년 오스만제국의 멸망으로부터 계산하면 100여 년에 불과하다. 긴 호흡으로 역사를 보면 지중해와 흑해, 두 바다 사이에서 등장했던, 영원히 번영할 것 같았던 그리스, 페르시아제국, 로마제국, 이슬람제국, 오스만제국 같은 많은 나라들이 흥망성쇠를 겪었다. 이 책이 이러한 거대 제국의 흥망성쇠와 이 지역에서 일어나고 있는 분쟁과 갈등의 배경을 이해하는 데 조금이나마 도움이 되었으면 한다.

2026년 3월

전승민

제1장
지중해와 흑해

제2장
그리스와 페르시아

제3장
알렉산드로스제국

제4장

로마제국

제6장
오스만제국

제1장

지중해와 흑해

지중해와 흑해

다르다넬스해협·마르마라해·보스포루스해협 = 투르크해협

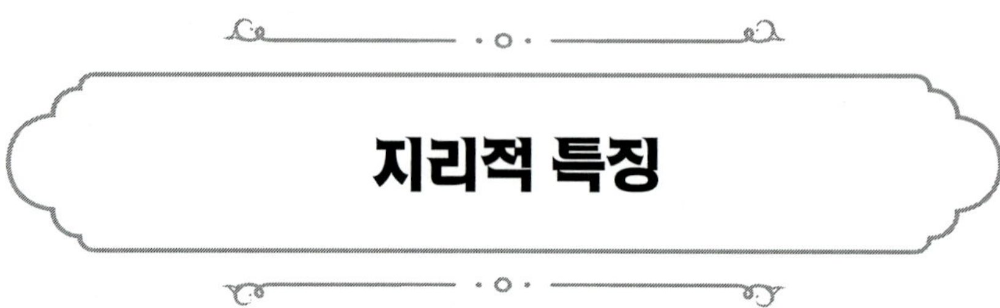

지중해

지중해는 유럽·아프리카·아시아 3개 대륙에 둘러싸여 있는 바다다. 면적은 250만㎢, 동서 길이는 4,000㎞, 평균수심은 1,500m다. 서쪽은 지브롤터해협으로 대서양과 통하고, 동북쪽은 다르다넬스·보스포루스해협을 통해 흑해와 이어진다. 동남쪽은 수에즈운하로 홍해·인도양과 연결된다. 지중해는 거대해 권역별로 마르마라해, 에게해, 아드리아해, 이오니아해, 티레니아해 등으로 나뉘고, 시칠리아, 사르데냐, 키프로스, 코르시카, 크레타, 몰타 등 많은 섬이 있다.

지브롤터해협은 에스파냐(스페인) 남부와 모로코 사이에 있으며 가장 짧은 폭은 약 14㎞다. 페니키아는 기원전 9세기 말경 이 해협을 건너 에스파냐 남부에 무역 거점(식민지)을 세웠다. 기원전 238년에는 카르타고의 장군이자 한니발의 부친인 하밀카르가 이 식민지를 확장했다. 한니발은 이곳을 기반으로 기원전 218년 알프스산맥을 넘어 로마 원정을 했다.

429년에는 반달족이 에스파냐에서 이 해협을 건너 아프리카 북부로 들어가 카르타고를 수도로 한 반달 왕국을 건설했다. 우마이야왕조의 이슬람 제국은 711년에 이 해협을 건너 에스파냐를 다스리던 서고트 왕국을 멸망시켰다. 이후 이슬람 왕국은 1492년 그라나다가 함락될 때까지 약 800년간 에스파냐에서 세력을 유지했다.

다르다넬스해협은 보스포루스해협과 함께 발칸반도(이후에는 발칸으로 표기)와 아나톨리아반도(이후에는 아나톨리아로 표기), 유럽과 아시아를 나눈다. 이 해협은 길이 61㎞, 폭 1~6㎞로 에게해와 마르마라해를 연결한다. 고대에는 그리스로 통하는 문이라는 뜻에서 헬레스폰투스해협이라 불렸다. 페르시아의 크세르크세스 1세가 기원전 480년 대군을 이끌고 그리스를 침략할 때 이 해협을 건넜다. 기원전 334년 알렉산드로스 대왕이 페르시아를 원정할 때, 그리고 오스만 투르크가 14세기 중반 발칸반도로 진출할 때도 이 해협을 건넜다. 호메로스의 서사시 『일리아스』와 『오디세이아』에 나오는 트로이 전쟁의 무대도 다르다넬스해협 입구에 있는 트로이였다.

보스포루스해협은 길이 31㎞, 폭 0.7~3㎞로 지중해의 마르마라해와 흑해를 연결한다. 마르마라해와 골든혼,[2] 보스포루스해협이 만나는 곳에 튀르키예(터키)의 이스탄불이 자리 잡고 있다.

비잔티움은 기원전 7세기 중반경 그리스의 도시 국가 메가라가 세운 식민도시이다. 기원전 514년경에는 페르시아의 다리우스 대제(기원전 522~기원

---

2 보스포루스해협이 만든 만(灣)으로 뿔 모양과 비슷하다 해서 붙여진 이름.

전 486)[3]가 흑해 북부에 있는 스키타이를 원정할 때 보스포루스해협을 건너 비잔티움을 점령했다.[4] 그러나 그리스가 기원전 479년 페르시아에 승리한 후 페르시아가 보스포루스해협을 건너 발칸반도로 진입하는 것을 저지하기 위해 비잔티움을 다시 점령했다. 비잔티움은 73년 로마제국에 편입되었고, 콘스탄티누스 대제는 330년 이곳에 새로운 도시를 세웠다. 이 도시는 콘스탄티누스 대제의 이름을 따서 콘스탄티노플이라 불렸고, 395년 로마가 동·서로마로 분리된 후에는 동로마제국(비잔티움제국)의 수도가 되었다. 콘스탄티노플은 동로마제국이 1453년 오스만제국에게 정복된 후 현재의 이스탄불로 이름이 다시 바뀌었다.

지중해는 수에즈운하를 통해 홍해를 거쳐 인도양으로 연결된다. 이 운하는 이집트의 지중해 항구 포트사이드와 홍해의 수에즈 항구를 연결하는 길이 193km 운하로 1869년 프랑스인 페르디낭 마리 드 레셉스에 의해 완공되었다. 원활한 해상 무역을 위해 지중해와 홍해를 연결하는 운하 건설은 고대 이집트에서도 시도되었다. 페르시아에서 배를 타고 이집트로 가기 위해 다리우스 대제가 나일강과 홍해를 연결하는 운하를 건설한 것이 그 예다. 이는 나일강을 매개로 지중해와 홍해를 간접적으로 연결한 것이었다.

---

3 기원전 525년 이집트를 정복한 아케메네스제국의 왕 캄비세스 2세의 사위다. 캄비세스 2세가 이집트 원정을 마치고 기원전 522년 페르시아로 귀환할 때 사망하자 승려 가우마타가 사망한 캄비세스 2세의 동생 바르디아를 사칭하며 반란을 일으켰다. 다리우스 대제가 이 반란을 진압하고 페르시아 아케메네스제국의 왕이자 이집트의 파라오로 즉위했다. 그는 마케도니아와 인더스강 유역까지 진출하며 아케메네스왕조의 영토를 최대로 넓혔다.

4 'Byzantium' from Wikipedia.

흑해

흑해는 발칸, 아나톨리아, 남러시아 초원, 캅카스산맥으로 둘러싸여 있는 바다다. 면적은 41만 3,000㎢, 동서 최대 길이는 1,150㎞, 남북 최대 폭은 610㎞다. 최대 수심은 2,212m에 달한다. 유럽에서 두 번째로 긴 강인 도나우강을 비롯해 드네프르강, 드네스트르강 등이 흑해로 흘러든다. 바이킹들은 9세기경 드네프르강을 이용해 발트해와 흑해, 비잔티움 간의 교역로를 개척했다. 북부에는 크림반도, 동부에서는 타만반도가 돌출해 아조프해를 형성하고, 아조프해는 케르치해협을 통해 흑해와 연결된다.

발칸과 아나톨리아는 다르다넬스해협과 보스포루스해협을 사이에 두고 서로 마주 보며, 지중해와 흑해를 분리하고 있다. 남러시아 초원은 대략 우랄산맥에서 흑해 방면의 초원 지대를 말하는데 우크라이나와 러시아가 이곳에 자리 잡고 있다. 캅카스산맥 방면에는 러시아와 조지아가 있다.

발칸은 동서 길이 1,300㎞, 남북 길이가 1,000㎞이며, 면적은 50만 5,000 ㎢에 달한다. 발칸은 투르크어로 산맥을 뜻한다. 발칸의 동남부에 해당하는 트라키아에는 광물이 많아 그리스인들이 기원전 7세기경부터 발칸으로 진출했다. 로마 시대에는 이 지역의 대부분이 동로마의 관할 아래 있었다. 게르만족의 일파로 드네스트르강 인근에 살던 고트족은 4세기 중반경부터 훈족에게 밀려 도나우강을 건너 동로마제국으로 이주해 서고트 왕국과 동고트 왕국을 건설했다. 아바르, 불가르, 페체네크 등 투르크족들도 중앙아시아에서 흑해 북안을 경유, 발칸으로 들어와 로마제국을 침략했다.

동로마제국의 영향권 아래 있던 발칸은 15세기 후반 등장한 오스만제국이 차지하게 된다. 그러나 오스만제국은 남하하는 러시아와 서방의 그리스도교 국가들에게 발칸의 대부분을 상실하고 만다.

오늘날 발칸에 속한 국가는 그리스·알바니아·불가리아·루마니아·세르비아·몬테네그로·슬로베니아·크로아티아·보스니아-헤르체고비나·북마케도니아·튀르키예 등이다. 이중 튀르키예는 발칸의 일부와 아나톨리아 전체를 차지하고 있다. 이런 연유로 발칸에 있는 튀르키예의 영토를 유럽의 튀르키예(이스탄불 및 인근), 아나톨리아에 있는 영토를 아시아의 튀르키예라고도 한다.

아나톨리아는 면적이 75만㎢로 튀르키예가 들어서 있으며, 소아시아라고도 불린다. 북으로는 흑해 남쪽 해안을 이루고, 서쪽과 남쪽으로는 지중해에 맞닿아 있다. 동쪽으로는 조지아 및 아르메니아와 국경을 이루고, 동남쪽으로는 시리아, 이라크, 이란과 맞닿아 있다.

기원전 17세기 중반경 아나톨리아에 히타이트 왕국이 들어섰다. 히타이트 사람들은 인도유럽어계 사람들로 세계 최초로 철기를 사용했으며, 이집트와 시리아·페니키아를 놓고 전쟁을 벌이기도 했다. 이 왕국은 미케네 왕국을 멸망시킨 세력으로 보기도 하는 바다 민족(Sea Peoples)[5]의 침입을 받고 12세기경 사라졌다.

기원전 800년경 이오니아 방언을 사용하는 그리스인이 서부 아나톨리아

---

5 실체가 명확하게 밝혀지지 않았으나 후기 청동기 시대인 기원전 1200년경 그리스, 이집트, 아나톨리아, 레반트 등을 침략한 사람들로 추정되고 있다. 이 침략으로 히타이트제국은 멸망하고, 이집트는 세력이 크게 약화했다. 이들의 침략 후 그리스와 동지중해 지역은 약 400년간 기록으로 전해지는 것이 없어 이 시기를 암흑의 시대라고 한다.

해안과 인접한 섬에 정착했다. 이런 연유로 이 지역을 이오니아 지방으로 부르기도 한다. 이 지역은 철학의 아버지 탈레스(밀레토스), 수학의 아버지 피타고라스(사모스섬), 의학의 아버지 히포크라테스(코스섬), 역사의 아버지 헤로도토스(할리카르나소스) 등을 배출하며 그리스문명과 문화의 발상지가 되었다.

아나톨리아는 유럽과 아시아의 제국들이 상대방을 침략하는 통로로 사용되기도 했다. 페르시아의 아케메네스제국이 그리스를 침략할 때, 그 반대로 알렉산드로스 대왕이 페르시아로 진격할 때 이 지역을 통과했다. 로마는 기원전 63년경 폰투스 왕국을 제압하며 아나톨리아 정복을 완료했다. 아나톨리아는 7세기 초 이슬람이 등장한 이후 로마 세력이 약화한 가운데, 11세기경부터 셀주크 투르크인들이 본격적으로 진출했다. 이들은 1071년 만지케르트 전투에서 동로마 군대에 승리하며 아나톨리아가 투르크화되는 주춧돌을 놓았다.

그리스인들은 기원전 6세기 중반에는 흑해 전 지역으로 세력을 확장했고, 기원전 5세기 초 페르시아에 승리한 후에는 에게해에서 흑해에 이르는 해상권을 장악했다. 흑해의 해상권을 장악함에 따라 그리스인은 흑해 북안에 있던 유목민들과 무역할 수 있었다. 흑해 북안은 또한 땅이 비옥해 곡물이 많이 생산되어 그리스의 식량 기지 역할을 했다. 오늘날에도 이 지역에서 우크라이나의 옥수수 생산량과 러시아의 밀 생산량은 세계 10위 안에 든다.

이 지역에는 카자흐스탄 초원을 거쳐 몽골고원으로 이어지는 약 7,000㎞에 달하는 초원 띠가 있다. 이 초원 지대는 유목 세력들의 이동을 쉽게 해

주었다. 헤로도토스에 의하면 볼가강 동쪽에 거주하던 스키타이가 기원전 8세기경 맛사게태[6]에게 쫓겨 흑해 북안으로 와 터전을 잡았다. 앞에서 이야기한 대로 훈족, 아바르, 불가르, 페체네크 등도 중앙아시아에서 이 지역을 경유해 발칸으로 들어갔다. 흑해 북안은 13세기 중반 킵차크 칸국이 들어서며 몽골·투르크 영향력이 절정에 달했으나, 모스크바 공국이 등장하면서 점차 슬라브화하기 시작했다.

흑해 북안은 인도유럽어족의 고향이기도 하다. 스키타이, 훈족 등 유목 세력이 등장하기 훨씬 전인 기원전 2000년경 인도유럽어족 사람들은 이곳에서 유럽, 이란, 인도 지역으로 퍼져 나갔다. 이들은 5~6만 년 전에 아프리카를 떠난 현생인류의 한 갈래로 여겨진다.

---

6 아랄해 동남부에 살던 종족으로 이들의 영어 명칭 Massagetae는 이란어로 어부를 뜻하는 Massyagata에서 유래.

종족·문명·일신교

종족(인도유럽어족·셈족·함족) 분포

과학자들에 의하면 최초의 인류는 약 500만 년 전에 아프리카에서 등장했다. 이들은 장구한 시간을 거쳐 진화하며 오늘날 인류의 조상인 현생인류가 되었다.

현생인류는 후기 구석기시대를 만들어 낸 사람들이다. DNA 분석과 화석 연구에 따르면 이들은 5~6만 년 전에 아프리카를 떠나 세계 곳곳으로 퍼져 나간 것으로 밝혀졌다. 이들은 아프리카를 떠나,

① 중동 → 카스피해 남부 → 중앙아시아 → 몽골고원 → 바이칼호수 → 만주(→ 한반도), 베링해(→ 아메리카),

② 아라비아해안 → 인도해안 → 인도차이나반도 → 중국 → 인도네시아 및 남태평양의 여러 섬,

③ 중동 → 아나톨리아반도, 캅카스 지역 → 동부 유럽 → 서부 유럽으

로 이동했다.[7]

이 이론에 따르면 한민족을 포함한 중앙아시아인은 ①, 유럽인은 ③에 속한다. 중동은 아프리카에서 가깝고 유럽과 아시아로 이동하는 경유지여서 현생인류가 가장 많이 정착했을 것으로 추정된다.

인류의 조상 관련, 구약성경 창세기에 나오는 노아의 이야기도 있다. 이에 의하면, 인류가 타락하자 하나님이 노해 대홍수를 일으켜 전 인류를 멸망시켰다. 그러나 노아는 홍수가 일어나기 전에 하나님의 선택을 받아 방주(네모난 배)를 만들어 가족과 피신함으로써 살아남았다. 그에게는 셈, 함, 야벳이라는 세 명의 아들이 있었는데, 이들의 후손들이 인류의 조상이 되었다는 것이다.

셈의 후손은 중동 사람들의 조상이 되었다. 유대교의 창시자인 아브라함이 셈의 후손이다. 아브라함에서 아랍인의 조상인 이스마일, 이스라엘인의 조상인 이삭이 나왔다. 함의 후손은 수단,[8] 이집트, 가나안 등지에 거주했으며, 아프리카인의 조상으로 여겨진다. 구약성경은 함의 손자인 니므롯이 메소포타미아로 건너가 도시 국가를 건설했다고 한다. 이는 함의 후손들이 아프리카뿐만 아니라 메소포타미아에도 광범위하게 퍼졌다는 것을 암시한다. 야벳의 후손들은 바닷가 섬에 거주했으며, 그리스인을 포함한 에게해 주변 섬 지역과 흑해 연안 주민들의 조상으로 보고 있다. 기독교권에

---

7 김석동, 『김석동의 한민족 DNA를 찾아서』(김영사, 2018), 201쪽.

8 본래 아랍어로 흑인을 뜻해 사하라 이남 지역을 가리키는 말이었다. 제러미 블랙 외 저, 이재황 역, 『지중해 세계사』(책과함께, 2022), 252쪽.

서는 야벳을 유럽인의 조상으로 보고 있으나, 이슬람권에서는 투르크족의 조상으로 보고 있다.[9] 동일한 인물을 기독교권과 이슬람권이 다르게 해석한다는 것이 특이하다. 튀르키예 학자들이 투르크족을 몽골로이드(황인종)가 아닌 코카소이드(백인종)로 보아야 한다는 주장과 마찬가지로 야벳에 대한 정의를 내리기가 쉽지 않아 보인다.

이렇게 세계 각지로 퍼져 나간 인류는 씨족, 부족 단위로 뭉치면서, 좀 더 큰 공동체를 형성해 나가기 시작했다. 공동체를 형성하는 데 있어 언어가 중요한 요소 중 하나였다.

언어학자들은 노아 아들의 이름을 따서 이집트와 아프리카에서 공통적으로 나타나는 언어군에 대해서는 함어, 서아시아(중동)에서 나타나는 언어군은 셈어로 분류했다. 야벳의 후손이 사용한 언어군은 인도유럽어라 했다. 이 세 언어군 중 셈어와 함어는 아프리카아시아어족에 속한다. 이는 두 언어의 친근성을 의미한다. 그리고 두 언어의 친근성은 중동인과 아프리카인이 친연성 관계에 있다는 것을 짐작케 한다. 인도유럽어족 사람과 아프리카아시아어족 사람들은 지중해를 사이에 두고 분리되고, 종교적으로도 그리스도교와 이슬람으로 나뉘었다.

세계 곳곳으로 흩어진 종족들은 농사짓기에 유리한 지역으로 모이며 농업을 발전시켰다. 농업이 발달함에 따라 잉여 농산물이 생겨났고, 이는 인

---

9 라시드 앗 딘 저, 김호동 역, 『라시드 앗 딘의 집사 1 부족지』(사계절, 2002), 103쪽; 'Japheth' from Wikipedia.

간이 사제(司祭), 정치, 수공업, 상업 등 농업 이외의 분야로 분업하는 것을 가능하게 했다. 인구 집중과 분업화된 활동은 도시 문명을 만들어 냈다. 셈어족은 메소포타미아문명, 함어족은 이집트문명을 일으켰다. 유럽문명의 원류이자 야벳의 후손이 세운 그리스문명은 메소포타미아와 이집트문명의 영향을 받았다.

문명 탄생

비옥한 초승달 지대

메소포타미아문명과 이집트문명

남부 이집트에서 지중해 동부 해안 지대를 거쳐 메소포타미아 일대에 선을 그으면 초승달 모양이 된다. 이 초승달 지역에는 큰 강들이 흐르고, 땅이 비옥해 세계 4대 문명에 속하는 메소포타미아문명과 이집트문명이 일어났다.

메소포타미아문명은 유프라테스강과 티그리스강을 중심으로 일어난 문명을 말한다. 이 지역은 동으로는 페르시아, 서로는 아라비아반도, 북으로는 지중해, 남으로는 페르시아만에 인접해 있어 여러 민족이 이 지역으로 진출해 왕국을 세웠다.

메소포타미아문명의 시작과 토대는 세계 최초의 문명으로 알려진 수메르문명이다. 수메르인들은 자신들을 웅 상 기가(검은 머리 사람들)라 불렀고, 기원전 6000년경부터 메소포타미아 남부(오늘날 이라크 남부)에서 거주하며 농사를 지었다. 이들의 종족적 기원은 밝혀지지 않았지만, 기원전 3500년경부터 에리두, 우르크, 우르, 키시 등의 도시 국가를 건설하며 도시 문명을 일으켰다.

이들은 아울러 이 시기에 세계 최초로 설형문자[10]를 만들었다. 수메르인들은 구전되던 신화나 설화, 상거래 등을 이 문자로 점토판에 기록했다. 학자들은 수메르인들의 점토판을 해독하고, 이들이 인류 최초의 고도 문명을 일으킨 것을 알아냈다. 수메르인들은 세계 최초로 농업서, 의학서, 법을

---

10 원래는 표의문자이나 표음문자로 발전했으며, 아카드제국 등 메소포타미아에서 발흥한 여러 왕조에서 3,000년 넘게 사용되다가 그리스문자와 아라비아문자가 보급되며 점차 사라졌다.

만들었고, 곡괭이, 쟁기, 수레바퀴도 발명했다. 아울러 최초로 학교도 세웠다. 학생들은 학교에서 설형문자를 배웠고, 졸업생은 주로 정부의 서기가 되었다. 학교는 나중에 인문학과 과학 교과 과정이 늘어나며 문화와 학문의 중심지가 되었다. 이들은 또한 양원제와 비슷한 민주제도도 운영했다. 그리고 수메르 사람들은 성서에 나오는 천지창조와 노아의 방주 같은 이야기에 뼈대가 되는 신화도 점토판에 기록했다.

수메르인들은 또한 범선을 타고 페르시아만을 내려가 인더스강 남부와 아프리카 북동부 및 이집트까지 왕래하며, 수메르에 부족한 삼나무와 같은 고급 목재, 금, 은, 구리, 주석, 석회암 등을 구입했다.[11]

다신교 사회였던 수메르는 신을 숭배하기 위한 지구라트라는 신전을 만들었다. 몇 개 층의 기단을 쌓고 맨 위에 신전을 설치했다. 수메르의 영향을 받아 우르제3왕조 때 만들어진 3층 기단의 우르의 지구라트는 달의 신인 난나에게 바쳐진 것이고, 신바빌로니아 시대에 만들어진 7층 기단의 지구라트는 마르두크[12] 신에게 바쳐진 성탑이었다. 지구라트는 신전이자 도시 생활의 중심지 역할을 했다. 이곳에는 필경사, 빵 만드는 사람, 옷 만드는 사람 등이 있었다. 지구라트가 성경에 나오는 바벨탑을 의미한다고 보는 견해도 있다.

수메르 지역은 기원전 2334년 셈족 출신의 사르곤에 의해 정복된다. 이후 메소포타미아에는 수메르인의 후예가 세운 우르제3왕조, 셈족 계통의

---

11 김산해, 『최초의 역사 수메르』(휴머니스트, 2022), 47쪽.

12 바빌로니아의 수도인 바빌론의 수호신.

사람들이 세운 바빌로니아와 아시리아, 엘람 왕국,[13] 인도유럽어족 계통의 메디아와 페르시아 등이 등장하며 수메르문명을 계승하고 발전시켰다. 우르제3왕조를 세운 우르남무(기원전 2112~기원전 2095)는 지금까지 알려진 것으로 세계 최초 성문법인 우르남무 법전을 만들었다. 이 법전은 바빌로니아의 왕 함무라비가 만든 법전보다 300년이나 앞섰다. "눈에는 눈 이에는 이"라는 함무라비 법전과는 달리, 우르남무 법전은 신체적 상해를 입혔어도 동일한 상해로 처벌하는 대신 재물로 보상하도록 했다. 그러나 살인, 강도, 간통, 강간 같은 중범죄는 사형에 처했다.

신바빌로니아의 네부카드네자르 2세(기원전 604~기원전 562)는 자신에게 시집온 메디아 왕국의 공주를 위해 세계 7대 불가사의 중의 하나인 공중정원을 건설했다.

이집트는 국토 대부분이 사막으로 불모지대나 나일강 주변은 수량이 풍부해 농사를 지을 수 있었다. 또한 나일강이 운반한 풍부한 충적토는 나일강 주변의 땅을 기름지게 만들었다. 이에 사람들이 농사짓기 위해 나일강 인근으로 모여들었고, 농산물이 풍부해지자 이집트에는 기원전 3200년경 문명이 일어났다. 이러한 연유로 기원전 450년경 이집트를 방문했던 그리스 역사가 헤로도토스는 "이집트는 나일강의 선물"이라 했다.

수메르가 도시 국가 간 연맹체였던 반면, 이집트는 농업국가로 중앙집권적 왕국이었다. 피라미드, 스핑크스 등은 강력한 왕권의 상징이었다.

이집트에서는 매년 7월이 되면 동쪽 지평선에 밝은 시리우스가 등장했

---

13 건국 주체는 불분명하나 엘람은 성경 창세기에 셈의 맏아들로 나온다.

다. 이 별이 등장한 후 약 4개월간 나일강은 상류인 에티오피아 고원지대에서 빗물과 눈 녹은 물이 내려와 범람했다. 이 때문에 이집트는 농사를 적기에 짓기 위해 나일강의 범람 시기와 범위를 예측하는 것이 필요했고, 이를 위한 천문학과 태양력이 발달했다. 또한 나일강 범람 후의 토지 변화를 측정하고 피라미드 건축을 위해 수학과 측량술이 발달했다.

이집트는 다신교 사회였으며, 이집트인들은 영생을 믿었다. 영생하기 위해서는 시신이 썩지 않고 온전히 보존되어야 한다고 생각해 죽은 자를 미라로 만들어 보관했다.

이집트인들의 문자는 상형문자[14]다. 이 문자는 원시 시나이문자와 원시 가나안문자의 단계를 거쳐 페니키아문자가 된다. 후술하듯이 이 페니키아문자가 그리스문자로 차용되어 유럽에 전파되며 라틴문자의 토대가 됐다. 페니키아문자는 또한 아람[15]문자로 발달해 중앙아시아, 인도, 동남아시아 등지에서 사용하는 문자의 기원이 됐다.

이집트인들은 갈대로 만든 파피루스에 상형문자를 적었다. 지중해 북부 지역의 왕국들도 파피루스를 이집트에서 수입해 사용했으나, 7세기 이집트가 이슬람 세계에 편입된 후 수입이 어려워지자, 송아지 가죽이나 양피지를 사용했다. 파피루스는 751년 탈라스 전투 이후 중국의 제지술이 이슬람 세계로 전파되며 사라졌다. 제지술은 레반트와 북아프리카, 그리고 알 안

---

14 설형문자와 마찬가지로 표의문자이나, 표음문자의 기능도 갖고 있었다.

15 셈족에 속하는 아람인들이 기원전 12세기경 시리아 북부에 건설한 다마스쿠스 등 도시 국가들이다. 기원전 8세기 후반 신아시리아에 정복당했으며, 신아시리아가 메소포타미아를 통일한 후 아람어가 제국의 공용어가 됨에 따라 여러 지역으로 퍼져 나갔다.

달루스[16]로 전파되었고, 알 안달루스에는 11세기 초 종이 공장이 들어섰다. 알 안달루스를 통해 제지술이 유럽에 보급되며 이 지역에서도 종이를 사용하기 시작했다.

이집트는 페니키아, 메소포타미아, 아나톨리아, 아라비아, 에게해 지역, 페르시아와 교류하며 목재, 구리, 주석, 은 등을 수입하고 황금과 곡물, 파피루스를 수출했다.

이집트의 관문인 팔레스타인은 이집트에 중요했다. 그리고 성경에 따르면 팔레스타인에는 함의 후손들도 살았다. 이런 연유로 이집트는 팔레스타인을 두고 아시리아, 바빌로니아 등 메소포타미아에서 일어난 셈족계 왕조들과 대결했다. 이집트가 이 지역에서 우세를 보인 적도 있지만 대체로 메소포타미아 세력들이 이 지역을 정복하고 이집트를 침공했다.

이러한 대결 관계에도 불구하고 이집트는 7세기 말 이슬람권에 편입되며, 레반트를 중심으로 한 이슬람 세계가 서방의 기독교권과 대결할 때 이슬람 편에 섰다.

페니키아문명

페니키아문명은 후술하는 에게문명과 비슷하게 기원전 3000년경 지중해 동부에서 발달한 청동기문명의 영향을 받아 형성된 것으로 여겨진다. 페니키아는 지중해 동부 연안의 지역으로, 대략 지금의 레바논 국가가 들어선

---

16 에스파냐 남부로 안달루시아라고도 부른다.

곳이다. 레바논 사람들은 자신들을 페니키아인의 후예라고 한다. 페니키아는 그리스 사람들이 '포에니키스'라 부른 것에서 유래하는데, 이는 '자색(紫色)의 사람들'이라는 뜻이다.

지중해 동부 연안은 페니키아 이외에도 팔레스타인, 레반트, 메소포타미아, 오리엔트로 불리는 지역이 있다. 이들 지역은 오늘날 중동으로 부르는 지역 내에 있지만, 이 용어들이 실제 아우르는 범위는 조금씩 차이가 있다. 팔레스타인은 원래 성경에 나오는 지명인 가나안(Canaan)과 지리적 범위가 비슷하며, 지중해 연안과 요르단강 사이의 지역이다. 이 지역에는 오늘날 이스라엘과 팔레스타인 자치 지역(가자 지구와 요르단강 서안 지역)이 들어서 있다. 구약성경 창세기에 따르면 함의 아들인 가나안의 후손들도 가나안에 살았다.

레반트는 '해 뜨는 곳', 즉 '동쪽의 나라'라는 뜻으로 통상 지중해 동부 지역을 뜻하나 넓게는 이집트를 포함해 서아시아 지역을 칭하는 지명이다.

오리엔트는 레반트와 마찬가지로 동쪽의 나라라는 뜻이다. 넓은 의미로는 인더스강 서쪽에서 지중해 동부 연안 지역을 지칭하며, 통상은 레반트와 비슷한 의미로 사용한다.

페니키아문명의 주체인 페니키아인은 셈족으로 알려져 있다. 유대교도, 그리스도교도, 이슬람교도의 공통 조상인 아브라함이 바로 셈족 출신이다. 페니키아인은 원래 팔레스타인에도 거주했으나, 히브리인들이 모세의 인도하에 이곳으로 이주해 옴에 따라 북쪽(레바논)에 한정해 살게 되었다.[17] 이들은 통일된 왕국을 이루지는 못했지만, 비블로스, 티레, 시돈 등 소규모 독립 해상도시 국가를 세웠다. 비블로스는 이집트에서 파피루스를 수입해 다른 지역에 팔아 부를 축적했다. 이 도시 이름은 성경을 뜻하는 바이블과 관련이 있다고 한다.

페니키아인들은 항해술이 뛰어났다. 이들은 기원전 1200년경 바다 민족의 침입을 받고 그리스(미케네문명)와 히타이트가 소멸하고 이집트의 세력이 약화한 정세를 이용해 뛰어난 항해술로 지중해 해상 무역을 주도했다. 이들은 해상 무역을 위해 키프로스, 시칠리아, 사르데냐, 몰타, 발레아레스제도 등 지중해 섬과 지중해 연안 및 에스파냐 남부에 무역 거점도시 내지는 식민지를 건설했다. 기원전 9세기 말경 아프리카 북안에 세운 카르타고는 티레가 건설한 대표적인 식민도시다. 이들은 또한 기원전 600년경 홍해를 출발해 아프리카 동부 연안을 따라 아프리카 일주 항해를 했다. 이것은 바스코 다 가마가 인도로 가는 항로를 개척하기 위해 1497년 아프리카 일주를 한 것보다 약 2,000년 앞선 것이었다.[18]

페니키아인은 배 건조술도 뛰어났다. 이들은 레바논산맥에서 많이 자라는 백향목으로 갤리선이라는 배를 만들어 해상 무역에 종사했다. 배를 만드는 데 뛰어난 재료인 백향목은 레바논 국기 문양에 들어가 있다. 이들은 탁월한 배 건조술과 항해술을 갖고 있어 페르시아가 그리스를 침공할 때 선박과 항해 인력을 지원했다.

그리스 사람들이 페니키아인들을 '포에니키스'라 부를 정도로 자주색 염

---

17 연규동, 『세계의 문자 사전』(따비, 2023), 128쪽.

18 연규동, 『세계의 문자 사전』(따비, 2023), 127쪽.

료는 페니키아를 상징하는 것이었다. 이 염료는 뿔고동에서 추출했는데, 귀하고 색깔이 잘 변하지 않아 그리스·로마 시대에 왕, 귀족, 고위 성직자 등의 의복에 사용되며 부와 권력을 상징했다.

페니키아는 지리적으로 이집트와 메소포타미아, 아나톨리아를 연결하는 교차로에 자리 잡고 있어 이집트, 메소포타미아에서 흥기한 아시리아와 바빌로니아, 그리고 페르시아 등의 지배를 받았다. 페니키아는 기원전 146년 카르타고가 로마에 멸망하면서 지중해에서 세력을 상실하고, 기원전 63년 로마에 정복되었다. 페니키아는 예수가 탄생한 예루살렘과 인접해 313년 기독교가 공인된 후에는 기독교가 광범위하게 보급됐다. 그러나 7세기 후반 이슬람 세력이 이 지역으로 진출하며 이슬람화도 시작되었다. 이런 연유로 현재 레바논 국민의 50%는 이슬람 신자, 45%는 기독교 신자다.

오늘날 영어를 비롯한 유럽의 문자들과 아시아의 많은 문자들은 페니키아인들이 만든 표음문자에서 기원했다. 이 문자가 만들어지기 전에는 사물의 모양을 나타내는 상형문자나 추상적 뜻을 표시하는 표의문자가 대부분의 문명권에서 사용되었다. 그러나 이러한 문자는 글자 수가 너무 많고 배우기가 어려워 지식이나 정보전달에 한계가 많았다. 이와 반면 표음문자는 음소로 구성되었다. 음소는 자음이나 모음과 같은 최소 소릿값으로, 적은 수의 음소로 모든 사물과 추상적 의미를 표시할 수 있다. 표음문자 덕분에 사람들은 음소만 알면 문자를 쉽게 해득하고 자기의 생각을 문자로 표현할 수 있게 된 것이다. 페니키아문자는 아람인에게 전달되어 아람문자로 발전했다.

그리스에서는 암흑기가 도래한 후 선형문자 B(그리스 초기 문자)도 사라졌으나, 기원전 8세기 고대 그리스문명이 들어서며 페니키아문자가 차용되었다. 페니키아문자는 22개의 자음으로만 구성되어 있어, 그리스인들은 자신들이 사용하지 않는 자음을 없애고 모음을 추가해 17개의 자음과 7개의 모음으로 이루어진 문자를 만들었다. 호메로스가 이 문자로 『일리아스』 등의 작품을 썼다. 이 그리스문자가 로마문자를 거치며 자음 21, 모음 5개 등 총 26개의 음소로 이루어진 영어 알파벳의 모태가 되었다.

에게문명

에게문명은 크레타섬, 키클라데스제도, 그리스 본토의 남부, 아나톨리아 서해안의 트로이 등 에게해 일대에서 발달한 문명으로 미노아문명, 미케네문명, 트로이문명으로 대표된다. 이 중 미노아문명과 미케네문명이 그리스문명에 선행하는 문명이다. 에게문명은 기원전 3000년경 지중해 동부에서 발달한 청동기문명의 영향을 받아 형성되었다. 메소포타미아문명이 이 청동기문명에 영향을 미쳤다.

미노아문명은 크레타섬에서 일어났기에 크레타문명이라고도 한다. 크레타섬은 그리스령으로 제주도의 4.5배 크기이다. 미노아문명은 이곳의 왕이었던 미노스의 이름을 딴 것으로 미노아는 미노스의 형용사형이다. 그리스 신화에 따르면 미노스의 아버지는 제우스신이고, 어머니는 페니키아 공주인 에우로파(Europa)다. 유럽이라는 이름은 에우로파에서 나왔다.

크레타는 그리스, 이집트, 페니키아, 메소포타미아, 아나톨리아를 연결하는 해상 중계무역으로 발전했다. 해상 중계무역을 하기 위해서는 강력한 해군이 필요했다. 역사가 투키디데스(기원전 465년~기원전 470년경 생존)는 "미

노스 왕이 창설한 함대 덕분에 크레타 주변 해역의 항해가 안전해졌다."라고 했다.[19]

미노아인들은 뛰어난 청동기 기술로 장신구와 무기, 그리고 도구를 만들었다. 미노아문명의 중심지인 크노소스 궁전은 수세식 화장실과 상하수도 시설이 갖추어져 있었다. 이들은 문자도 사용했다. 문자는 선으로 이루어져 선형문자 A라 한다. 이 문자는 지금까지 해독되지 않고 있으나, 그리스 초기 문자인 선형문자 B 형성에 영향을 미쳤다.

크레타섬은 기원전 1600년경 인근 산토리니섬에서 발생한 화산 폭발로 해일이 덮치고 화산재가 날아들어 큰 피해를 보고 쇠락해져 갔다. 미노아인들의 세력이 약해지자, 기원전 1450년경 그리스 본토에서 온 미케네인들이 크레타섬을 침입해 미노아인들을 정복했다.

미케네문명은 그리스 본토인 아카이아 지방(펠로폰네소스반도 북부)과 인접 지역에 형성된 문명을 말한다. 이 지역에는 미케네·티린스·오르코메노스·필로스·아테네·테베 등 주요한 소왕국들이 있었다. 이 왕국들은 그리스 민주주의 시대의 폴리스(도시 국가)와 비슷했다. 이 중 미케네가 가장 강대해 중심적 역할을 했기에, 이 왕국들이 형성한 문화를 미케네문명이라 부른다.

아카이아인이라고도 불린 미케네인들은 미노아문자(선형문자 A)를 개조해 선형문자 B를 만들었다. 미케네문명 사람들은 그리스가 산악지형이어서 늘어나는 인구를 먹여 살릴 대규모 농사를 짓기가 어렵게 되자 곡물을

구하기 위해 해외 교역으로 눈을 돌렸다. 이는 지중해 항로 개척과 항해술 발전으로 이어졌다.

미케네인의 정체성 관련, 이들은 기원전 2000년경 흑해 북부 초원에서 그리스로 이주해 선주민을 제압한 인도유럽어를 사용하는 사람들이라 여겨졌었다.[20] 그러나 2017년 하워드 휴즈 의학연구소 연구원들은 미케네인과 미노아인의 유전자를 검사한 결과 이중 3/4이 서부 아나톨리아와 에게해 지역 농경민의 유전자에서 유래했다고 『네이처(Nature)』지에 발표했다.[21] 이는 미케네인과 미노아인의 조상은 아나톨리아에서 이주해 온 농경민들일 가능성이 매우 높다는 것을 시사하는 것이다. 연구원들은 또한 미케네인들은 미노아인과 달리 흑해 북부 초원에서 온 인도유럽어족의 유전자도 일부 보유하고 있다고 했는데, 이는 미케네인이 흑해 북부 초원 지대에서 왔다는 주장이 일부 사실이라는 것을 입증하는 것이다.

기원전 1200년경 미케네문명은 종말을 고한다. 종래에는 도리아인[22]의 침략을 그 원인으로 보았으나, 최근에는 고고학 연구의 발전에 힘입어 바다 민족의 침략을 미케네문명의 멸망 원인으로 보는 견해가 유력하다. 그리스는 이후 4세기 동안 아무 기록도 남지 않은 암흑의 시대가 되고, 기원전 800년경 아테네, 스파르타 같은 폴리스가 등장하게 된다.

---

20 크리스토퍼 벡위드 저, 이강한·류형식 역, 『중앙유라시아의 세계사』(소와당, 2014), 93쪽, 100쪽, 116쪽.

21 https://www.sciencetimes.co.kr/?p=167145.

22 그리스 북부의 산악지대에 살다가 기원전 1200년경 철기 문명을 갖고 펠로폰네소스반도로 이주했다. 호메로스의 『오디세이아』에는 이들이 크레타섬에도 거주한 것으로 나온다.

트로이문명은 다르다넬스해협 입구의 아시아 지역에 있는 트로이(오늘날 히사를릭 추정)를 중심으로 발전했다. 이 지역은 호메로스의 서사시 『일리아스』에 나오는 트로이 전쟁으로 유명하다. 이 전쟁은 당초 신화로 여겨졌다. 그러나 독일인 고고학자 하인리히 슐리만이 1870년 히사를릭에서 발굴을 시작해 트로이 왕국이라 여겨지는 유적을 발견함에 따라 트로이 전쟁은 실제 발생한 역사적 사건으로 밝혀졌다.

트로이 전쟁은 기원전 13세기 중반경 미케네를 중심으로 한 그리스 연합군이 10여 년간 트로이 왕국과 벌인 전쟁이다. 일리아스에 서술된 전쟁 원인은 트로이 왕자가 스파르타 왕비를 빼앗자 이를 보복하기 위한 것이었다. 그러나 전쟁 기간(10년)이나 규모(그리스 연합군) 등으로 보았을 때, 전쟁 원인은 여자 문제라기보다는 그리스와 트로이 간 에게해를 둘러싼 해상 패권 다툼이었을 것이다. 트로이 전쟁은 동서양 간의 전쟁이라는 관점에서 볼 때 5세기 후반에 일어난 그리스와 페르시아의 전쟁보다 8세기 앞서 일어났다.

아나톨리아는 지중해와 흑해로 둘러싸여 있고, 동남부로는 메소포타미아와 페르시아에 연결되어 문명과 교역의 교차로였다. 그리고 이 지역의 농경민은 크레타문명과 미케네문명의 주 구성원이었다. 기원전 17세기 중반, 이 지역에 등장한 히타이트는 최초로 철기를 사용했다. 이러한 정황과 트로이문명을 고려해 볼 때 아나톨리아에는 메소포타미아문명이나 이집트문명 못지않은 고대 문명이 있었을 것이다. 티그리스강과 유프라테스강의 상류 고원지대인 아나톨리아고원에서는 메소포타미아의 선행 문명들이 6,000년 이상 문명 실험을 했다.[23]

---

23 이희수, 『인류 본사』(휴머니스트, 2022), 57쪽.

일신교 탄생

월드미터(Worldometer) 통계에 의하면, 2010년 기준 세계 인구는 70억 명이고, 이중 그리스도교(기독교) 인구는 21억 7,318만 명(31%), 이슬람교(이슬람) 인구는 15억 9,851만 명(23%)이다. 이 두 종교의 신자 수가 세계 인구의 50% 이상을 차지하고 있다. 두 종교는 신자뿐만 아니라 이를 믿지 않는 사람들에게도 전 세계적으로 큰 영향을 미치고 있다.

기독교, 이슬람교의 뿌리는 유대교다. 유대교는 유대인들이 믿는 유일신 종교로 그 기원은 이들의 조상인 아브라함이다. 아브라함은 이슬람을 믿는 아랍인의 조상이기도 하고, 기독교는 유대교에서 파생했다. 이런 연유로 유대교, 기독교, 이슬람교를 아브라함 계열의 종교라고 한다. 이들 종교의 유일신은 동일하다. 단지 유대교와 기독교에서는 신을 '야훼(YHWH)'라 하고, 이슬람에서는 '알라(ALLAH)'라 한다.

구약성경 창세기에 따르면, 셈의 후손인 아브라함은 가족과 함께 갈대아 우르(수메르의 도시 중 하나)를 떠나 하란(시리아 북부에 있는 도시)으로 갔고, 75세에 하나님의 계시를 받아 그곳에서 다시 가나안으로 이주했다. 그는 86세에 몸종 하갈에게서 아들 이스마일을 낳았고, 100세에는 본처 사라에게서 이삭이라는 아들을 낳았다. 그는 조상과 달리 하나님만을 유일신으로 믿고, 그를 하늘과 땅의 주관자로, 모든 인류의 심판주로 섬겼다.

성서학자들은 아브라함이 가나안으로 이주한 시기를 기원전 2000년경으로 보고 있다. 가나안 원주민들은 이들을 '히브리인'이라 불렀는데, 이는 '강(유프라테스강)을 건너온 사람들'이라는 뜻이다.

위 창세기에 언급된 아브라함의 자식 중 유대인은 본처 사라에서 태어난 이삭을, 아랍인은 몸종 하갈에서 태어난 이스마일을 자신들의 조상으로 본다. 이슬람 전승에 따르면 이스마일은 아버지 아브라함과 메카에 카바 신전을 건설해 알라에게 헌상했다.

유대교는 아브라함이 신의 계시를 받고 가나안으로 이주한 시기부터 시작하지만, 경전(구약)은 바빌론 유수[24] 이후 '모세 5경(창세기·출애굽기·레위기·민수기·신명기)'을 근간으로 기원전 1세기경 체계적으로 정비되었다.

위 창세기 내용에서 유대교의 본질을 이해할 수가 있다. 첫 번째는 유일신 개념이다. 고대는 다신교 사회였는데, 유일신 개념이 등장해 이를 무너뜨리기 시작한 것이다. 두 번째는 선민사상이다. 즉, 신이 유대인들을 선택해 자기 백성으로 삼고, 약속한 땅을 주어 그들을 지키고 축복한다는 것이다. 세 번째는 율법의 준수로 일종의 계약과 같은 개념이다. 신이 유대인을 자신의 백성으로 선택했으므로 유대인은 야훼 이외의 신을 섬기지 않고 신이 내려준 율법(구약)을 준수한다는 약속을 한 것이다.

유대교는 선민사상이라는 민족종교 특색을 갖고 있어 보편성이 결여된

---

24 신바빌로니아 왕국이 남유다 왕국을 3차례 침략해 히브리인들을 신바빌로니아의 수도 바빌론으로 끌고 가 기원전 597년부터 기원전 538년간 바빌론에 억류한 사건을 말한다. 이때부터 이들은 '유다 사람들'이라는 뜻의 '유대인'이라 불리게 된다. 유대인들은 기원전 539년 신바빌로니아를 멸망시킨 페르시아 키루스 대제에게 야훼와 조로아스터교의 신 아후라 마즈다는 동일인이라 말했고, 이 말에 만족한 키루스 대제는 기원전 538년 칙령을 발표해 이들을 가나안으로 돌아가게 했다.

내재적 한계가 있었다. 또한 유대인들은 선민의식을 갖고 야훼를 믿었음에도, 그들의 삶은 나아지지 않았다. 이들은 기원전 11세기경 이스라엘[25] 왕국을 건설하며 강성하기도 했지만 얼마 안 가서 남유다 왕국과 북이스라엘 왕국으로 나누어졌다. 사마리아를 수도로 한 북이스라엘은 기원전 722년 신아시리아, 예루살렘이 수도인 남유다국은 기원전 586년 신바빌로니아에 의해 각각 멸망했다. 이 지역은 기원전 4세기 말에는 알렉산드로스 대왕, 기원전 63년에는 로마의 지배하에 들어갔다.

이러한 시대 상황 속에 예수가 등장했다. 기독교인들은 예수를 하나님의 아들이자 메시아(구세주)라고 믿는다. 예수는 유대인에 국한되어 있던 하나님의 구원 계획을 이방인에게도 넓히고, 죄를 지은 사람도 하나님 앞에 진심으로 회개하면 구원받을 수 있다고 선포하며[26] 기독교를 탄생시켰다. 이후 기독교는 로마제국의 국교가 되며 오늘날 유럽의 정체성을 형성하는 중추적 역할을 했다.

이슬람(이슬람교)은 570년경 메카에서 태어난 무함마드가 7세기 초(610년경) 알라의 계시를 받고 창시한 종교다. 이 종교의 탄생도 당시 시대적 상황과 밀접한 관계가 있다. 기원전 146년 카르타고의 정복을 시작으로 지중해와 오리엔트의 패권을 차지한 로마제국은 기독교를 380년 국교로 선포하며 일신교를 갖게 되었다. 반면 이스마엘의 후손으로 유일신 종교가 없던 아랍인들은 로마제국에 복속하며 2등 신민이라는 열등감에 사로잡혀 있었

---

25 창세기에 따르면 하나님이 아브라함의 손자인 야곱에게 준 이름이며, '신과 겨루어 이긴 자'라는 의미다. 이후 히브리 사람들은 자신들의 나라를 이스라엘이라 불렀다.

26 홍익희, 『문명으로 읽는 종교 이야기』(행성비, 2019), 328쪽.

다. 아랍인들이 이러한 좌절감 속에 빠져 있을 때, 무함마드는 가브리엘 천사로부터 알라의 계시를 받았고, 자신은 모세, 예수 등에 이어 신이 보낸 최후의 예언자라 설파했다. 이러한 무함마드의 가르침은 열등감에 빠져 있던 아랍인들의 마음속에 빠르게 스며들었다. 유일신 알라의 말씀으로 무장한 아랍인들은 북아프리카와 레반트 지역에서 로마인들을 몰아냈다. 그리고 8세기 중엽부터 본격적으로 이슬람으로 개종한 투르크인들은 13세기 말 아나톨리아에 오스만제국을 건설하고, 1453년 동로마제국의 수도인 콘스탄티노플을 함락시키며 동로마제국의 명맥을 끊었다.

문명 간 대결

지중해에서 전쟁이 벌어진 것을 우리가 알게 된 것은 그리스의 작가 호메로스와 역사의 아버지라 불리는 헤로도토스 덕분이다. 호메로스는 그의 작품 『일리아스』와 『오디세이아』에서 기원전 13세기 중반경 일어난 트로이 전쟁을 이야기했다. 헤로도토스 그는 저서 『역사』에서 기원전 5세기 초에 일어난 그리스와 페르시아 간의 전쟁을 기술했다. 장구한 인류의 역사에 비추어 이들 전쟁 이전에도 지중해 연안의 종족 간 많은 전쟁이 있었을 것이다.

트로이 전쟁이 끝난 후 8세기가 지나 그리스-페르시아 전쟁이 일어났다. 트로이 전쟁과 비교해 전선이 지중해 동남부 지역으로 더 확대되었다. 오늘날 우리에게 익숙한 용어로 표현하면 유럽대 중동·아프리카 간의 대결이었다. 이러한 전쟁의 패턴은 이후의 역사에서도 비슷하게 반복되었다. 그리스 북부에서 출현한 알렉산드로스 대왕의 동방 원정, 지중해 패권을 놓고 벌어진 로마와 카르타고의 전쟁, 아나톨리아와 메소포타미아를 두고 일어난 로마와 페르시아의 전쟁, 그리스도교 왕국과 이슬람 왕국의 대결, 유럽과 오스만제국의 대결 등이 그렇다.

지중해 북부 지역의 사람들은 구약성경과 기독교 해석에 의하면 야벳의 후손으로 유럽인이다. 이와 반면 아랍과 아프리카 지역의 사람들은 셈과 함의 후손이다. 노아의 후손 간 대결과 전쟁을 하는 것이다. 페르시아 사람도 유럽인과 마찬가지로 인도유럽어족에 속하므로 야벳의 후손이다. 이런 측면에서 보면 페르시아왕조와 그리스, 로마의 전쟁은 야벳 후손 간의 전쟁이다. 그러나 이란에 들어온 페르시아인들은 엘람 왕국을 세운 사람 등과 동화되고, 셈족이 주류를 이루는 메소포타미아문명의 영향을 받으며 동방 문화를 형성한 사람들이었다. 이슬람 역사서들은 셈족을 페르시아인의 조상으로 기술하기도 한다. 이런 연유로 훗날 페르시아제국의 아케메네스왕조가 메소포타미아를 통일하고 그리스와 전쟁을 할 때, 페르시아의 군대는 페르시아인, 페니키아인(셈족), 이집트인(함족) 등 다민족으로 구성되었다.

페르시아의 사산왕조가 651년 이슬람에 망한 후 페르시아에 이슬람왕조가 들어서며 전쟁의 양상이 바뀌게 된다. 기독교가 313년 로마제국에서 공인된 후 유럽의 종교가 되고, 이슬람은 7세기 중반경 아프리카, 중동, 메소포타미아, 이란에 자리 잡았다. 이렇게 해서 지중해 북부와 지중해 동남부 지역은 종교적으로도 분리되었다. 그리고 이후에 일어나는 전쟁에는 영토

쟁탈이라는 목적에 종교적 색채가 더해졌다. 동일한 유일신이지만 그 신을 섬기는 자신들의 방법이 더 우월하다는 것을 상대방에게 주장하기 시작한 것이다. 전쟁이 더 대규모적이고 치열해졌다. 투르크족의 아나톨리아 진출 저지와 이슬람에 빼앗긴 예루살렘 성지를 탈환하기 위해 기독교권이 총 8회 일으킨 십자군 전쟁이 대표적이다.

기독교와 이슬람의 대결 구도 속에 칭기즈칸과 티무르가 등장했다. 이들은 투르크·몽골족이었다. 칭기즈칸은 중앙아시아를 평정하고, 탕구트를 공략 중 1227년 여름 병으로 사망했다. 그의 손자인 바투는 13세기 중반 흑해 북부 지역을 거쳐 기독교권인 러시아와 동유럽을 침략했다. 칭기즈칸의 또 다른 손자인 훌레구는 지중해 동부에서 이슬람교도들의 수중에 있는 다마스쿠스를 정복했다. 몽골인들은 텡그리(천신), 애니미즘, 토테미즘 등 다신교를 믿어 다른 신들에 대해 적대적이지 않았다. 따라서 몽골인들이 기독교와 이슬람 세계를 침략한 것은 종교적 이유가 아니라 영토 정복과 약탈을 위한 것이었다.

무슬림으로 칭기즈칸의 후예임을 자처한 티무르도 14세기 후반 흑해 동부에 있는 캅카스산맥을 넘어 러시아를 침략하고, 15세기 초에는 이집트 지배하에 있던 다마스쿠스를 함락시켰다.

칭기즈칸의 손자인 훌레구가 이란에 세운 일 칸국이 쇠퇴하며 아나톨리아에 오스만제국이 들어섰다. 오스만제국은 1453년 콘스탄티노플을 함락시키고 약 1,000년간 지속한 동로마를 멸망시켰다. 이렇게 해서 기독교 영향력 아래에 있던 발칸이 오스만제국의 지배하에 놓였다.

지중해와 흑해는 이와 같이 인도유럽어족·셈족·함족·투르크 종족들이 세운 왕국 간 영토 확장과 종교적 우월성을 내세우기 위한 문명의 격전지였다. 다음 장부터의 이야기는 이들 왕국 상호 간에 벌어진 전쟁과 흥망성쇠에 관한 것이다.

팔레스타인

가자 지구와 요르단강 서안 지구

팔레스타인은 오늘날 지구상에서 영토 분쟁과 종교 대립이 가장 심각한 지역 중 하나다. 팔레스타인 지명은 필리스티아(Philistia) 종족에서 기원한다.[27] 성경에 블레셋(Peleset) 사람으로 나오는 이들은 기원전 1200년경 레반트를 침략한 바다 민족(Sea Peoples)의 일원이었던 것으로 여겨진다. 이들은 에게해 방면에서 가나안으로 들어와 지금의 가자 지구 등에 도시를 세우고, 자신들과 비슷한 시기에 이곳으로 온 히브리인들과 대결했다. 히브리인들은 원래 아브라함의 인도하에 기원전 2000년경 가나안으로 왔던 사람들의 후손이다. 히브리인들은 가나안에 기근이 닥쳐 이집트로 갔으나, 그곳에서 노예 생활을 하며 핍박을 받았다. 이에 이들은 기원전 13세기경 모세의 인도하에 이집트를 떠나 시나이반도에서 40여 년간의 광야 생활을 하고, 모세의 후계자인 여호수아의 안내하에 가나안으로 다시 돌아왔다.

히브리인들은 기원전 11세기경 이스라엘 왕국을 세우고, 블레셋 사람들과 가나안 원주민(함의 아들인 가나안 자손들)들을 제압했다. 솔로몬왕(기원전 970년~기원전 931년) 재위 시 이스라엘 왕국은 전성기를 구가했으나, 그의 사후 왕위 다툼이 일어나 북이스라엘과 남유다로 분리된다. 그리고 앞서 이야기했듯이 북이스라엘은 기원전 722년 신아시리아, 남유다는 기원전 586년 신바빌로니아에 각각 정복되고, 남유다 사람들은 바빌론 유수를 겪었다.

키루스 대제 덕분에 유대인들이 예루살렘으로 돌아왔지만, 이들은 페르시아, 그리고 페르시아를 무너뜨린 알렉산드로스 대왕 부하 장군들의 지배를 받으며 옛날의 이스라엘 왕국 같은 강력한 왕국은 세우지 못했다. 로마

---

27 연규동, 『세계의 문자 사전』(따비, 2023), 118쪽.

는 기원전 63년 유대인을 지배하던 셀레우코스왕조(알렉산드로스 대왕의 부하 셀레우코스가 세운 왕조)를 정복하고, 1세기 초에는 유대인들이 사는 지역을 유다이아 주(province of Judaea)로 만들어 로마제국에 편입했다. 이러한 로마의 지배에 유대인들이 반란을 일으켰다. 로마의 장군 티투스는 70년 이들의 반란을 진압한 후 제2성전[28]을 파괴하고 유대인들을 추방했다. 티투스는 성전을 파괴할 때 일부 구조물을 남겨놓았는데, 이것이 오늘날 예루살렘에 있는 '통곡의 벽'이다. 130년경에는 메시아를 자처한 바르 코크바가 반란을 일으켰으나 실패했다. 로마는 반란 진압 후 유다이아 주 이름을 시리아-팔레스타인(province of Syria Palaestina) 주로 바꾸고, 유대인들을 또 추방했다.

쫓겨난 유대인들은 지중해 세계 곳곳으로 흩어지며 디아스포라가 됐다. 이들은 그리스도교가 로마의 국교로 자리 잡으며 유럽에 정착한 후에는 이 지역에서도 탄압을 받았다. 유대교가 기독교의 삼위일체를 인정하지 않는 것이 가장 큰 박해의 이유였다. 반면에 이슬람은 세금만 내면 종교의 자유를 인정했기에 유대인들은 이슬람에 대해 우호적이었다. 이러한 연유로 유대인들은 우마이야왕조가 에스파냐에 진출할 때, 그리고 오스만제국이 콘스탄티노플을 함락시킬 때 등 이슬람왕조들을 지원했다.

기원전 63년부터 로마의 지배를 받던 팔레스타인은 638년 우마이야왕조가 예루살렘을 정복하며 이슬람의 지배하에 들어갔다. 이후, 이 지역은 십

---

28 솔로몬 왕 때 제1성전이 세워졌으나, 기원전 586년 신바빌로니아의 침략 때 파괴됨에 따라 바빌론 유수에서 돌아온 유대인들이 다시 세운 성전을 말한다.

자군이 잠시 정복하기도 했지만, 이집트와 오스만제국의 통치를 받으며 아랍화 및 이슬람화되었다. 오스만제국이 제1차 세계대전에서 동맹국(독일, 오스트리아-헝가리제국)편에 섰다가 동맹국이 연합국(영국, 프랑스, 러시아, 미국 등)에 패하자, 오스만제국의 지배하에 있던 팔레스타인은 영국의 위임령이 되었다.

영국은 제1차 세계대전 중인 1915년 맥마흔 선언으로 아랍인 국가 건설을 약속했으나, 1917년에는 밸푸어 선언으로 이스라엘 국가 건설도 지지했다. 영국은 전쟁에서 아랍과 유대인의 지지를 받기 위해 이율배반적인 행동을 한 것이다.

제2차 세계대전 후 영국은 팔레스타인 문제를 UN으로 넘겼고, UN은 팔레스타인을 아랍인 구역과 유대인 구역으로 분할시키는 안을 채택했다. 아랍 세계는 이를 거부했으나, 이스라엘은 이를 수용하고 1948년 5월 이스라엘 국가를 건설했다. 아랍 세계가 이에 반발해 이스라엘을 공격하자 양측 간 여러 차례 전쟁이 일어났다. 팔레스타인은 현재 이스라엘 국가가 들어선 지역과 팔레스타인 사람들이 통치하는 지역(가자 지구와 요르단강 서안 지구)으로 나뉘어져 있다. 아브라함 후손들 간의 분쟁이기도 한 팔레스타인 문제는 영토와 종교 문제(이슬람 대 유대교)가 얽혀 유혈 충돌이 끊이지 않고 있다. 유대인들이 디아스포라로 지중해 세계 곳곳에 흩어져 있을 때는 이슬람 세계와 비교적 우호적 관계에 있다가, 팔레스타인으로 돌아온 후에는 가장 적대적인 관계로 변한 것이다.

제2장

그리스와 페르시아

그리스인

그리스인은 크레타섬에서 꽃피운 미노아문명과 그리스 본토에서 흥기한 미케네문명의 계승자이므로 이들의 조상은 미노아인 및 미케네인과 관련이 있다. 앞에서 이야기했듯이 하워드 휴즈 의학연구소 연구원들은 미케네인과 미노아인의 유전자는 서부 아나톨리아 농경민의 유전자와 비슷하다고 했다. 이들 농경민은 히타이트 등 인도유럽어족 사람들이 아나톨리아에도 거주한 사실에 비추어 인도유럽어족에 속하는 사람일 수도 있다. 하워드 휴즈 의학연구소 연구원들은 또한 미케네인은 미노아인과 달리 흑해 북부 초원에서 이주해 온 인도유럽어족의 유전자도 일부 보유하고 있다고 했는데, 이는 미케네인이 흑해 북부 초원 지대에서 왔다는 종래의 가설이 일부 사실이라는 것을 입증하는 것이다. 미케네인에 추가적으로 보이는 인도유럽어족의 DNA는 아나톨리아 인도유럽어족과는 다른 지파의 DNA일 가능성이 있다.

구약성경 창세기에 나오는 노아의 아들 야벳도 그리스인의 정체성을 짐작케한다. 창세기에 의하면 야벳의 후손들은 에게해 주변의 해안가와 섬지방에 주로 살았으며, 기독교도들은 야벳을 백인의 조상으로 보고 있다. 요컨대 그리스인은 인도유럽어계에 속하는 백인이다.

아카이아인,[29] 도리아인,[30] 이오니아인,[31] 아이올리아인[32]은 고대 그리스인을 구성하는 4대 종족이다. 그리스인들은 신화에 나오는 인물인 헬렌(Hellen)을 이들 4대 종족의 시조로 보고 있다. 고대 그리스인들은 자신들이 사는 지역을 헬라스, 자신들을 헬레네스라 불렀다. 고대에 헬레네스는 이탈리아반도의 남쪽에 많은 식민지를 건설했는데, 로마인들이 이들 식민지를 묶어 마그나 그라이키아(Magna Graecia, 대그리스)라고 불렀다. 그 후 로마인들이 헬라스를 부를 때도 그라이키아라 불렀고, 여기서 영어 명칭인 그리스라는 말이 나왔다. 오늘날의 그리스의 정식 영어 국가 명칭은 헬레닉 공화국(Hellenic Republic)이다.

미케네문명이 기원전 1200년경 바다 민족의 침략을 받고 사라진 후 기원전 800년경 그리스에 폴리스(도시 국가)가 등장했다. 그리스는 국토 대부분이 산지로 이루어져 있어 통일 왕국이 형성되기 어려웠는데, 이것이 폴리스 등장의 한 배경이었다. 500개가 넘는 폴리스가 생겨났지만, 이오니아인

---

29 펠로폰네소스반도 북부. 미케네문명과 아카이아연맹의 주역.

30 스파르타 등 펠로폰네소스반도.

31 아테네, 에게해 섬, 아나톨리아의 이오니아 지방.

32 아나톨리아 북서부와 레스보스 섬.

이 아티카반도에 세운 아테네, 도리아인이 펠로폰네소스반도에 건설한 스파르타가 대표적인 폴리스였다. 이들 폴리스는 독립적이었지만 그리스어를 사용하는 사람이라는 동질성과 연대 의식이 있었다. 그리스인들은 이런 연대 의식 아래 기원전 776년부터 4년마다 올림피아에서 모여 제우스 신에게 제사를 지내고, 운동 경기를 하며 우의를 도모했다.

종교적인 면에서 그리스는 오리엔트와 마찬가지로 다신교 사회였다. 그리스인들은 올림포스산에 신들의 우두머리인 제우스, 바다의 신 포세이돈, 태양의 신 아폴론 등 12명의 신이 산다고 믿었고, 그리스 곳곳에 이들에게 제사를 지내기 위한 신전을 세웠다. 로마 시대의 공공사업은 도로나 수도, 다리 건설이었지만, 그리스에서는 신전 건설이 우선이었다.[33]

그리스인들은 철학, 의학, 역사학 등 학문 분야에서뿐만 아니라 희극, 건축, 조각 등에서도 뛰어났다. 올림피아 경기는 현대 올림픽의 기원이 되었다. 정치 분야에서는 폴리스를 중심으로 민주정치를 발전시켰다. 이와 같은 그리스문명은 서양 문명의 원류가 되었고, 특히 아테네의 민주정치 제도는 로마의 공화정치와 결합해 오늘날 많은 국가가 채택하고 있는 정치체제인 민주 공화정치 제도의 토대가 되었다.

---

33 시오노 나나미 저, 이경덕 역, 『그리스인 이야기 2』(살림, 2017), 196쪽.

아테네의 민주정치

그리스에 많은 폴리스가 있었지만, 오늘날 민주정치 개념은 아테네 폴리스에서 발전했다. 아테네 민주주의는 직접민주주의이고, 여성, 노예, 외국인에게는 투표권이 없다는 점에서 현대 민주주의와 다소 차이가 있다. 그러나 시민이 국가의 주인으로서 주요 정책에 관해 결정한다는 원리는 변함이 없다.

어느 조직이나 국가가 그렇듯이 대부분 처음에는 1인이 통치하는 체제로 시작한다. 국가에서의 1인 지배 체제는 다름 아닌 왕정이다. 아테네도 처음에는 왕정이었다. 그러나 그리스에 철기가 보급되어 철제 농기구가 만들어지며 농업생산력이 높아지자, 대토지를 사유한 귀족들이 큰 혜택을 보고 부를 쌓았다. 부는 귀족들의 힘을 강하게 했고, 이에 따라 기원전 8세기경 왕정은 귀족정치로 바뀌었다.

아테네의 주요 정치기구는 아레오파고스,[34] 아르콘,[35] 민회(시민집회)다. 데모스라 불리는 농민, 수공업자, 상인 등 평민들이 귀족들과 민회를 구성했다. 그러나 민회는 법안의 가결권만 있고 거부권이 없어 권한이 약했다.

귀족정치 아래에서 귀족들이 아레오파고스와 아르콘을 차지하며 정치와 재판을 독점했다. 데모스들은 선거권은 있지만 피선거권이 없어 정치 참여가 제한적이었다. 또한 대토지 소유자인 귀족 대 농민(평민)의 빈부 격차가

---

[34] 전직 아르콘들로 구성되었으며, 아르콘을 선출하고 고대 로마의 원로원 같은 역할 겸 사법부 기능을 했다.

[35] 임기 1년의 집정관으로 귀족 중에서 9명을 선출했으며, 내각 기능을 했다.

커지고, 채무를 갚지 못해 노예로 전락하는 평민들이 생겨났다.

귀족들이 국정을 독점하고, 빈부 격차가 커지자 데모스들의 불만이 커지며 아테네 사회가 혼란에 빠졌다. 이때 귀족 출신으로 귀족과 평민들로부터 덕망이 높았던 솔론(기원전 630년경~기원전 560년경 생존)이 기원전 594년 혼란을 수습할 수석 아르콘으로 선출되었다.

그는 우선 평민들의 부채 탕감 조치를 했다. 채무를 갚지 못해 노예가 된 사람들은 해방하고, 빼앗긴 토지는 돌려주도록 했다. 시인이기도 했던 솔론은 자신이 행한 이러한 조치를 다음과 같이 시로 표현했다.

"나는 가는 곳마다 곳곳에 박혀 있는 저당 표석을 뽑아냈으며…
(중략) 노예로 고통받으면서 주인의 변덕에 전전긍긍하던 사람들
또한 자유롭게 해 주었도다."[36]

솔론은 새로운 신분제도도 도입했다. 그는 아테네 시민을 재산에 비례해 4개 계급으로 나누고, 국정에 참여하는 권리와 국가방위 의무를 차등적으로 했다. 재산이 많은 제1, 2계급은 아르콘 등 정부 요직을 맡고, 동시에 중무장 기병으로 병역에 종사해야 했다. 제3계급은 행정 관료를 맡고, 중무장 보병으로 전쟁에 참여했다. 제4계급은 경무장 보병이나 선박 승무원으로 병역에 종사하고, 선거권은 주어지나 피선거권은 없었다. 새로운 신분제도는 재산에 비례해 국정에 참여하는 권리를 부여함에 따라 티모크라티아라 불리는 금권정치가 되었다. 금권정치는 귀족으로 태어나지 못하면 국정

---

36 김홍식, 『세상의 모든 지식』(서해문집, 2015), 300~301쪽.

에 참여할 권리가 없던 평민들에게 재산에 따라 참정권을 부여한 진일보한 정치체제였다. 새로운 신분제도가 도입됨으로써 신분은 출생과 혈통에 의해서가 아니라 경제적 능력으로 정해지게 되었다.

솔론은 사법 개혁도 했다. 그는 기원전 621년 제정된 성문법으로 가혹한 형벌 조항을 담고 있어 원성을 샀던 드라콘 법을 폐지하고, 범죄에 따라 형벌을 세분화하는 새로운 법을 제정했다.

솔론의 개혁으로 기초가 세워진 그리스의 민주주의는 기원전 6세기 말 클레이스테네스(기원전 570년경~기원전 508년경 생존)에 의해 확립된다. 그는 행정구역 개혁을 통해 아테네가 속한 아티카 일대를 크게 3개 지역으로 나누고, 각 지역을 다시 인구수에 따라 데모로 세분화했다. 이 개혁으로 데모가 공적 생활의 기준이 되었다. 현대식으로 표현하면 주민등록지가 된 것이다. 아테네 시민들은 자신의 이름에 가문이나 씨족의 이름을 쓰는 대신 자기가 속한 데모를 사용했다. 이는 행정구역의 분할로 귀족들의 소유지가 쪼개진 것과 맞물려 귀족 계급의 기반이 무너지는 결과로 이어졌다.

클레이스테네스는 정치 분야도 개혁했다. 데모스(평민)의 역할을 강화하는 정치 개혁이어서 이를 데모크라티아라 한다. 이 데모크라티아에서 영어로 민주주의를 뜻하는 Democracy가 나왔다. 그는 귀족뿐만 아니라 평민이 참여하는 민회를 국가의 최고기관으로 만들며 평민의 입지를 강화시켰다. 전쟁에 대한 찬반과 강화 조약, 외국과의 동맹, 정부 관리 선출 등 국가의 주요 사항이 민회에서 결정되었다. 그는 또한 제1계급과 제2계급이 독점하며 정치와 군사 업무를 담당하던 아르콘의 역할을 축소하고 이를 대신할 기구로 스트라테고스를 만들었다. 스트라테고스는 영어 strategy의 어원이 된 단어로 임기 1년의 10명으로 구성되었으며, 민회에서 선출되었다.

솔론과 클레이스테네스의 개혁을 통해 아테네 시민들은 자신들이 국가의 주인이라는 의식을 갖게 되었다. 이는 왕이 국가의 주인이라는 동양의 사고방식과 큰 차이를 보이는 것으로, 아테네가 훗날 페르시아에 승리하는 원동력이 되었다.

해외 식민활동

기원전 9세기 말경 암흑기가 끝나고 그리스 본토와 이오니아 지방에 폴리스가 등장했다. 이 당시 지중해 무역은 페니키아인들이 주도하고 있었다. 그러나 페니키아가 신아시리아의 침입을 받고 기원전 8세기 중반부터 세력이 약화하자, 그리스 폴리스들은 지중해 연안으로 진출하기 시작했다.

그리스인들이 해외로 눈을 돌린 이유는 늘어나는 인구에 비해 식량 공급이 부족했기 때문이다. 그리스는 육지 면적의 75%가 산지로 되어 있어 곡물 경작지가 충분치 못했다. 아테네 등을 비롯한 폴리스들은 미케네문명 사람들과 마찬가지로 해외 무역을 통해 식량을 조달하는 방안을 생각했다. 그 방안은 그리스에서 많이 생산되는 올리브유와 포도주를 수출하고, 식량을 수입하는 것이었다. 이를 위해 그리스는 해외로 진출해 무역 거점이자 식민 목적의 도시를 건설했다. 그리스인들이 해외로 진출한 데는 이들의 진취성도 한몫했다. 이들은 일족을 거느리고 해외로 진출하는 것은 그리스의 민족정신을 드높이는 것으로 생각했다.

그리스인들은 우선 이탈리아 남부와 시칠리아로 진출했다. 아테네는 나폴리, 스파르타는 타란토, 코린토스는 시라쿠사를 건설했다. 그리스인이 진출한 이 지역은 대그리스라 불릴 정도로 번영했다. 시라쿠사가 있는 시칠리아에는 대규모 경작지가 많았고, 시라쿠사는 물리학자 아르키메데스의 고향이기도 했다. 그러나 시칠리아는 카르타고가 이미 진출한 지역이어서 그리스는 카르타고와 이 지역의 지배권을 두고 다투었다. 그러나 어느 일방이 전 지역을 차지하지 못했다. 카르타고가 시칠리아의 서부 지역, 그리스인들은 동부 지역을 차지하며 공존하는 가운데, 로마가 제1차 포에니 전쟁(기원전 264~기원전 241)에서 카르타고에 승리하며 전 시칠리아를 차지했다.

그리스인들은 6세기 중반경에는 프랑스 남부, 아프리카 북부, 흑해 연안까지 진출했다. 프랑스 남부에는 니스, 마르세이유, 흑해 연안에는 올비아, 판티카페움, 시노페, 트라브존 등의 도시를 세웠다. 헤로도토스가 올비아에 살면서 스키타이 자료들을 수집해 그의 저서 『역사』에 기록했다. 흑해 연안으로 진출할 때는 밀레투스 등 이오니아 지방에 있는 그리스 도시들이 동참했다. 그리스인들이 세운 식민도시들은 모국과 큰 정치적 유대감은 없었다. 이점이 그리스가 많은 지역에 식민도시를 건설했음에도 불구하고, 로마나 페르시아처럼 대제국을 건설하지 못한 이유 중 하나다.

페르시아인

아케메네스왕조 페르시아 등장 시 주변의 왕국들

오늘날 이란 사람들은 고대에는 페르시아인이라 불렸다. 페르시아라는 이름은 인도유럽어계에 속하는 아리안족의 일파로 이란 남서부에 살던 사람들을 그리스인들이 파르스(Fars)라 부른 것에 기원한다.[37]

페르시아인들이 아케메네스왕조를 건설했기에 아케메네스왕조는 서방 세계에 페르시아제국으로 알려졌다. 이후 이란 땅에 들어선 여러 왕조도 페르시아로 알려지다가, 1935년 팔레비왕조 때 아리아인이 세운 나라라는 뜻의 이란이 정식 국호가 되었다.

페르시아인은 이란에 살던 원주민은 아니다. 이들은 기원전 2000년경 흑해 북동부 방면에서 이란으로 이주해 왔다. 이들이 이란으로 오기 전인 기원전 2700년경부터 이란의 남서부에 엘람 왕국(기원전 2700~기원전 539)이 있었다. 이 왕국의 건국 주체는 불분명하지만, 구약성경 창세기에 의하면 엘람은 셈의 맏아들이었다. 왕국의 초기 중심지는 안산이었으나, 기원전 1500년경 수사로 수도를 옮겼다. 엘람 왕국은 메소포타미아와 인접해, 메소포타미아에 등장한 왕국들과 이 지역의 패권을 두고 수시로 대결하다가, 기원전 539년 아케메네스왕조에 흡수되며 종말을 고했다. 엘람인이 사용한 언어는 인도유럽어 계통이 아니어서 이들은 페르시아인은 아니나, 이란은 엘람 왕국을 이란 역사의 출발점으로 보고 있다. 아케메네스왕조는 엘람의 수도인 수사를 계속 수도로 했고, 엘람어도 공용어의 하나로 사용했다.

페르시아인은 인도유럽어계에 속하지만, 앞서 이야기했듯이 셈족이 주류를 이루는 메소포타미아문명의 영향을 받으며 동방 문화를 형성했다. 아울러 이슬람 역사서들은 셈족을 페르시아인의 조상으로 기술하고도 있다.

---

37 전승민, 『유라시아의 중심국 카자흐스탄 이야기』(들녘, 2022), 5쪽.

이란어는 인도유럽어족의 분파인 인도이란어파에 속한다. 고대에 유라시아 지역에는 이란어 계통의 언어를 사용하는 지역이 많았다. 카자흐스탄 남부, 타림 분지[38]와 트란스옥시아나[39]가 6세기 중반부터 투르크화 되기 시작하기 전에는 이 지역에 이란어 계통의 언어를 사용하는 사람들이 거주했다.

스키타이도 이란어 계통의 언어를 사용한 종족으로 알려졌다. 이들은 카자흐스탄 초원에서 다른 스키타이 계통인 맛사게태의 공격을 받고 흑해 북안으로 이주해 기원전 750년경 역시 인도유럽어계로 그곳에 거주하던 킴메르인[40]을 몰아냈다. 스키타이는 도주하는 킴메르인을 추격해 캅카스산맥을 넘어 서아시아를 침략했고, 기원전 628년경 메디아왕조(기원전 728~기원전 550)[41]를 일시적으로 정복하기도 했다. 메디아왕조를 세운 메디아인은 페르시아인과 마찬가지로 인도유럽어계에 속한다. 메디아인들은 기원전 585년 스키타이를 캅카스산맥 너머로 쫓아냈지만, 기원전 550년 아케메네

---

38 북으로는 천산산맥, 남으로는 쿤룬산맥으로 둘러싸인 분지로 신장위구르자치구 내에 있으며 크기는 약 70만km²다.

39 아무다리야와 시르다리야 사이의 지역을 뜻하나, 협의의 중앙아시아 또는 서(西)투르키스탄 지역을 의미하는 용어로도 사용된다.

40 이들은 스키타이에 쫓겨 메소포타미아로 들어가 기원전 8세기 말 우라르투를 정복하고, 기원전 7세기 초에는 아나톨리아에 있는 프리기아를 파괴했다. 그러나 곧이어 신아시리아의 왕 에사르하돈(기원전 681~기원전 669)에게 패했다. 기원전 7세기 중반 이들은 리디아까지 진출해 리디아의 왕을 죽이기도 했지만, 곧 스키타이에 패해 흩어졌다. 크림반도 이름은 이들에서 유래했다.

41 기원전 8세기경 하마단을 중심으로 이란 북서부 지역에 들어선 왕국으로 키악사레스 왕(기원전 625~기원전 585) 재위 시 전성기를 구가했다. 그는 딸 아미티스를 신바빌로니아의 네부카드네자르 2세, 아들 아스티아게스를 리디아의 공주 아리예니스와 결혼시키며 주변 강국과 우호관계를 맺었다. 기원전 612년에는 신바빌로니아와 연합해 신아시리아의 수도 니네베를 함락시켰다.

스왕조의 키루스 대제(2세)에게 망하고 만다.

아케메네스왕조(기원전 550~기원전 330) 시대에 페르시아인들은 메소포타미아를 평정하고 동으로는 트란스옥시아나와 인더스강, 서북에서는 아나톨리아와 트라키아, 서남으로는 이집트까지 정복하며 대제국을 건설했다. 서북쪽으로의 팽창은 유럽 세력(그리스)과의 대결로 이어졌고, 트란스옥시아나에서는 유라시아 초원에서 내려오는 유목 세력과 대치했다. 아케메네스왕조 이후 이란에 등장한 파르티아(기원전 247~224)와 사산왕조(224~651)도 이와 유사한 대결과 대치의 패턴을 밟았다.

사산왕조는 이슬람 군대의 침입을 받고 651년 무너졌다. 이후 이슬람왕조의 지배를 받다가 1258년 몽골이 침입해 칼리프가 살해된 후에는 몽골(일 칸국)의 지배를 받았다. 페르시아인은 몽골이 세운 일 칸국이 1336년 붕괴한 후에는 독립 왕조를 세우기도 전에 1370년 트란스옥시아나의 군주에 오른 티무르의 지배를 받았다. 그러나 이러한 역사의 질곡에도 불구하고 이란은 비록 아케메네스 시대의 영토에 버금가지는 않지만, 오늘날 이란 고원 대부분의 영토를 보존해 독립 국가를 유지하고 있다.

페르시아인들은 다신교가 유행하던 고대사회에서 유일신 종교를 믿은 민족이기도 하다. 이들은 아케메네스왕조 때 조로아스터교를 받아들였다. 아케메네스왕조가 메소포타미아를 통일하고 최대 영토를 구가한 것은 조로아스터교에 대한 굳건한 믿음 때문인지도 모른다.

조로아스터교

비스툰 비문: 정 중앙에 조로아스터교의 유일신인 아후라 마즈다의 모습이 있으며,
반란을 주도한 피지배 부족의 수령들이 포박되어 다리우스 대제 앞으로 끌려 나오고 있다
(출처: 위키백과- 베히스툰 비문)

조로아스터교는 철학자이자 예언가인 조로아스터(Zoroaster)가 창안한 종교다. 조로아스터는 기원전 660년경 출생한 것이라 여겨지지만, 기원전 1500년 이전으로 보는 학자도 있다. 그가 태어난 곳은 아프가니스탄 또는 아무다리야(Amu Darya River)[42] 인근이라 추정되고 있다.

조로아스터가 기원전 660년경 출생했을 경우 조로아스터교는 기독교와

---

[42] 파미르고원에서 발원해 아프가니스탄과 투르크메니스탄을 거쳐 우즈베키스탄 관할의 아랄해로 흘러들어가는 길이 2,540㎞의 강이다. 다리야(Darya)는 페르시아어로 '강, 호수, 바다'라는 뜻이어서 아무(Amu)강이라고도 부르며, 고대 그리스에서는 옥수스(Oxus)강이라고 불렀다. 전승민, 『유라시아의 중심국 카자흐스탄 이야기』(들녘, 2022), 25쪽.

이슬람보다는 먼저 등장했다. 그러나 유대교보다는 후발 종교다. 유대교는 적어도 기원전 2000년경 아브라함이 하란에서 하나님의 계시를 받고 가나안으로 갈 때 태동한 것으로 볼 수 있기 때문이다. 그러나 유대인들이 바빌론 유수 시 페르시아인들은 유대인들이 믿는 야훼에 대해 알고 있었고, 유대인들도 조로아스터교의 신 아후라 마즈다(Ahura Mazda)에 대해 알고 있었다. 유대인들은 앞서 이야기했듯이 키루스 대제에게 자신들이 믿는 신 야훼와 아후라 마즈다는 동일하다고 말했다. 이에 만족한 키루스 대제는 유대인들을 가나안으로 돌아가게 해 주고, 이들이 성전을 재건하는 것도 지원해 주었다. 유대인들은 기독교가 로마제국에 국교로 자리 잡으며 핍박을 받을 때, 차라리 조로아스터교를 믿는 페르시아 사산왕조의 통치 아래 살기를 바랐다.

아후라는 빛, 마즈다는 지혜를 뜻해 조로아스터교의 유일신 아후라 마즈다는 빛과 지혜의 신을 의미한다. 조로아스터교의 전통에 따르면 조로아스터는 서른 살이 되는 해 아후라 마즈다의 천사로부터 유일신에 대한 계시를 받고, 이후 5명의 천사로부터 진리를 전수받았다고 한다.

조로아스터교는 아후라 마즈다가 우주를 창조했고, 이때 선한 신과 악신도 같이 만들었다고 한다. 선한 신은 스펜타 마이뉴로 아후라 마즈다의 분신이며, 악신은 앙그라 마이뉴다. 선한 신은 빛과 정의를, 악신은 어둠과 거짓을 상징한다. 이 종교는 악신이 끊임없이 선한 신에게 도전하지만 결국에는 선한 신이 악신을 제압하고 승리한다고 가르치는데, 이는 세상을 선과 악의 투쟁 원리로 보는 것이다. 이 때문에 이 종교를 이원론적 일신교라고도 한다.

조로아스터교는 사람들이 죽으면 천국의 입구에서 천사에 의해 삶의 행위에 대한 심판을 받는다고 한다. 생전에 선한 행위를 많이 한 사람의 영혼은 천국으로 가고, 악한 행위를 많이 한 사람은 지옥으로 간다. 천국과 지옥으로 간 영혼은 영원히 그곳에서 사는 것이 아니라 아후라 마즈다가 예정해 놓은 종말에 이르러 구세주가 나타나면, 모든 영혼이 부활하고, 악한 영혼은 순화되어 선한 영혼과 합류한다.[43] 그러나 사탄과 악령들은 완전히 소멸한다.

이 종교는 선한 행동의 구체적 지침으로 평소 좋은 생각, 좋은 말, 좋은 행동을 할 것을 가르쳤다. 이 종교가 담고 있는 유일신, 종말론, 최후의 심판 등은 유대교, 기독교, 이슬람에 많은 영향을 미쳤다.

조로아스터교는 아케메네스왕조 시대에 페르시아에 전파되었고, 키루스 대제는 열렬한 조로아스터교 신봉자였다. 다리우스 대제도 아후라 마즈다의 은총에 힘입어 반란 부족을 평정하고 제위에 오를 수 있었다고 비스툰 비문[44]에 적었다. 아케메네스왕조가 이란과 메소포타미아 지역을 평정하고, 이집트와 마케도니아 지역까지 제압하며 대제국을 건설한 것은 악을 물리치고 정의가 승리한다는 조로아스터교의 가르침 덕분이었는지도 모른다.

이 종교는 사산왕조 시대에 정식으로 국교가 되고 경전 『아베스타(Avesta)』가 집대성되었다. 그러나 사산왕조는 642년 니하반드 전투에서 이슬람

---

[43] 네이버 두산백과- 조로아스터교.

[44] 다리우스 대제가 피지배 부족의 반란을 평정하고 기원전 519년 이란 서북부에 위치한 키르만샤 지방의 석벽에 고대 페르시아어, 엘람어, 바빌로니아어로 적은 것으로, 반란 진압 과정과 자신의 조상에 관한 계보 등이 나와 있다.

군대에게 패하고, 야즈데게르드 왕이 도망 다니다가 651년 메르브 근처에서 살해되며 종말을 고했다. 조로아스터교가 신흥종교인 이슬람에 패한 것이다. 사산왕조의 종말과 함께 약 1,200년 동안 페르시아의 정신적 지주였던 조로아스터교는 페르시아에서 사라지고 대신 이슬람이 들어서게 된다.

오리엔트 제패

오리엔트 세계에 등장한 강대국들

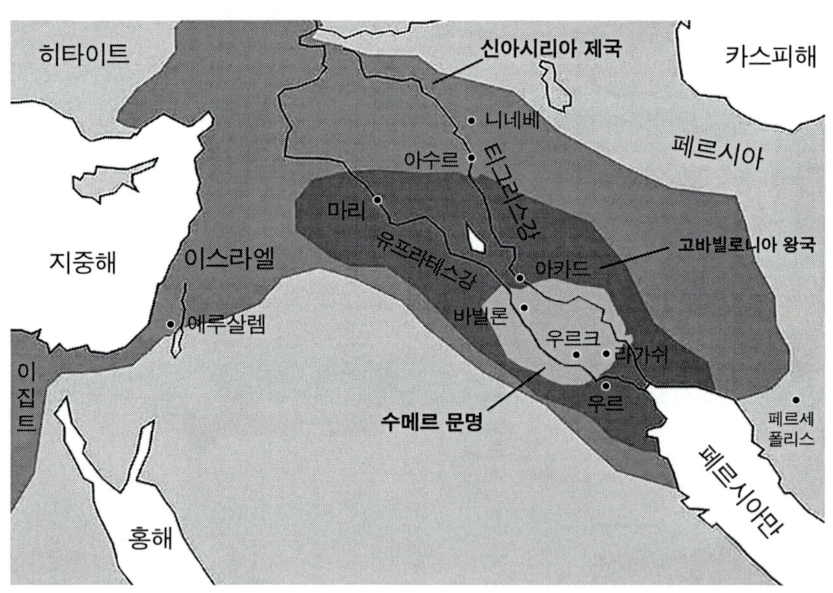

수메르문명, 고바빌로니아 왕국, 신아시리아제국의 영역

페르시아 아케메네스제국이 등장하기 전 셈족 계통의 종족들이 아카드, 바빌로니아, 아시리아 등의 제국을 세우고 메소포타미아를 지배했다. 이 제국들의 흐름은 다음과 같다.

기원전 3500년경 이 지역에서 메소포타미아문명의 원류가 되는 수메르문명이 일어났다. 수메르문명은 우루크, 우르, 움마, 라가시, 키시 등 약 12개의 독립적인 도시 국가로 이루어져 있었다.

셈족 계통의 아카드 사람인 사르곤(기원전 2334~기원전 2279)이 기원전 2334년 수메르의 도시 국가들을 정복하고 메소포타미아에 최초로 통일 왕조인 아카드제국(기원전 2334~기원전 2154)을 건설했다. 제국의 수도인 아카드는 바그다드 인근 지역에 있었던 것으로 추정된다.

유명 인물들이 그렇듯이 사르곤도 탄생 전설을 갖고 있다. 이 전설은 기원전 7세기 신아시리아 시대의 점토판에 기록되어 있었다.

"그는 여사제의 아들로 비밀스럽게 태어났다. 여사제는 사르곤을 역청이 발라진 광주리에 넣어 유프라테스강에 버렸으나, 이를 아키라는 물관리인이 발견하고 자신의 아들로 키웠다. 이후 전쟁과 미의 여신인 이슈타르가 사르곤에게 그녀의 사랑을 주었고, 사르곤은 4년간 왕의 수업을 닦았다."[45]

사르곤이 광주리에 담겨져 유프라테스강에 버려진 이야기는 모세가 나

---

45 'Sargon of Akkad' from Wikipedia.

일강에 버려진 내용과 흡사하다. 모세의 이야기는 기원전 14세기로 추정되므로, 시기상으로 보면 사르곤의 이야기가 모세에 10세기 정도 앞선다. 수메르의 홍수신화가 구약성경의 노아의 방주 이야기에 영향을 미쳤듯이 사르곤의 탄생 전설이 모세의 탄생 이야기에 영향을 끼쳤을 수 있다.

사르곤은 55년간의 치세(治世) 동안 남쪽으로는 페르시아만, 북쪽으로는 레반트와 아나톨리아 동남부에 이르는 대제국을 건설했으며, 이는 인류 최초의 제국으로 여겨진다. 이 왕국은 약 180년 존속하다가 기원전 2154년 이란의 자그로스산맥 중부에서 침입해 온 구티족에 의해 멸망했다.

구티족은 30여 년 수메르 지역을 통치하다가, 기원전 2120년 수메르의 우르크 왕 우트헤갈에 의해 쫓겨났다. 그러나 얼마 지나지 않아 우르남무(기원전 2112~기원전 2094)가 우트헤갈을 제압하고 우르제3왕조(기원전 2112~기원전 2004)을 세우며 수메르를 통일했다. 우르남무는 우트헤갈에 의해 우르의 총독으로 임명된 인물이었다. 그러나 우르제3왕조는 기원전 2004년 엘람 왕국의 침입으로 망했다. 도시 국가 이신(기원전 2017~기원전 1794)이 우르제3왕조의 후계자를 자처하며 엘람을 몰아내고 수메르의 강자로 부상했으나, 이신에 복속해 있던 도시 국가 라르사(기원전 2025~기원전 1764)에게 기원전 1794년 망하고 만다. 그러나 라르사도 기원전 1764년 바빌로니아의 함무라비 왕(기원전 1792~기원전 1750)에 의해 무너졌고, 이후 수메르 지역은 바빌로니아와 아시리아의 지배를 번갈아 가며 받았다.

바빌로니아는 레반트에 거주하던 셈족 계통의 아모르인들이 기원전 1895년경 메소포타미아의 바빌론으로 이주해 세운 왕국으로 고바빌로니아와 신바빌로니아 왕국으로 나뉜다. 바빌론은 바그다드 남부에 있었다. 고바빌로니아는 함무라비 왕 시대에 메소포타미아를 통일하며 전성기를 구가하다 기원전 1595년 히타이트에 의해 망한다.

그러나 히타이트는 본국의 내분으로 아나톨리아로 곧 돌아갔고, 이후 카시트(Kassites)왕조(기원전 1595~기원전 1155)가 바빌로니아를 지배했다. 카시트의 종족, 언어의 기원은 알 수 없으나 바빌로니아의 종교와 문화를 계승하며 400여 년 존속했기에 바빌로니아의 후계 왕조로 보기도 한다. 카시트 왕조는 12세기 중반 엘람에 망하고, 이후 이 지역은 바다 민족의 침입으로 도래한 암흑시대의 영향을 받아 혼란에 빠진다.

이 혼란은 10세기 초 신아시리아(기원전 911~기원전 609)가 등장하며 끝나게 된다. 신아시리아의 티글라스 필레세르 3세(기원전 744~기원전 727)는 기원전 729년 바빌로니아를 합병하고, 아시리아와 바빌로니아의 왕이라 칭했다.[46] 당시 바빌로니아는 암흑기 시대를 거치며 바빌론, 우르, 우르크 등 메소포타미아 남부에서 세력을 유지하고 있었다. 신아시리아에 병합된 바빌로니아는 기원전 626년 신아시리아로부터 독립을 선언하는데, 이를 신바빌로니아(기원전 626~기원전 539) 또는 칼데아 바빌로니아라 한다.

신바빌로니아는 신아시리아에 대항하기 위해 기원전 614년 메디아와 동맹을 맺었다. 종종 신아시리아의 침략을 받던 메디아도 이에 대항하기 위해 동맹국이 필요한 상황이었다. 그리고 이 동맹을 굳건히 하기 위해 신바빌로니아의 네부카드네자르 2세(기원전 604~기원전 562)[47]와 메디아의 공주

---

46 'Tiglath-Pileser III' from Wikipedia.

47 신바빌로니아의 창건자 나보폴라사르의 아들.

아미티스(메디아의 왕 키악사레스의 딸)가 결혼했다. 바빌로니아와 메디아 연합군은 기원전 612년 신아시리아의 수도인 니네베를 함락시키고, 기원전 609년 신아시리아의 남은 세력을 하란에서 격파하며 신아시리아를 멸망시켰다.

신바빌로니아는 네부카드네자르 2세 재위 시 메소포타미아를 통일하고, 레반트를 정복하며 전성기를 구가했다. 그는 바빌론을 정비해 거대한 성을 쌓고 그 주위를 물이 흐르는 해자로 둘러쌌다. 또한 세계 7대 불가사의 중의 하나인 공중정원을 만들기도 했다. 이는 왕비 아미티스를 위한 것이었다. 네부카드네자르 2세는 기원전 586년 유다 왕국을 정복하고 유대인을 바빌론으로 끌고 와 바빌론 유수를 단행한 장본인이기도 하다.

아시리아는 기원전 25세기에서 기원전 7세기 말 동안 메소포타미아 북부에 존재했던 민족 내지는 그들이 세운 나라로, 오늘날 국가 이름 시리아는 아시리아에서 기원한다.[48] 아시리아는 정치적 사건과 언어 변화에 근거해 초기 아시리아(기원전 2600~기원전 2025), 고아시리아(기원전 2025~기원전 1364), 중아시리아(기원전 1364~기원전 911), 신아시리아(기원전 911~기원전 609) 등 4단계로 나뉜다.[49]

아시리아는 기원전 2600년경부터 아수르[50]를 중심으로 존재했으나, 아카드제국, 우르제3왕조 등의 지배를 받았다. 아수르는 티그리스강 상류에 있

---

48 'Name of Syria' from Wikipedia.

49 'Assyria' from Wikipedia.

50 Assur. 도시명인 동시에 아시리아의 최고 신의 이름으로, 왕국명 아시리아는 아수르에서 유래했다.

는 도시로 초기 아시리아의 수도였다. 아시리아는 기원전 2025년 우르제3
왕조로부터 독립했으며, 이때까지를 초기 아시리아라 한다.

아시리아는 독립 후 도시 국가를 이루고 있다가 기원전 18세기 중엽 바
빌로니아의 함무라비 왕, 기원전 1430년경에는 미타니[51]에게 정복당했다.
아시리아는 미타니가 레반트의 패권을 두고 히타이트와 대결하는 상황을
이용해 기원전 1364년 미타니로부터 독립하는데, 이때까지를 고아시리아
라 한다.

아시리아는 미타니로부터 독립 후 오히려 미타니 등을 정복하며 영토국
가로 발전하는데 이 시기를 중아시리아의 시작으로 본다. 아시리아는 기원
전 1200년경 청동기문명의 붕괴와 함께 바다 민족의 침입으로 초래된 암흑
기에 영토가 축소되며 정체기에 들어갔다. 아시리아는 기원전 911년경부터
다시 활기를 띠기 시작하는데, 이때를 중아시리아 시대가 끝나고 신아시리
아 시대가 시작하는 것으로 본다.

아수르에서 몇 번 옮겼던 수도가 신아시리아제국 시대에 니네베로 또 이
전했다. 왕들은 활발한 정복 활동을 펼쳤다. 티글라스 필레세르 3세는 기
원전 729년 바빌로니아, 사르곤 2세는 기원전 720년대 이스라엘, 에사르 하
돈은 기원전 671년 이집트를 정복했다. 이렇게 해서 신아시리아제국은 역
사상 최초로 오리엔트를 통일했다.

---

51 기원전 16세기 후반 메소포타미아 북부, 아나톨리아 동남부에 세워진 왕국이다. 이 왕국의 지
배층은 마리야누라는 인도유럽어족에 속하는 종족으로 여겨진다. 기원전 14세기 후반 히타
이트에 무너졌다가 독립했지만, 기원전 1260년경 아시리아에 망했다.

페르시아의 오리엔트 제패

메디아 왕국 인근에 거주하던 또 다른 인도유럽어계 종족이 기원전 7세기 초경 엘람 왕국에 속하는 안산 지방으로 이주했다. 이들이 페르시아 명칭의 기원이 된 파르스로 불렸던 사람들로 아케메네스제국(기원전 550~기원전 330)을 건설한 주역들이다.

엘람 왕국의 초기 중심지인 안산 지방으로 파르스족들을 이끌고 이주한 인물은 이들의 족장 테이스페스(기원전 675~기원전 640)였다. 그는 자신의 아버지 아케메네스의 이름을 따 안산에 신아시리아의 권위 아래 아케메네스 왕조의 기초를 세웠다. 아케메네스왕조가 독립을 이루고, 대제국을 형성한 것은 테이스페스의 증손자인 키루스 대제(기원전 559~기원전 530) 때다.

키루스 대제(2세)의 아버지는 캄비세스 1세(테이스페스의 손자), 어머니는 메디아의 왕 아스티아게스의 딸인 만다네였다. 전설에 의하면 아스티아게스(키악사레스의 아들)는 만다네가 오줌을 눠 메디아 왕국이 잠기는 꿈을 꾸었고, 사제들이 이는 만다네가 낳은 아들이 메디아 왕국을 위협할 것이라 해석하자, 아스티아게스는 이를 두려워해 만다네를 멀리 떨어진 안산 지방의 왕인 캄비세스 1세에게 시집보냈다 한다. 그러나 꿈이 현실이 되어 키루스 대제가 기원전 559년 아버지를 승계하고, 기원전 550년 외할아버지의 나라 메디아 왕국을 정복하고 아케메네스왕조의 독립 시대를 열었다.

메디아를 무너뜨린 키루스 대제는 본격적으로 대외 원정에 나섰다. 그 첫 번째는 아나톨리아 서부에 있는 리디아 왕국이었다. 리디아는 기원전 8세기 이전 인도유럽어족 계통의 사람들이 건설한 왕국이다. 이 왕국의 크로이소스 왕(기원전 560~기원전 546)은 이오니아를 정복하며 왕국의 전성기를 이끌었다. 아시리아가 망한 후 리디아는 메디아와 아나톨리아 동부에서 긴장 관계에 있었다. 메디아가 신바빌로니아와 함께 아시리아를 멸한 후 아나톨리아 동부 지역까지 진출했기 때문이다. 그러나 두 나라는 기원전 585년 평화 협정을 맺고 그 증표로 리디아의 공주 아리예니스를 메디아의 왕자 아스티아게스에게 시집보냈다. 그러나 아스티아게스가 외손자 키루스 대제에게 전투에서 패해 사망하고 왕국도 망했다. 이에 리디아의 왕이자 아리예니스의 오빠인 크로이소스는 처남 아스티아게스의 복수를 위해 페르시아 영역(구메디아 지역)을 침공하려 했다. 그는 침공에 앞서 델포이의 아폴론 신전에 신탁했다. 할리스(Halys)[52]강을 넘으면 거대한 왕국이 무너질 것이라는 신탁을 듣고 기원전 547년 전쟁을 일으켰다. 두 나라 군대는 카파도키아의 도시 프테리아(Pteria) 근처에서 격돌했으나 승부가 나지 않았다. 크로이소스는 곧 겨울이 오기 때문에 키루스 대제가 전쟁을 중단하고 되돌아갈 것으로 생각하고, 수도 사르디스로 퇴각했다. 그러나 키루스 대제는 예상과 달리 돌아가지 않고 계속 진격해 기원전 546년 팀브라 전투(Battle of Thymbra)에서 크로이소스에 승리를 거두고 리디아를 정복했다. 델포이 신탁이 말한 거대한 왕국은 페르시아가 아니라 리디아였던 것이다.

키루스 대제의 다음 원정 지역은 신바빌로니아가 지배하는 메소포타미아였다. 신바빌로니아는 기원전 562년 네부카드네자르 2세가 사망한 후 나보니두스라는 인물이 왕위를 찬탈하고, 바빌로니아의 전통 신인 마르두크

대신 달의 신 난나를 숭배하며, 수도인 바빌론도 비우자, 혼란에 빠져 있었다. 키루스 대제는 이 기회를 이용해 기원전 539년 바빌론에 입성하며 신바빌로니아를 멸했다. 그는 바빌론에 끌려와 있던 유대인들을 고향으로 돌려보내고, 기원전 586년 네부카드네자르 2세에 의해 파괴된 성전 재건 사업도 지원했다.

키루스 대제는 바빌론에 입성한 해에 엘람 왕국도 정복했다. 엘람은 기원전 7세기 여러 번 신아시리아의 침입을 받고 신아시리아의 지배하에 있다가, 신아시리아가 기원전 609년 메디아 및 신바빌로니아에 의해 사라진 후에는 메디아의 영향력 아래에 있었다.

키루스 대제는 기원전 530년경 카자흐스탄 초원에 거주하던 맛사게태와 전투 중 사망한다. 그러나 그는 생전에 메소포타미아와 아나톨리아를 정복하고, 아시리아나 신바빌로니아와 달리 정복지에 관용 정책을 펴며 제국의 통합을 이루었다. 그의 아들이자 후계자인 캄비세스 2세는 기원전 525년 이집트를 정복했다. 캄비세스 2세를 승계한 다리우스 대제는 마케도니아와 인더스강까지 진출하며 아케메네스제국의 영토를 최대로 넓혔다. 그러나 다리우스 대제와 그의 후계자들은 곧이어 벌어진 그리스와의 대결에서는 패하고 만다.

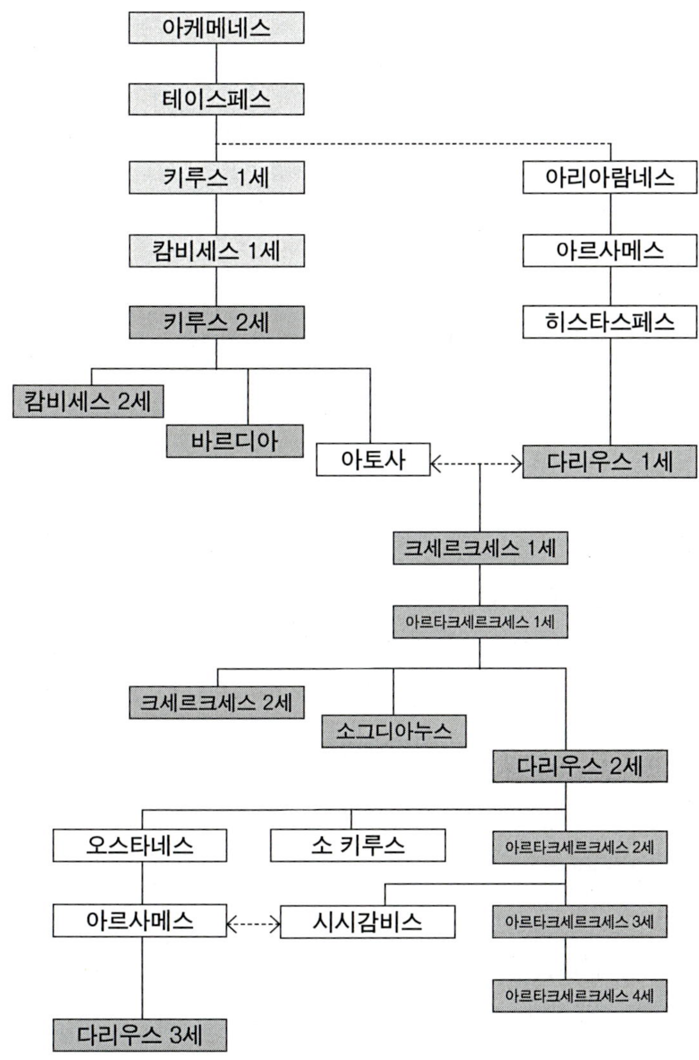

아케메네스왕조의 가계도

그리스-페르시아 전쟁

전쟁 배경

그리스-페르시아 전쟁은 기원전 499년 발발해 기원전 479년 플라타이아이 전투에서 페르시아가 패하며 사실상 전쟁이 종료될 때까지 그리스 본토와 지중해 동부에서 20년간 지속됐다. 그리스 측에서는 아테네, 스파르타 등 도시 국가들이 참여했고, 페르시아에서는 아케메네스제국을 주축으로 이집트, 페니키아, 메소포타미아, 아나톨리아 등 피정복지 세력들이 참여했다. 오늘날 시각으로 보면 세계대전이었고, 서양과 동양(또는 지중해 북부 세력 대 남부 세력), 민주정과 전제 군주정 간의 대결이었다.

나중에, 지중해와 흑해 지역에서 발생한 전쟁들은 그리스-페르시아 전쟁의 패턴과 비슷한 특성을 보인다. 로마와 카르타고 전쟁, 파르티아 및 사산 왕조와 로마의 전쟁, 이슬람권과 기독교권의 전쟁, 그리고 오늘날 중동과 이란 지역에서 일어나는 분쟁도 그리스-페르시아 전쟁과 비슷한 패턴이라 볼 수 있다.

그리스-페르시아 전쟁은 이오니아 지방의 반란으로 시작되었지만, 근원적으로는 종교적 의미도 있었다. 조로아스터교의 유일신 아후라 마즈다로부터 통치권을 부여받은 페르시아의 왕은 선이고 그 이외의 통치자는 악이었다. 페르시아의 왕들은 전쟁은 선이 악을 물리친다는 조로아스터교의 가르침을 따르는 것이라 믿었을 것이다. 페르시아 아케메네스왕조는 이러한 믿음으로 메디아, 리디아, 신바빌로니아, 이집트 등을 제압하고 대제국을 건설했다.

에게해 주변

그리스-페르시아 전쟁은 이오니아 반란과 진압(기원전 499~기원전 493), 제1차 그리스 원정(기원전 492), 제2차 그리스 원정(490), 그리고 제3차 원정(기원전 480~기원전 479)으로 나누어 볼 수 있다.

전쟁 경과

이오니아 반란(기원전 499~기원전 493)

이오니아 지방의 반란은 아케메네스왕조가 기원전 546년 리디아 왕국을 정복한 것에 뿌리를 두고 있다. 이오니아는 리디아 왕국의 크로이소스 왕 재위 시 리디아 왕국에 복속되었다가, 리디아 왕국이 아케메네스왕조에 정복된 후에는 아케메네스왕조의 지배를 받았다.

다리우스 대제는 페르시아의 수도 수사에서 리디아 왕국의 수도였던 사르디스까지 이어지는 '왕의 길'이라 불리는 도로를 만들었다. 약 6,700㎞에 달하는 이 길은 실크로드 역할과 동시에 페르시아 군대가 그리스를 침공할 때 군대 이동로로도 사용됐다. 아케메네스왕조는 사르디스에 사트라프[53]를 두고, 사트라프가 이오니아인을 도시 국가의 참주로 임명해 통치했다. 참주

---

[53] 아케메네스제국은 정복지를 여러 행정 구역으로 나누고 총독과 비슷한 사트라프를 임명해 통치했다.

는 영어로는 tyrant에 준하며 비합법적인 독재자를 의미한다. 이오니아인들은 페르시아의 이러한 간접 통치에 불만을 느끼고 있었다. 밀레토스의 참주인 아리스타고라스가 이를 이용해 페르시아에 대한 반란을 선동했다. 밀레토스의 원래 참주는 히스티아에우스였다. 그가 다리우스 대제의 자문관으로 임명되어 아케메네스제국의 수도인 수사로 가게 되자, 그의 조카이자 사위였던 아리스타고라스가 참주 자리를 맡았다.

아리스타고라스가 처음부터 반란을 기도한 것은 아니었다. 그는 처음에는 자신의 위치를 공고히 하기 위해 사르디스의 사트라프인 아르타페르네스(다리우스 대제의 형제)에게 에게해에 있는 낙소스섬 침공을 제안했다. 낙소스섬을 정복하면 그 주위에 있는 섬들도 차례로 정복하게 되어, 그리스인이 장악하고 있는 에게해의 통상권을 페르시아가 차지할 수 있다고 설득했다. 이에 아르타페르네스는 다리우스 대제의 허락을 받아 사촌 메가바테스와 아리스타고라스를 공동 지휘관으로 임명해 기원전 499년 낙소스섬으로 군대를 파견했다. 그러나 낙소스섬 침공은 실패로 끝났고, 이에 자신의 지위에 위협을 느낀 아리스타고라스는 이오니아 지방의 주민들에게 반페르시아 봉기를 일으키도록 선동했다. 이즈음 수사에 있던 히스티아에우스도 아리스타고라스에게 밀사를 보내 반란을 부추겼다.

밀레토스, 에페소스, 할리카르나소스, 사모스, 코스 등 이오니아 지방의 그리스계 도시 국가들은 그리스 본토와 정치적 통일체는 아니었지만, 그리스 문화를 공유하며 그리스화한 지역이었다. 아울러 이 지역은 오리엔트의 선진 지식을 받아들여 이를 그리스에 전파함으로써 철학, 기하학 등 그리스 학문을 꽃피운 발원지 역할을 했다. 리디아의 왕 크로이소스가 키루스 대제에게 전쟁을 선포하기 전에 델포이의 아폴론 신전에서 신탁을 받은 것은 리디아와 이오니아를 포함해 아나톨리아의 상당 지역이 그리스 문화를 공유했음을 추측케 한다.

아리스타고라스는 반란의 성공을 위해 그리스 본토의 폴리스들에게 원조를 요청했다. 그러나 대부분의 폴리스가 거부하고, 아테네와 에레트리아(에우보이아 섬에 위치)만이 배와 병력을 지원했다.

이오니아인들은 기원전 498년 사르디스로 쳐들어가 도시를 불태웠다. 그러나 사르디스 점령은 실패하고, 오히려 아나톨리아 각지에서 온 페르시아 군대에게 에페소스 전투에서 패했다. 이후 페르시아는 육군과 해군을 재정비하고 반란의 진원지인 밀레토스를 본격적으로 공략했다. 페르시아가 기원전 494년 라데 해전에서 이오니아 함대에 승리를 거두자, 밀레토스는 그리스 본토로부터의 해상 지원도 끊기며 함락되었다. 페르시아는 기원전 493년 이오니아의 잔존 반란 세력을 모두 소탕했다.

제1차 그리스 원정(기원전 492)

이오니아 지방의 반란을 평정한 다리우스 1세는 기원전 492년 사위 마르도니우스에게 육군과 해군을 주어 이오니아 반란을 지원한 아테네와 에레트리아를 징벌하라고 했다. 마르도니우스는 육군을 이끌고 헬레스폰토스 해협을 건너 아테네로 진격 중 다리우스 1세가 기원전 6세기 말 제압했지만, 이오니아 지방의 반란을 이용해 페르시아에서 떨어져 나간 트라키아와 마케도니아를 다시 정복했다. 그러나 해군과 병참 물자를 실은 함대가 아토스 곶을 지날 때 폭풍을 만나 많은 배가 파손되고, 사상자가 나왔다. 마르도니우스도 마케도니아에서 전투 중 상처를 입었다. 이런 사정으로 페르시아 군대는 부득이 아테네 원정을 중단하고 아나톨리아로 회군했다.

다리우스 대제는 마르도니우스의 원정이 비록 폭풍 때문에 실패했지만, 그리스 폴리스들에게 충분히 경고를 했다고 생각하고, 기원전 491년 폴리스들에 사신을 보내어 흙과 물을 보내라고 했다. 이는 외국에 복종을 요구할 때 페르시아가 요구하는 행위였다. 대부분의 폴리스가 흙과 물을 보냈지만, 아테네와 스파르타는 다리우스 대제의 사신을 죽이고 복종을 거부했다. 이에 다리우스 대제는 페르시아에 다시 대군을 파견했고, 이렇게 해서 본격적인 그리스-페르시아 전쟁이 시작되었다.

제2차 그리스 원정(기원전 490): 마라톤 전투

다리우스 대제는 대규모 병력과 함선을 동원하고, 메디아 출신의 장군 다티스와 아르타페르네스[54]를 사령관으로 임명했다. 원정대의 진군로는 제1차 원정 시와 달랐다. 1차 원정 때는 아나톨리아 서부 해안을 북상해 트라키아와 마케도니아를 제압하고, 에게해 북쪽에서 그리스로 남하하는 것이었다. 2차 원정 때는 사모스섬에서 출발, 에게해 중심부에 있는 키클라데스 제도의 섬들을 정복하며 북상해 에레트리아로 진격했다. 키클라데스

---

54 사르디스의 사트라프인 아르타페르네스의 아들로 아버지와 이름이 같음.

제도에 있는 섬으로 기원전 499년 점령에 실패한 낙소스섬은 정복되고 주민들은 노예가 되었다.

에레트리아는 개전 6일 만에 정복되었다. 페르시아 군대는 에레트리아가 이오니아 반란군과 함께 사르디스를 불태운 것에 대한 보복으로 신전들을 파괴하고, 주민들은 노예로 만들었다. 이후 페르시아 군대는 아티카반도 해안을 따라 남진하며 아테네로 진격했다. 기원전 490년 여름 페르시아 군대는 아테네에서 약 40㎞ 떨어진 마라톤 평원에 상륙했다. 아테네 군대는 폴리스 플라타이아이가 지원한 기병 1,000명 포함 1만 명이었고, 페르시아 군대는 다티스가 이끄는 1만 5,000명이었다.

아테네는 적의 화살 사거리가 200m 정도임을 알고, 그 거리에서부터 전력 질주해 주력인 적의 중앙을 앞으로 나오도록 유인하고, 그러는 사이 아테네의 좌익이 적의 뒤로 돌아가 포위해 섬멸하는 작전을 세웠다. 적을 유인하는 아테네의 중앙은 훗날 살라미스해전의 영웅이 되는 테미스토클레스와 플라타이아이 전투에서 아테네 육군을 지휘한 아리스티데스가 맡았다. 적의 우익을 격파하고 뒤로 돌아가 적의 중앙을 포위하는 좌익은 아테네의 총사령관인 밀티아데스가 맡았다. 포위 작전은 성공했고, 다음은 백병전이었다. 대부분 경무장 보병인 페르시아 군대는 백병전에서 중무장 보병이 주력인 아테네 군대의 상대가 되지 않았다.

마라톤 전투라고 명명된 이 전투에서 수적으로 페르시아군이 우세함에도 페르시아는 아테네에 이렇게 패하고 말았다.

마라톤 전투에서 승리한 후 휴식을 취할 여유도 없이 아테네군은 아테네로 달려가야 했다. 페르시아의 또 다른 지휘관인 아르타페르네스가 이끄는 1만 명의 병력을 실은 함선이 무방비 상태에 있는 아테네로 진격 중이기 때문이었다. 그러나 아테네 군대가 도착해 전열을 정비하자, 페르시아 군대는 전쟁을 포기하고 철수했다.

이 전쟁을 승리로 이끈 영웅은 아테네의 밀티아데스였다. 그는 아테네의 명문 귀족 출신이었다. 그는 트라키아의 케르소네소스에 있는 아버지의 자산을 운용하던 형이 사망하자 이를 물려받으며 케르소네소스의 유력자가 되었다. 그러나 기원전 6세기 말 다리우스 대제가 트라키아를 정복하자, 케르소네소스도 페르시아에 편입되었다. 이에 불만을 품고 있던 밀티아데스는 이오니아 반란 시 그리스인들과 함께 페르시아 군대와 싸웠다. 이오니아 반란이 실패로 끝나자, 그는 기원전 492년 아테네로 돌아왔고, 얼마 안 있어 스트라테고스 중의 한 명으로 뽑혔다.

아테네는 통상 10명의 스트라테고스들이 민주주의 원칙에 따라 돌아가며 총사령관을 맡았다. 그러나 적과 대치하는 위기 상황이고, 밀티아데스가 페르시아 군대에 정통해 그를 총사령관으로 임명해 지휘권을 일원화했다.

이러한 지휘권의 일원화와 밀티아데스가 페르시아 궁수의 활 사거리, 병사의 무장 등 페르시아 군대의 특징을 잘 알고 전술을 세운 점이 마라톤 전투에서 승리한 요인 중의 하나였다.

전쟁 승리 후 아테네의 전령 페이디피데스가 마라톤 평원에서 아테네까지 40여km를 달려가 승전 소식을 알리고 탈진해 죽었다. 이를 기념하기 위해 1896년 제1회 아테네 올림픽에서 마라톤이 올림픽의 정식 종목으로 채택되었다.

제3차 그리스 원정(기원전 480~기원전 479)

: 테르모필레 전투, 살라미스해전, 플라타이아이 전투

마라톤 전투 후 패전국 페르시아와 승전국 그리스에 큰 변화가 일어났다. 페르시아에서는 아후라 마즈다의 대리자로 여겨졌던 페르시아의 왕이 패함으로써 그 권위에 흠이 가 이집트, 바빌로니아 등 속국에서 반란이 일어났다. 다리우스 대제는 마라톤 전투의 패배를 설욕하기 위해 다시 전쟁을 준비했으나 이집트에서 일어난 반란의 여파로 건강이 악화해 기원전 486년 사망했다.

다리우스 대제의 아들 크세르크세스 1세(기원전 486~기원전 465)가 후계자가 되었다. 그러나 그는 왕위뿐만 아니라 반란을 진압하는 일도 물려받았다. 그는 기원전 484년 이집트 반란을 진압하고 그리스 원정 준비를 했다. 페르시아가 비록 마라톤 전투에서 그리스에 패하기는 했지만, 에게해 동부, 트라키아, 마케도니아는 페르시아가 여전히 지배하고 있었다. 그는 아나톨리아의 사르디스로 가서 그리스의 동태를 살핀 후 헬레스폰토스해협을 건너 트라키아를 거쳐 그리스로 남하하는 진군로를 세웠다. 제1차 그리스 원정 진군로와 비슷했다. 그리고 카르타고와 동맹을 맺었다. 이는 그리스계인 시라쿠사가 아테네를 지원하려 할 경우, 오리엔트계인 카르타고가 시라쿠사를 압박해 이를 저지하려는 목적이었다.

기원전 481년 대군을 이끌고 수도 수사를 떠나 사르디스에 당도한 크세르크세스 1세는 그해 겨울 땅과 물을 요구하는 사절을 에게해 섬들과 그리스 폴리스에 보냈다. 그러나 기원전 491년 다리우스 1세가 보낸 사절을 처형한 아테네와 스파르타에는 보내지 않음으로써, 이 두 폴리스가 공격 목표임을 분명히 했다. 크세르크세스 1세는 기원전 480년 봄 지상군을 이끌고 마케도니아를 거쳐 테살리아[55]로 향했다.

그리스에서는 마라톤 전투의 영웅 밀티아데스가 사망하고, 대 페르시아 관계에 있어 온건파와 강경파로 나뉘었다. 강경파가 페르시아의 침략에 대비해 맞서 싸울 준비를 해야 한다고 주장했지만, 온건파는 외교를 통해 페르시아와 화해를 모색해야 한다고 했다.

강경파의 리더는 테미스토클레스였다. 그는 아테네의 민주개혁 덕분에 평민임에도 불구하고 기원전 493년 아르콘 중의 한명으로 선출되고, 마라톤 전투에서는 스트라테고스로 참전했었다. 그는 앞으로 페르시아가 전쟁을 일으키면 대군을 동원할 것이고, 그 대군의 보급은 주로 해상을 통해 이루어질 것으로 보았다. 그는 바다에서 승부가 날 것으로 예상하고, 군선과 해상 전투원을 늘려야 한다고 주장했다. 그는 자기와 생각이 다른 정적들을 도편 투표를 통해 해외로 추방했다.

정적들이 추방되고, 페르시아가 그리스 침공 준비를 하자, 테미스토클레스는 본격적으로 배를 건조하도록 해 200척의 삼단 갤리선을 마련했다. 새로운 배는 기존의 배보다 더 튼튼하게 만들어졌고, 배 밑바닥에는 돌덩이를 실어 무겁게 했다. 이러한 배는 살라미스해전에서 큰 효과를 나타냈는데, 이는 테미스토클레스가 전쟁의 큰 밑그림을 그리며 준비한 것이었다.

배가 늘어남에 따라 노 젓는 선원도 늘어났다. 이들은 아테네에서 제4계

---

[55] 오늘날 그리스 북부에 있는 주로 1392년경 오스만제국에 정복되었다가 1881년 그리스에 반환됐다.

급에 속하는 무산자들이었다. 오리엔트에서는 노예들이 노를 젓고, 전투에 참여하지 않았으나, 그리스 배의 노잡이들은 적의 배와 육박전 시 전투원이 되었다. 이들은 자신들이 국가 방위에 참여한다는 자부심을 갖고, 전투에서 큰 역량을 보여주었다. 페르시아에 승리한 후 이들은 정치적 입지가 강화되며 정치에 더 많이 참여하게 되었다.

마라톤 전투에서 스트라테고스로 참전했던 테미스토클레스는 지휘권 일원화를 위해 스트라테고스 중 1명을 아우토크라토르로 임명하자고 제안했다. 아우토크라토르는 평시에는 스트라테고스의 총책임자가 되고, 전시에는 자동적으로 총사령관이 되는 것이었다. 시민 집회는 이 제안을 승인했고, 테미스토클레스는 기원전 481년 아우토크라토르가 됐다.

테르모필레 전투

기원전 481년 겨울 땅과 물의 요구에 응하지 않은 폴리스들의 대표가 이스티미아(코린토스 지협에 있는 도시)에서 모여 페르시아 침공에 대한 대책을 논의했다. 이 회의에서 각 폴리스는 군대와 선박 제공을 약속하며 도시연합군을 결성했다. 육군 총사령관은 스파르타의 왕 레오니다스가 맡았다. 해군 사령관의 경우 선박을 가장 많이 동원한 아테네가 맡아야 했지만, 경쟁 관계에 있던 코린토스가 반대해 해군사령관도 스파르타인 에우리비아데스가 맡았다. 다만 스파르타가 해군에 약한 점을 고려해 아테네의 해군은 테미스토클레스가 지휘하기로 했다.

도시연합군은 육상에서는 테르모필레, 해상에서는 아르테미시온 곶에서 페르시아 군대를 막아 지구전을 끌기로 했다. 페르시아는 20여만 명에 달하는 육상 군대에 대한 보급 문제와 이집트 등 속지에서의 반란 재발 등을 우려해 전쟁을 빨리 끝내야 했다. 지구전은 페르시아의 이러한 취약점을 이용한 전략이었다.

테르모필레는 그리스 북부 테살리아 지방에서 아테네가 있는 아티카 지방으로 들어가는 고개다. 한쪽은 바다, 반대편은 산으로 이어져 있으며 길이는 10㎞에 달했다. 레오니다스는 기원전 480년 8월 중무장 보병 300명 포함 약 1만 명의 군대를 이끌고 이곳에 먼저 도착했다. 크세르크세스 1세도 총 40여만 명의 병력 중 절반인 약 20만 명의 육군을 이끌고 도착해 진을 쳤다.

크세르크세스 1세는 사신을 보내 항복을 권유했지만, 레오니다스는 거부했다. 크세르크세스 1세는 며칠을 숙고하다가 총공격명령을 내렸다. 그러나 1차 공격은 실패하고 2만여 명의 병사가 죽었다. 2차 공격에는 불사 부대[56]를 투입했다. 그러나 이번에도 불사 부대원들이 쓰러지고, 이들을 이끌던 왕의 두 동생도 죽었다. 그리스 쪽도 수천 명의 희생자가 나왔지만 2차 방어에도 성공했다.

2차례의 공격에 실패한 페르시아 군대는 테르모필레 고개를 넘는 우회로가 있다는 것을 현지인을 통해 알게 되었다. 페르시아 군대 일부가 이 우회로를 통해 그리스군의 후방으로 갔다. 그러나 후방을 수비하던 테베군이 항복하고 말았다. 후방이 무너지자, 전방과 후방에서 페르시아 군대에 포위당한 레오니다스와 병사들은 최후까지 싸우다가 모두 전사했다.

---

[56] 1만 명으로 이루어진 정예병으로 사망자가 나오면 새로 보충하며 1만 명을 유지했기에 불사 부대라는 이름이 붙었다.

아르테미시온 곶에서 페르시아 함대를 저지하고 있던 테미스토클레스는 테르모필레고개 전투 결과를 듣고 전장에서 신속히 철수했다. 페르시아 군대의 공격으로부터 아테네 시민들을 구하기 위해서였다. 아테네 병사들이 대부분 전투원으로 승선했기에 아테네는 무방비로 노출된 상태였다.

그는 또한 육상 전투에서는 페르시아를 상대로 승산이 없다고 보고, 해상 전투에서 새로운 전단을 모색하려 했다. 해상 전투에서 승리하면, 육지에 있는 적의 보급로를 끊는 것이기에 이는 육지의 적에게 치명타를 가할 것으로 생각했다. 그는 해상 전투에 승부를 걸고, 그 장소로 살라미스만을 염두에 두었다.

살라미스해전

테미스토클레스는 아르테미시온 곶에서 후퇴해 살라미스섬에 함대를 정박시켰다. 그리고 그는 우선 아테네 시민들을 살라미스섬과 아이기나섬 등으로 피신시켰다. 시민들을 피신시킨 후 스파르타, 코린토스 등과 페르시아 군대와 어디서 싸우는 게 좋을지 논의했다.

스파르타와 코린토스는 펠로폰네소스반도와 그리스 본토를 연결하는 코린토스지협에서 싸울 것을 주장했다. 지상전에 중점을 둔 것이었다. 그러나 테미스토클레스는 해전의 경우는 코린토스 지협 주변 해역이 넓어서 대형 배가 많은 페르시아에 유리해 아테네 해군을 활용하기가 곤란하다고 했다. 이런 이유로 그는 전쟁터를 살라미스만으로 하자고 주장했다. 살라미스섬 주변은 해역이 좁고 조류가 강해, 무겁고 소형인 배를 갖고 있는 측이 유리하며, 아테네 해군은 바로 이러한 배를 갖고 있다고 했다. 해전에 중점을 둔 전략이었다. 테미스토클레스의 이러한 주장과 페르시아 함대가 살라미스만으로 이동하는 정황도 포착되어 결국 스파르타와 코린토스 등은 테미스토클레스의 의견을 따르기로 했다.

크세르크세스 1세는 테르모필레에서 페르시아에 항복한 테베 군대를 앞세우고 아테네로 진격했다. 그는 테미스토클레스가 이미 주민들을 소개해 텅 빈 아테네에 무혈입성했다. 그는 아테네를 방화하고, 임시 왕궁은 페르시아 함대가 정박하고 있는 팔레온 항구 도시에 마련했다.

크세르크세스 1세는 팔레온에서 페르시아 장군들과 작전회의를 했다. 이 회의에서 아테네와 스파르타가 그랬던 것처럼 지상전과 해전 중 어느 것에 중점을 두어야 할지 논의했다. 그러나 페르시아도 결국에는 해전으로 승부를 내기로 했다. 압도적인 함선 숫자의 우위를 믿은 것이다. 후세 역사가들에 의하면 살라미스해전을 앞두고 페르시아 측의 함선은 약 900척, 그리스 측은 400척이 채 안 되어 페르시아가 2배 이상 많았다.

기원전 480년 9월 페르시아 함대가 팔레온 항구를 떠났다. 이 함대는 페니키아 300척, 이집트 100척, 이오니아 500척으로 이루어졌고, 주력은 페니키아 함선이었다. 그리스 측은 아테네 200척, 스파르타, 아이기나 등 135척, 코린토스 40척이고, 주력은 아테네 해군이었다.

페르시아 함대가 살라미스만으로 들어오자 테미스토클레스는 선원들에게 배를 페니키아 함선으로 돌진하라고 했다. 아테네 배는 작고 단단하게 만들어졌고, 돌을 바닥에 깔아 무거웠다. 이런 배는 조류의 영향을 덜 받고, 적선과 충돌 시 위력을 발휘했다. 테미스토클레스가 선견지명을 발휘해 이러한 배를 미리 만들어 놓은 것이다. 페니키아 배는 아테네 배의 충돌을 받고 파손되기 시작했다. 페니키아 함대는 혼란에 빠졌고, 설상가상으로 바다가 좁아 자신들끼리 충돌하며 침몰하기도 했다.

이렇게 페니키아 함대가 아테네 함대의 포위공격을 받고 침몰하고 있을 때 이오니아 함대는 페니키아 함대를 도울 수가 없었다. 135척의 스파르타 함대 등이 이들을 포위해 페니키아 함대 쪽으로 가지 못하게 했기 때문이다. 이오니아 함대는 135척의 그리스 함대를 제압하지 못하자 페니키아 함대를 버려두고 도망쳤다. 이오니아인은 동족인 그리스인과 싸움하는 것에 부담감을 느꼈는지도 모른다.

이 전투에서 총사령관으로 페니키아 함대에 승선했던 크세르크세스 1세의 동생도 사망하고, 페니키아 함대가 전멸하며 세계4대해전 중의 하나인 살라미스해전은 그리스의 압승으로 끝났다. 페르시아의 육군은 아직 건재했지만, 겨울도 다가와 크세르크세스 1세는 전쟁 의욕을 잃었다. 이때 다리우스 대제의 사위로 기원전 492년 그리스를 원정갔다가 폭풍을 만나 되돌아왔던 마르도니우스가 자기에게 병력을 맡기면 테살리아 지방에서 겨울을 보낸 뒤 설욕하겠다는 제안을 했다. 크세르크세스 1세는 이 제안을 받아들여 20여만 명의 대군을 마르도니우스에게 맡기고, 왔던 길을 역순으로 해서 사르디스로 돌아갔다.

플라타이아이 전투

마르도니우스 군대가 머무르는 테살리아 지방과 아테네가 있는 아티카 지방 사이에는 보이오티아 지방이 있다. 이 지방의 강력한 도시 국가는 테르모필레 전투에서 페르시아 편으로 돌아선 테베였다. 아테네는 테베와 페르시아 군대가 언제 아테네로 침공해 올지 몰라 아테네 시민을 귀환시키지도 못하고 있었다.

페르시아 군대에 대항하기 위해 그리스 도시 국가대표들은 코린토스에서 다시 모여 대책을 논의했다. 아테네, 스파르타 등 도시 국가들은 이번에는 페르시아를 그리스에서 완전히 몰아내기 위해 대규모 병력 동원을 약속했다.

이 회의에서 테미스토클레스는 사모스섬 인근에 있는 미칼레 곶을 공격해 페르시아가 함대 집결지로 사용하는 사모스섬을 탈환하자고 제안했고, 참석자들은 모두 동의했다. 테미스토클레스는 임기 1년의 아우토크라토르를 마치고 더 이상 임기 연장 시도를 하지 않고, 이후의 전쟁에도 참여하지 않았다.

마르도니우스는 테살리아에서 겨울을 난 후 기원전 479년 이른 봄 아테네에 단독강화를 제안했다. 이는 다른 그리스 도시 국가와 아테네를 떼어 놓으려는 전략이었다. 그러나 아테네는 마르도니우스의 계략을 알고 이를 거부했다. 마르도니우스는 이에 아테네 등 그리스 남부 지역의 도시 국가들을 굴복시키기 위해 테베 군대와 함께 남하했다.

마르도니우스의 군대는 크세르크세스 1세가 남겨두고 간 20만 명 중 이오니아를 비롯한 에게해 주변 지역에서 차출된 그리스계 병사들의 탈영이 많아 약 12만 명 정도였다. 이에 비해 스파르타, 아테네, 코린토스 등의 폴리스들이 동원한 병력은 중무장 보병 3만 8,700명, 경무장 보병과 보조 인력을 합쳐 6만 명 정도였다. 그리스 측의 총사령관은 레오니다스의 조카인 파우사니아스가 맡아 마르도니우스의 군대를 상대했다. 아테네의 육군을 이끄는 아리스티데스는 테베 군대와 싸웠다.

양측은 기원전 479년 여름 보이오티아 지방에 있는 플라타이아이 평원에서 격돌했다. 이 전투에서 파우사니아스는 전력이 우세한 페르시아 기병을 구릉지대로 유인해 무력화하는 작전을 펼쳤다. 이 작전은 유효했고, 마르도니우스가 사망함에 따라 승패가 결정 났다. 페르시아는 살라미스해전의 패배를 해상국이 아니었다는 것으로 자위하고 육상 전투에서 설욕을 다짐했지만, 육상 전투에서도 패배하고 만 것이다. 페르시아 군대는 12만 명의 병사 중 절반 정도가 살아서 테베와 아나톨리아로 돌아갔다.

스파르타가 플라타이아이 평원에서 페르시아 대군을 물리쳤을 때 크산티포스[57]가 이끄는 아테네 해군을 주력으로 한 그리스 함대는 미칼레 곶을 점령했다. 그는 그리고 그곳에서 5km 정도 떨어진 사모스섬을 점령했다. 이 섬을 점령함에 따라 페르시아에 복속했던 이오니아 지방도 다시 그리스 쪽으로 돌아섰고, 에게해는 다시 그리스인의 바다가 되었다.

크산티포스는 기원전 479년 말에는 헬레스폰토스해협으로 진격해 세스토스를 접수했다. 이 도시와 아나톨리아의 아비도스 사이에는 배다리가 설치되어 있었다. 페르시아가 그리스를 공격하기 위해 트라키아로 들어갈 때 이 다리를 건넜다. 크산티포스는 세스토스를 점령한 후 배다리를 파괴했다. 이렇게 해서 페르시아 왕에게 흙과 물을 바치며 페르시아에 복종했던 트라키아와 마케도니아도 해방됐다.

---

57 테미스토클레스가 은퇴한 후 아테네 해군 사령관을 맡고 있었다.

그리스의 승리 요인

페르시아가 그리스 원정을 감행할 때 페르시아는 동부 지중해와 오리엔트 세계의 패권국이었다. 메소포타미아를 통일함은 물론, 동으로는 인더스 강, 서로는 이집트까지 제국의 통치하에 두었다. 에게해 섬들과 트라키아, 마케도니아도 페르시아 아케메네스제국에 흙과 물을 바치며 복속하고 있었다.

이러한 대제국이 그리스를 침략할 때 그리스는 통일 왕국을 이루지 못하고 도시 국가로 나뉘어 있었다. 나라의 크기로만 보면 그리스는 페르시아 제국에 상대가 안 되었다.

종교적 측면에서도 그리스는 페르시아에 뒤처졌다. 페르시아의 왕은 조로아스터교의 신인 아후라 마즈다의 대리자로서 세상의 악을 퇴치하며, 백성들을 통치한다고 생각했다. 이와 반면 그리스는 다신교 사회로, 유일신교 측면에서 보면 우상을 숭배하는 후진 사회였다.

이렇게 국력에서 상대가 안 되고, 종교적 관점에서도 페르시아에 뒤떨어진 그리스의 폴리스들이 페르시아를 상대로 마라톤 전투와 살라미스해전, 플라타이아이 전투 등 3번의 큰 전투에서 페르시아에 모두 승리했다. 한 번의 승리는 행운이라 치부할 수도 있지만 세 번이나 연속으로 승리한 것은 우연이라고 볼 수가 없다. 그러면 다윗과 골리앗의 싸움 같은 것에서 그리스가 승리한 요인은 무엇일까?

이에 대해서는 여러 요인이 있다. 그리스 병사들의 우수한 군 장비, 그리스 지휘관들의 뛰어난 역량, 다국적 병사로 구성된 페르시아 군대의 취약성 등을 우선 생각해 볼 수 있다. 그리스 병사는 주력이 중무장 보병이었다. 이들은 투구와 흉갑을 착용하고, 방패와 칼, 창으로 무장했다. 이에 반해 페르시아 병사들은 경무장이었다. 우수한 군 장비를 갖춘 그리스의 중무장 보병은 백병전에서 페르시아 병사들을 압도했다.

지휘관들의 역량과 전술도 전쟁의 승패를 가르는 데 중요했다. 마라톤 전투에서 아테네 사령관 밀티아데스는 페르시아 군대와 싸운 경험이 있어 페르시아 군대에 대해 잘 알았다. 그는 이 경험을 바탕으로 전략을 세워 마라톤 전투를 승리로 이끌었다.

살라미스해전의 영웅 테미스토클레스는 해전의 중요성을 인식하고, 전쟁 전부터 해군을 증강하며 전쟁에 대비했다. 전함 숫자로 보면 페르시아가 절대 우위였다. 테미스토클레스는 이 같은 전력의 열세 때문에 좁은 바다에서 싸워야 승산이 있다고 보고 페르시아의 함대를 살라미스만으로 유인해 대승을 거두었다. 파우사니아스는 페르시아의 막강한 기병을 구릉으로 유인해 무력화시키는 작전을 구사해 플라타이아이 전투에서 승리했다.

페르시아의 원정대는 양적인 면에서 그리스보다 압도적으로 많았지만, 이들은 오늘날로 보면 다국적 군대였다. 페르시아 군대를 주축으로 페니키아와 이집트, 이오니아를 비롯한 그리스계 군대가 원정대를 이루었다. 그리스계 원정대는 동족인 그리스 폴리스 군대와 싸울 때 승리하기 위한 치열함이 없었다.

또한 이들 원정대의 병사들은 대부분 용병이었던 반면, 그리스 폴리스들의 병사들은 시민개병이었다. 시민개병 병사는 국가 방위에 대한 의무감이 투철하지만, 용병한테 이러한 것을 기대하기는 쉽지가 않다.

그러나 이러한 모든 요인보다 더 결정적이고 중요한 역할을 한 것은 아테네를 필두로 하는 도시 국가들의 민주제도일 것이다. 앞에서 설명했듯이 아테네는 솔론, 클레이스테네스 등의 개혁을 거치면서 민주정을 확립했다. 왕정에서 국가의 주인이 왕이라면, 민주정에서는 시민이 주인이다. 시민들로 구성된 시민 집회는 정부 관리 선출, 전쟁에 대한 찬반 등 국가 주요 정책을 결정하는 최고기관이었다. 시민들은 자신들이 속한 도시 국가가 귀족이나 부자들의 전유물이 아니라 자신들의 나라라고 생각했다. 이러한 주인 의식은 국가가 위기에 처했을 때 국가를 구하기 위해 각 개인의 정신적, 육체적 역량을 최대한 발휘하게 했다. 그리고 이러한 역량이 외부 세력과의 전쟁에서 승패를 가르는 데 결정적 역할을 하게 된 것이다.

그리스의 분열과 쇠퇴

그리스 도시 국가들은 페르시아가 대규모 대군을 이끌고 그리스를 침략할 때 모처럼 단결해 페르시아에 승리했다. 그러나 이들은 통일 왕국을 이루지 못하고 펠로폰네소스동맹과 델로스동맹으로 나뉘어 반목하다 쇠퇴하기 시작했다.

그리스가 페르시아에 승리함으로써 에게해 섬들과 이오니아 지방 등 서부 아나톨리아해안 지역은 페르시아로부터 해방되었다. 이들은 또다시 있을지도 모를 페르시아의 침략에 대비해 동맹의 필요성을 느꼈다. 그들은 동맹의 맹주로 스파르타보다는 아테네에 더 호감을 느꼈다. 스파르타는 육군이 강하고, 아테네는 해상 국가여서 해상 무역에 의존하는 이오니아 지방의 그리스인들에게는 아테네와의 동맹이 유리했다. 또한 이오니아 반란 시 아테네는 스파르타와 달리 병력을 지원하며 이오니아 지방의 그리스인들과 우호적인 관계를 유지했다. 아울러 스파르타는 자국과 스파르타가 맹주로 있는 펠로폰네소스 동맹국의 이해와 관계없는 것에 대해 간섭하지 않는다는 원칙을 갖고 있어 다른 형태의 동맹에 큰 관심이 없었다.

이러한 배경하에 기원전 478년 아테네와 이오니아 지방을 포함한 에게해 주변의 도시 국가들이 델로스섬에 모여 아테네를 맹주로 델로스동맹을 창설했다. 델로스동맹은 군사·경제·문화·인적 교류를 목적으로 했으며, 회원국은 분담금 납부 의무가 있었다. 동맹국들은 본부를 아폴론 신전이 있는 델로스섬에 두었다. 델로스동맹은 페르시아가 물러난 후 국제통화가 된 아테네의 드라크마화와 더불어 에게해의 광역경제권을 형성했다.

델로스동맹국은 에게해 섬과 이오니아 일대에 남아 있는 페르시아의 남은 세력을 일소해 나갔다. 기원전 451년에는 페르시아가 차지하고 있는 키프로스를 탈환하기 위해 키몬[58]이 함대를 이끌고 원정했으나, 정복을 앞두고 병으로 사망해 부득이 함대가 철수했다. 이후 델로스동맹 측과 페르시아는 기원전 448년 칼리아스 평화 조약을 맺었다. 이 조약은 에게해와 이오니아 지방은 그리스, 키프로스는 페르시아에 각각 속하고, 상대방 영토를 존중할 것을 규정했다. 이 조약의 체결로 그리스-페르시아 전쟁은 공식

---

[58] 마라톤 전투를 승리로 이끈 밀티아데스의 아들.

적으로 종결되었다.

　한편, 델로스동맹이 창설되기 전 이미 그리스에는 스파르타를 맹주로 하는 펠로폰네소스동맹이 있었다. 이 동맹은 스파르타가 민주개혁을 통해 급부상하는 아테네를 견제하기 위해 기원전 6세기 중반 창설했다. 이 동맹의 회원국은 테베, 코린토스, 그리고 펠로폰네소스반도에 있는 도시 국가들이었다. 펠로폰네소스동맹은 집단방위를 위한 군사동맹이었으나, 델로스동맹과 달리 회원국은 분담금 납부와 유사시 병력 지원에 관한 강제 규정은 없었다.

　델로스동맹이 창설됨에 따라 그리스의 폴리스들은 펠로폰네소스동맹과 델로스동맹 진영으로 나뉘게 되었다. 두 동맹의 맹주인 스파르타와 아테네는 직접적인 대결을 피했지만, 다른 회원국 폴리스들이 자신들의 분쟁에 스파르타와 아테네를 끌어들임으로써 스파르타와 아테네는 펠로폰네소스 전쟁을 치르게 된다. 기원전 431년 시작된 이 전쟁은 기원전 404년 아테네가 스파르타에 항복하며 끝났다.

　이 전쟁에서 페르시아는 스파르타에 재정지원을 했다. 이는 에게해를 지배하는 아테네의 세력을 약화해 궁극적으로는 그리스-페르시아 전쟁 패배로 상실한 에게해 동부와 이오니아 지방을 수복하기 위한 것이었다. 특히 펠로폰네소스 전쟁 말기에 아케메네스제국의 왕자로 프리기아 및 리디아의 사트라프였던 소 키루스[59]는 재정적으로 스파르타를 전폭적으로 지원

---

59 Cyrus the Younger. 키루스 대제와 구분하기 위해 이렇게 부름.

해 스파르타의 승리를 도왔다.

아테네는 전쟁 패배 후 스파르타와의 강화 조약에 따라 에게해 연안의 도시와 섬을 상실하고, 델로스동맹도 해체되며 몰락했다. 아테네가 몰락한 후 스파르타가 패권을 잡았지만 오래가지 못했다. 군사력만 강하고 폐쇄적이었던 스파르타의 한계였다.

스파르타가 페르시아에 군대를 파견한 것도 스파르타의 몰락에 한몫했다. 기원전 402년 스파르타는 왕위를 노리고 반란을 일으킨 페르시아의 소 키루스 왕자로부터 군대를 보내달라는 요청을 받았다. 아르타크세르크세스 2세(기원전 404~기원전 358년) 페르시아 황제의 동생이기도 한 소 키루스 왕자는 펠로폰네소스 전쟁 때 자신이 스파르타를 지원해 준 것을 상기시키며 스파르타에 지원을 요청한 것이었다. 이런 배경으로 스파르타는 군대를 용병 형식으로 파견해 반란을 지원했다. 그러나 기원전 401년 바빌론 인근에서 벌어진 쿠낙사 전투(Battle of Cunaxa)에서 소 키루스 왕자는 형에게 패해 사망하고 반란은 실패로 끝났다.

이 사건으로 아르타크세르크세스 2세는 스파르타에 분노했다. 그는 에게해 동부 해안에서 그리스인에 대한 공세를 강화했다. 펠로폰네소스 전쟁에서 승리하고 그리스의 패자가 된 스파르타는 그리스인을 보호할 의무가 있어 기원전 396년 왕(아게실라오스 2세)이 직접 군대를 이끌고 에게해 동부로 갔다. 페르시아는 스파르타 군대를 몰아내기 위해 그리스 본토의 도시 국가들을 스파르타에 대항하도록 부추겼다. 펠로폰네소스 전쟁 승리 후 독주하는 스파르타에 불만을 가진 테베, 아테네 등이 스파르타에 반기를 들었다. 이렇게 해서 반스파르타 진영과 스파르타 간 코린토스 전쟁(기원전

395년~기원전 387년)이 일어났다. 반스파르타 진영 및 페르시아로부터 공격을 받고 수세에 몰린 스파르타는 기원전 387년 페르시아와 황제의 평화라 불리는 안탈키다스 평화 조약(Peace of Antalcidas)을 맺었다. 이 조약의 주요 내용은 아나톨리아 서해안 일대를 페르시아 영토로 인정하고 대신 그리스 본토에서는 스파르타의 패권을 인정하는 것이었다. 이는 그리스가 마라톤 전투와 살라미스해전, 플라타이아이 전투를 통해 페르시아에 승리하며 확보한 아나톨리아 서해안 일대를 다시 페르시아에 넘겨준 것이었다. 이에 따라 그리스에서 스파르타의 권위는 실추되었다.

스파르타의 권위가 약화하자 테베가 도전했다. 스파르타는 기원전 371년 테베를 제압하기 위해 펠로폰네소스 동맹군과 출정했으나 오히려 테베가 주도하는 보이오티아 연합군에 레우크트라 전투에서 패했다. 이에 펠로폰네소스동맹은 와해하고, 스파르타는 패권국 자리를 상실했다.

테베가 스파르타를 패권 자리에서 끌어내리기는 했으나 스파르타를 완전히 제압한 것은 아니었다. 테베는 기원전 362년 스파르타를 완전히 정복하기 위해 보이오티아 지방의 군대와 함께 출정했다. 테베는 스파르타로 진격하던 중 먼저 만티네아를 공격했다. 만티네아는 펠로폰네소스반도 중부에 있는 도시국가다. 이 폴리스는 레우크트라 전투에서 스파르타가 패하자, 펠로폰네소스동맹에서 탈퇴하고 테베 쪽으로 돌아섰다가, 다시 스파르타와 합세한 전력이 있는 도시 국가였다.

만티네아는 스파르타와 아테네에 도움을 요청했고, 스파르타와 아테네가 응함에 따라 만티네아에서 그리스 폴리스들이 양분되어 전쟁했다. 만티네아 쪽 군대가 패주해 테베가 승리한 것으로 보였지만 테베의 사령관이 사망해 승자도 패자도 없는 상황이 됐다. 이렇게 해서 사실상 그리스에는 과거 스파르타 또는 아테네와 같은 주도적 역할을 하는 도시 국가가 사라졌다.

그리스에 패권 국가가 사라진 가운데, 그리스 북부에 있던 왕정 국가 마케도니아에서 필리포스 2세가 기원전 359년 왕이 되었다. 훗날 대제국을 건설한 알렉산드로스 대왕(알렉산드로스 3세)이 필리포스 왕의 아들이다.

어려서 테베에서 인질 생활을 할 때 테베의 선진 군사 기술을 배운 필리포스 2세는 군사 개혁을 통해 마케도니아 군사력을 강화하고, 광물이 풍부한 트라키아 지방의 광산을 차지하며 국가의 부를 늘려나갔다. 이를 바탕으로 필리포스 왕은 주도 세력이 없는 그리스 중남부 지역으로 진출하기 시작했다.

제3장

알렉산드로스 제국

마케도니아 왕국과 그리스 본토

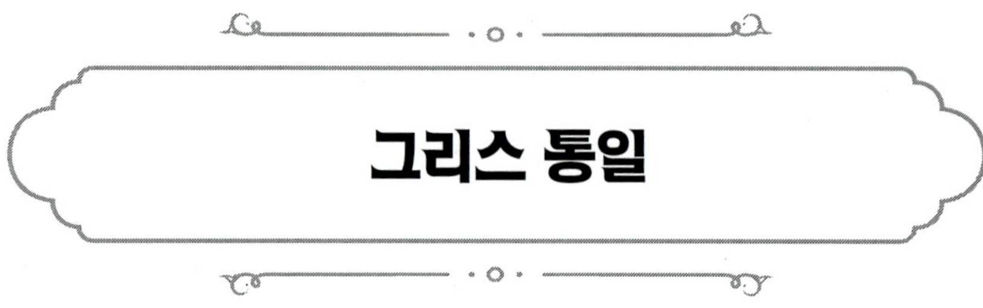

마케도니아

마케도니아는 그리스 북부와 중남부를 나누는 올림포스산 북쪽 지역이
다. 헤로도토스가 이야기한 전설에 따르면 기원전 7세기경 들어선 마케도
니아 왕국의 왕은 테메노스의 후손이었다.[60] 테메노스는 펠로폰네소스반
도의 도시 국가인 아르고스의 왕으로 헤라클레스(제우스의 아들)가 그의 조
상이었다.

마케도니아인들은 그리스어를 사용하고, 제우스, 포세이돈, 아폴론 등
그리스인들이 숭배하는 신들을 믿었다. 단지 이들은 중남부 지역의 그리스
인들에 비해 문화적으로 뒤떨어졌다. 정치 시스템은 민주정도 과두정도 아
닌 왕정을 취했다. 그리스 올림피아 경기에는 300여 년 동안 초대받지 못
하다가, 그리스가 기원전 479년 플라타이아이 전투에서 페르시아에 승리

---

60 'Macedonia(ancient kingdom)' from Wikipedia.

한 후 올림피아 경기에 초대받기 시작했다. 마케도니아인들이 테메노스의 후손으로 그리스 민족의 일원임을 인정받은 것이다.

마케도니아는 그리스-페르시아 전쟁 전에는 존재감이 미미했다. 기원전 6세기 말 다리우스 대제에게 흙과 물을 바치며 페르시아에 복종했다가 기원전 499년 일어난 이오니아 반란에 편승해 독립했다. 그러나 기원전 492년 다리우스 대제의 사위 마르도니우스가 대군을 이끌고 그리스로 진격할 때 다시 페르시아에 굴복했다. 페르시아가 플라타이아이 전투에서 패하고 메소포타미아로 돌아가자, 마케도니아는 비로소 독립했다.

마케도니아 왕 아민타스 3세의 3남인 필리포스 2세(기원전 359~기원전 336)가 기원전 359년 23세의 나이로 마케도니아 왕위에 올랐다. 그는 소년 시절 4년간 테베에 인질로 억류된 적이 있었다. 테베가 북쪽에 있는 마케도니아와 동맹을 맺고 테살리아를 협공하려 했는데, 마케도니아는 동맹의 증거로 필리포스 2세를 테베에 인질로 보냈던 것이다.

필리포스 2세의 왕비는 에페이로스의 공주인 올림피아스였다. 알렉산드로스 대왕(3세)은 기원전 356년 이들 부부에게서 태어났다. 에페이로스는 그리스 북서부 아드리아해에 면한 왕국이었다. 이 나라의 피로스 왕(기원전 297~기원전 272)은 한니발보다 60여 년 앞서 이탈리아를 침공했다.

필리포스 2세는 왕위에 오른 후 먼저 마케도니아의 군사 개혁을 단행했다. 테베에 억류되었던 동안 테베의 군사 기술을 보고 배운 것에 바탕을 두었다. 그는 그리스 폴리스에서 중무장 보병을 뜻하는 호플리테스를 팔랑크스라는 이름으로 바꿨다. 이는 고슴도치 같은 밀집 장창 대형이다. 팔랑크스는 호플리테스보다 더 큰 밀집형이었고, 병사들은 길이가 6.5m나 되는 긴 창을 사용했다. 이 창은 '사리사'라 불렸는데, 반으로 줄일 수 있는 조립식이었다. 팔랑크스와 함께 마케도니아 중무장 보병의 상징이었다.

필리포스 2세는 또한 그리스의 폴리스에서 최하층 계급의 사람들에게는 주어지지 않았던 중무장 보병의 자격을 농민들에게 확대했다. 이렇게 해서 마케도니아 군대는 전력이 강화되었다.

필리포스 2세는 늘어난 군대를 유지하기 위해 재정을 확보해야 했다. 이 방안의 하나로 그는 광산이 많은 트라키아에 진출했다. 트라키아는 광물 자원이 많이 나와 아테네인들이 일찍부터 많이 진출한 지역이었지만, 페르시아의 그리스 침공 시 마케도니아와 같은 운명을 겪었다.

그리스 통일

그리스 중남부로의 남하를 호시탐탐 노리고 있던 마케도니아에 좋은 기회가 찾아왔다. 그것은 다름 아닌 아폴론 신전이 있는 델포이 지역을 둘러싸고 폴리스 간 전쟁이 벌어진 것이다. 이 전쟁을 신성 전쟁이라 한다.

전쟁 발단은 델포이 사람들이 성역 주변에서 경작을 시작한 것이었다. 테베는 델포이 사람들의 경작은 신전을 모독하는 것이라 하고, 테살리아와 함께 델포이가 속한 포키이아 지방에 벌금을 내라고 고소했다. 포키이아는 이를 거부했다. 양측은 기원전 362년부터 10여 년 동안 충돌했지만, 결정적인 승리를 어느 한쪽이 거두지 못한 채 지리멸렬했다.

필리포스 2세가 이 기회를 이용해 기원전 352년 테살리아로 진격해 접수했다. 그는 더 남쪽으로 진군해 테르모필레까지 내려갔다. 그러나 스파르타를 제외한 다른 도시 국가들이 군대를 보내자, 필리포스 2세는 테르모필레에서 물러나 마케도니아로 돌아갔다. 테살리아 지방에서도 물러난 것은 이 지방을 우군으로 만들기 위해서였다. 테살리아는 좋은 말이 많이 생산되어 뛰어난 기병을 배출하는 곳이었다.

필리포스 2세는 아테네의 영향권에 있던 트라키아 지방으로도 적극 진출했다. 아테네는 흑해에서 식량을 수입하는 데 중요한 전략 도시인 비잔티움, 세스토스 등의 안전을 확보하기 위해 마케도니아와 기원전 346년 강화 조약을 체결했다. 이 조약에서 양측은 트라키아 지방에 있는 광산 채굴권은 아테네, 소유권은 마케도니아에 있다고 합의했다. 마케도니아는 아테네의 식량 보급로를 존중하고, 해적의 퇴치에 협력하겠다고 약속했다.

마케도니아의 입지가 강화되자 테베, 포키이아 등 신성 전쟁 당사자들은 마케도니아에게 델포이의 신전 관리를 위임했다. 이렇게 해서 마케도니아는 델포이 신전의 수호자가 되며 그리스에서 주도적 역할을 하기 시작했다.

그러나 마케도니아가 테베와 인접한 테살리아와 아테네의 항구 도시인 나우팍투스(레판토)를 점령하자 아테네와 테베는 다른 폴리스들과 함께 마케도니아에 대항하기 위해 도시연합군을 편성했다. 이 도시연합군에 스파르타는 참가하지 않았다.

이렇게 해서 기원전 338년 8월 아테네와 테베가 주력을 이룬 도시 국가 연합군과 마케도니아는 카이로네이아 평원에서 대결했다. 도시 국가 연합군은 3만 5,000명, 마케도니아는 3만 2,000명 정도였다. 이 전투에 당시 18세인 알렉산드로스 대왕이 참가해 기병을 지휘하며 마케도니아가 승리하는 데 기여했다.

필리포스 2세는 카이로네이아 전투에서 승리한 다음 해인 기원전 337년 코린토스에서 범 그리스 회의를 소집했다. 도시 국가 연합군에 참가하지 않았던 스파르타는 회의에 불참했다. 이 회의에서 필리포스 2세는 연방 구성을 제창했다. 그리고 국력에 따라 대표자를 보낼 권리, 도시 국가 간 전쟁 행위 금지, 집단방위, 연방 가맹국의 국경과 정치적 독립 존중, 페르시아 정복 등 연방 운영 원칙과 목표에 관해 설명했다. 도시 국가 대표들은 이 원칙을 지킬 것임을 서약했다. 후세의 역사가들은 이 회의를 코린토스 동맹이라 명명했다.

필리포스 2세는 범 그리스 회의를 마치고 수도 펠라로 돌아왔다. 그러나 그는 곧 왕비이자 알렉산드로스 대왕의 모친인 올림피아스와 이혼하고 클레오파트라라는 여자와 재혼했다. 그리고 그는 올림피아스의 나라인 에페이로스와 관계 복원을 위해 자신의 딸을 에페이로스의 왕에게 시집보냈다. 그는 올림피아스의 동생이었기에 삼촌과 조카가 결혼한 것이다.

동방 원정

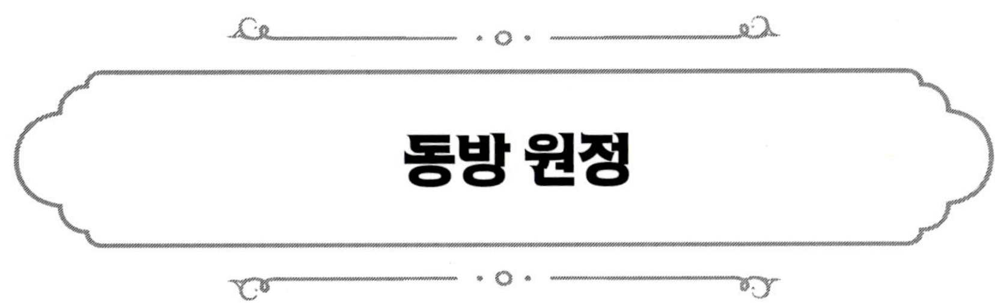

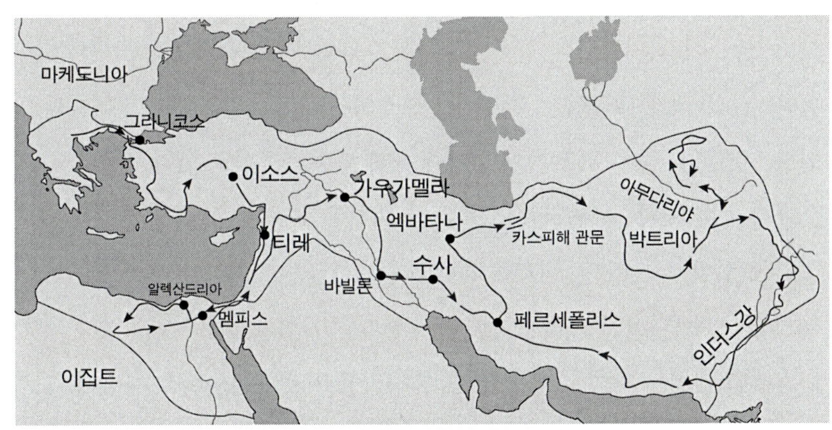

알렉산드로스 대왕의 동방 원정

알렉산드로스 대왕

필리포스 2세는 기원전 336년 7월 근위대와 극장으로 가던 중 근위대원에 의해 살해됐다. 필리포스가 사망함에 따라 알렉산드로스 3세가 20세의 나이로 아버지의 뒤를 이었다. 그는 기원전 323년 원정지 바빌론에서 병으로 사망했는데, 13년이라는 짧은 재위 기간에 페르시아와 이집트를 정복하고, 인더스강 유역까지 진출하며 과거 페르시아 아케메네스왕조의 영역과 비슷한 대제국을 건설했다. 이러한 업적으로 알렉산드로스 3세는 알렉산드로스 대왕으로 불린다.

필리포스 2세가 죽자, 일부 도시 국가에서 필리포스 2세와 맺은 서약을 백지화하려는 움직임이 일어났다. 이에 알렉산드로스는 도시 국가 대표들을 코린토스에 소집해 아버지와 맺은 서약을 지킬 것을 요구했다. 알렉산드로스는 이러한 요구와 함께 도시 국가들의 자유와 독립을 인정한다고 했다. 도시 국가 대표들은 알렉산드로스의 약속을 믿고, 마케도니아의 패권을 인정함은 물론 페르시아 원정에 군대를 보내겠다고 했다.

알렉산드로스는 기원전 335년 북방 이민족들 중의 하나인 켈트족 문제를 처리하기 시작했다. 켈트족이 호시탐탐 남하할 기회를 엿보고 있었기에, 페르시아로 원정 떠나기 전 북방 경계를 안정시키기 위함이었다. 켈트인은 그리스인이 붙인 이름으로 로마 사람들은 갈리아인이라 불렀다. 알렉산드로스는 발칸을 거슬러 올라가 도나우강까지 진격했다. 전쟁 직전 켈트인에게는 마케도니아 군대가 만만치 않게 보였고, 알렉산드로스는 페르시아 원정이 급했다. 이러한 사정으로 양측은 전쟁 대신 상호 불가침 협정을 맺었다.

알렉산드로스가 켈트족 문제를 처리할 때 그가 켈트족과의 전쟁에서 사망했다는 거짓 소문이 돌았다. 테베는 이를 믿고 마케도니아에 반기를 들었다. 기원전 338년 카이로네이아 평원에서 벌어진 전투에서 테베의 정예병이 알렉산드로스가 이끄는 기병에 몰살당해 테베는 이에 대한 원한을 갖고 있었다. 동맹국 도시 간에는 전쟁하지 않는다는 코린토스 규약을 테베가 위반한 것이다.

코린토스 회의에 참여한 도시 국가들은 테베에 응분의 조치가 있어야 한다고 했다. 이에 알렉산드로스는 테베로 쳐들어가 주동자들을 처형하고 주민들을 노예로 만들었다.

국내를 안정시킨 알렉산드로스는 코린토스 회의에서 페르시아를 정복한다는 아버지의 약속을 실천에 옮기기 시작했다. 그는 기원전 334년 봄 마케도니아에서 출발해 헬레스폰토스해협을 건넜다. 이 해협의 좁은 폭에서는 유럽(발칸)의 세스토스 도시와 아시아(아나톨리아)의 아비도스 도시가 마주하고 있다. 이곳은 기원전 480년 페르시아의 크세르크세스 1세가 그리스를 침략하기 위해 대군을 이끌고 건넌 곳이기도 하다. 알렉산드로스 대왕이 이끌고 간 군대는 3만 5,000명으로 이중 중무장 보병(팔랑크스)이 1만 2,000명, 보병이 1만 8,000명, 기병이 5,000명이었다. 대부분의 도시 국가가 원정대에 병력을 지원했으나, 코린토스 회의에 참석하지 않았던 스파르타는 오히려 페르시아에 용병 형태의 병력을 제공하며 페르시아와 협조 관계를 유지했다.

아나톨리아 정복: 그라니코스 전투

알렉산드로스 대왕이 페르시아를 원정할 때 페르시아의 왕은 다리우스

3세(기원전 336~기원전 330)였다. 그는 알렉산드로스와 직접 대적하지 않고 용병대장 멤논과 아나톨리아의 사트라프들에게 알렉산드로스를 상대하라고 지시했다. 멤논은 로도스섬 출신의 그리스인으로 다리우스 3세가 신뢰하는 인물이었다.

기원전 334년 5월 알렉산드로스는 아나톨리아로 넘어온 후 페르시아 군대와 처음으로 전투했는데, 이를 그라니코스 전투라 한다. 그라니코스는 마르마라해로 흘러 들어가는 강 이름이다. 알렉산드로스의 3만 5,000명의 군대와 멤논과 사트라프들이 이끄는 페르시아 군대 4만 5,000여 명이 강 양편에 펼쳐진 평원에서 대치했다. 전투는 알렉산드로스가 이끄는 기병대가 멤논의 후방 진영을 속공으로 공격해 주도권을 잡으며 승리했다. 주로 스파르타에서 온 용병 8,000명을 지휘하던 멤논은 전장에서 도망치고 2,000명은 포로로 잡혔다. 알렉산드로스는 이들을 마케도니아 광산으로 보냈다.

그라니코스 전투에서 승리한 알렉산드로스는 아나톨리아 서해안 일대에 거주하는 그리스인을 페르시아의 지배로부터 해방하려 했다. 그는 우선 페르시아의 아나톨리아 통치 중심지인 사르디스로 갔다. 사르디스를 방어하는 고위 관리는 알렉산드로스가 항복하면 자리를 보존해 주겠다고 하자 순순히 성문을 열었다. 반면에 에페소스, 밀레토스, 할리카르나소스 등 이오니아 지방의 그리스계 도시들은 오히려 저항했다. 이들 도시는 기원전 386년 '황제의 평화'라 불리는 강화 조약 이래 페르시아에 속했지만, 세금만 잘 내면 페르시아의 간섭이 없었기에 만족한 생활을 하고 있었다. 그런데 왕정 국가라는 이미지가 안 좋고, 그리스에서 후진국이었던 마케도니아가 페르시아의 자리를 대신하려 하자 저항을 한 것이다. 그러나 이들 도시는 결국 알렉산드로스에게 항복했다.

알렉산드로스가 마케도니아에 비우호적이었던 그리스계 도시들을 모두 제압한 것은 기원전 334년 겨울이 다 되어서였다. 그는 결혼한 병사들에게는 휴가를 주고, 나머지 병력은 파르메니온[61]과 나누었다. 알렉산드로스는 젊은 병사들을 이끌고 신속하게 아나톨리아 중앙부로 들어갔다. 파르메니온이 인솔하는 부대는 장비와 물건을 운반하며 적과 마주칠 가능성이 작은 길로 가게 했다. 이들은 이렇게 행군로를 달리해 다음 해 봄 프리기아 왕국[62]의 수도 고르디온[63]에서 만나기로 했다.

파르메니온이 먼저 고르디온에 도착했다. 그는 고르디온의 장로들을 제압했기에 안전하다는 사실을 알렉산드로스에게 알렸다. 아나톨리아 중앙부의 중소 부족들을 제압하며 이동한 알렉산드로스가 고르디온에 입성하자 장로들은 고르디우스(미다스 왕의 부친) 왕의 전차에 복잡하게 묶여 있는 '고르디우스의 매듭'에 관한 전설을 이야기했다. 전설에 의하면 매듭을 푸는 사람만이 오리엔트의 지배자가 될 수 있었다. 그러나 이 매듭을 푼 사람은 아직 없었다. 알렉산드로스는 잠시 생각하다가 칼로 단번에 매듭을 내

---

61 필리포스 왕을 보필하며 팔랑크스를 무적으로 만들었고, 필리포스 왕이 사망했을 때 알렉산드로스의 왕위 계승을 지지했다. 그러나 기원전 330년 아들 필로타스가 알렉산드로스 대왕의 살해 협의를 받고 처형되자 자살했다.

62 기원전 12세기경 히타이트 왕국이 망한 후 아나톨리아 중서부에 들어선 왕국이다. 손으로 만지기만 하면 모두 황금으로 변한다는 전설을 갖고 있는 미다스 왕 재위 시 전성기를 구가했다. 기원전 7세기 킴메르인이 침입해 수도 고르디온을 약탈했다. 리디아가 킴메르인을 쫓아내고 프리기아를 점령했으나, 페르시아가 리디아를 정복함에 따라 페르시아에 속하게 되었다.

63 앙카라 남서부 약 90㎞ 위치.

리쳐 잘라내어 풀었다. 정상적이라면 손으로 얽힌 실을 풀어야 하겠지만, 실을 푸는 방법에 대해서는 언급이 없었으므로 상식을 뛰어넘어 칼로 매듭을 푼 것이다. 이러한 연유로 이 에피소드는 오늘날 '풀기 어려운 복잡한 문제를 단순, 과감하게 해결한다'는 뜻으로 사용된다.

시리아 일대 정복: 이소스 전투

고르디온까지 진출하는 동안 큰 저항은 없었다. 알렉산드로스가 그라니코스 전투에서 아나톨리아의 사트라프(총독)들을 물리쳐 중심 저항 세력이 없어진 탓이다. 알렉산드로스는 잔여 중소 부족장들에게 지위를 보존해 준다고 안심시키며 마케도니아 편으로 만들었다. 이들에게는 페르시아도 이방인이었으므로 단지 지배자만 페르시아에서 그리스로 바뀐 것뿐이었다.

아나톨리아의 중서부 지역까지 제압한 알렉산드로스는 오리엔트의 중심부인 시리아 지방으로 진격하려 했다. 이를 위해 그는 '킬리키아의 문'이라고도 불리는 타우루스(Taurus)산맥을 넘어야 했다. 알렉산드로스는 타우루스산맥 너머 킬리키아 지방으로 이동하며 지금까지 해왔던 것처럼 주변 부족들을 회유해 마케도니아 편으로 만들었다. 이렇게 해서 알렉산드로스는 대군을 이끌고 킬리키아 지방의 타르소스에 무사히 도착했다.

이즈음 페르시아의 다리우스 3세도 이집트 군대와 스파르타 용병을 포함한 약 15만 명이 넘는 대군을 편성해 알렉산드로스가 있는 방향으로 진군했다. 마침내 기원전 333년 11월 양측은 이소스[64] 평원에서 대치했다. 다리우스 3세가 먼저 도착해 알렉산드로스를 기다렸다.

페르시아는 이번에도 5배가 넘는 압도적 병력의 우세에도 불구하고 패배했다. 알렉산드로스가 이끄는 기병의 속공을 받고 전투 대형이 무너지면서 패배했다. 다리우스 3세는 승리를 확신하고 어머니와 아내 등 가족을 데리고 전장으로 왔으나, 전세가 불리해지자 공포에 빠져 가족들도 버리고 페르시아로 도망쳤다. 남겨진 모후와 황후는 절망에 빠져 울었다. 알렉산드로스는 명예나 지위를 훼손하는 행위를 절대로 하지 않겠다고 하며 이들을 진정시켰다.

알렉산드로스는 다리우스 3세가 다마스쿠스에 두고 간 금과 은을 금화와 은화로 만들어 병사들의 보수로 주었다.

2만 명이 넘는 페르시아의 용병 중 절반 정도는 살아남아 서쪽으로 달아났다. 이들 용병 대부분은 스파르타 출신이어서 스파르타로 도주한 것이다. 마케도니아의 독주를 반대했던 스파르타는 이후 펠로폰네소스반도의 메가로폴리스 부근에서 마케도니아와 전투했으나 왕이 죽고 패배하며 몰락했다.

---

64 시리아 서북부의 지중해 해안 도시.

페니키아와 이집트 정복

이소스 전투에서 승리한 알렉산드로스 앞에 두 가지 선택이 놓였다. 하나는 페르시아로 도망친 다리우스 3세가 전열을 재정비하기 전에 그를 공격해 페르시아를 정복하는 것이고, 다른 하나는 이에 앞서 배후를 안정시켜 해상 보급로를 확보하는 것이었다. 이 배후에는 페르시아의 속국인 페니키아와 이집트가 있었다. 특히 페니키아는 강력한 해군력으로 페르시아의 해군 역할을 하며 동지중해를 장악하고 있었다.

기원전 480년 페르시아의 크세르크세스 1세가 대군을 이끌고 육지와 바다에서 그리스를 침공할 때, 해상의 주력은 페니키아 함대였다. 살라미스 해전에서 비록 그리스의 테미스토클레스에게 패하기는 했지만, 펠로폰네소스 전쟁을 전후로 그리스 세계가 분열하자, 페니키아가 다시 동지중해의 무역로를 장악하고 있었다. 알렉산드로스가 그라니코스 전투와 이소스 전투에서 페르시아에 승리했음에도 불구하고 이러한 사정으로 동지중해는 여전히 페르시아의 영향권 아래에 있었다.

알렉산드로스는 다리우스 3세를 추격하는 것보다 페니키아와 이집트를 정복해 해상로를 확보하고 배후를 안정시키는 것이 더 중요하다고 판단했다. 이러한 연유로 알렉산드로스의 다음 진군로는 페니키아와 이집트를 향하게 된다.

알렉산드로스가 이소스에서 지중해 동부 해안을 따라 내려가자, 트리폴리, 베이루트, 시돈 등 페니키아의 항구 도시들이 알렉산드로스에게 항복했다. 이소스 전투에서 승리한 알렉산드로스의 명성 덕분이었다. 그러나 티레(티로스)는 다른 페니키아 도시들과 달리 순순히 항복하지 않았다.

티레는 오늘날 레바논 남부에 있는 도시로, 알렉산드로스 시대에 육지와 섬으로 나뉘어 있었다. 육지에서 약 500m 떨어진 섬이 티레의 본거지였다. 육지 티레가 알렉산드로스에게 순순히 항복했지만, 섬 티레는 저항했다. 기원전 332년 1월 알렉산드로스는 섬을 공략하기 위해 돌제를 쌓아 육지와 섬을 이으려 했다. 그러나 티레 군대가 배를 몰고 나타나 공사를 방해했다. 알렉산드로스 군대는 높은 탑을 만들어 티레의 배를 공격하려 했으나 티레 군대가 탑마저 붕괴시켜 돌제 쌓기가 여의찮았다.

알렉산드로스는 부하들에게 돌제를 계속 쌓으라고 지시하고, 다른 한편으로는 군선으로 티레를 공략하려 했다. 그러나 군선이 부족해 이를 구하기 위해 티레와 경쟁 관계에 있는 시돈으로 갔다. 알렉산드로스는 이곳에서 배편을 통해 동지중해 섬 통치자들에게 군선을 보내라고 명령했다. 시돈을 비롯해 로도스섬, 키프로스섬 등 명령을 받은 섬들은 군선을 보냈다. 알렉산드로스는 군선으로 티레의 항구를 봉쇄하고, 헤라클레스 신전이 있는 섬 남부에 군대를 상륙시켜 공성전 7개월 만에 티레를 함락시켰다.

육지와 섬으로 분리돼 있던 티레는 알렉산드로스 군대가 쌓은 돌제 덕분에 오늘날 육지와 연결되어 있다.

페니키아의 도시 국가들을 정복한 알렉산드로스는 이집트로 향했다. 이집트로 가는 길목에 가자가 있었다. 오늘날 팔레스타인 사람들이 거주하는 바로 그곳이다. 당시 가자는 페르시아인 고위 관리가 통치하고 있었다. 기원전 332년 9월 항복하라는 알렉산드로스의 요구를 무시하고, 이 관리는 티레 사람들이 했던 것과 같이 알렉산드로스 군대에 격렬하게 저항했다. 그러나 가자도 결국 2개월 만에 함락되었다. 저항 주동자들은 사형되고, 주민들은 노예가 되었다.

알렉산드로스는 페니키아 정복을 완료하고, 기원전 332년 12월 이집트에 당도했다. 이집트인들은 알렉산드로스를 구세주처럼 환영했다. 이집트는 기원전 525년 페르시아 아케메네스왕조의 캄비세스 2세에 의해 정복당한 이래 페르시아의 지배를 받고 있었다. 이집트는 파라오(통치자이자 신의 대리인)를 믿었기에 조로아스터교를 믿는 페르시아의 지배에 불만을 품고 기회만 되면 독립하려 했다. 이러한 이유로 기원전 480년 페르시아가 그리스 원정을 할 때 이집트는 군선을 갖고 원정에 합류했으나, 페니키아 함대만큼 페르시아 왕의 신뢰를 받지 못했다.

페르시아 정복: 가우가멜라 전투

알렉산드로스는 약 4만 8,000명의 병사와 지원 인력을 이끌고 기원전 331년 7월 다리우스 3세와 대결하기 위해 이집트를 떠나 메소포타미아로 향했다. 유프라테스강을 건너 9월에 티그리스강에 도착했다. 그는 이곳에서 페르시아의 정찰 기병들을 사로잡아 다리우스 3세 군대의 정보를 알아냈다. 포로들에 의하면 다리우스 3세는 보병 20만, 기병 4만, 낫이 달린 전차 200대, 코끼리 15마리로 이루어진 대군을 갖추고 있었다. 그리고 아프가니스탄과 우즈베키스탄 등 페르시아 동부 지역에서 병사들이 동원돼 있었다.

다리우스 3세는 대군을 거느리고 가우가멜라 평원에서 알렉산드로스 군대를 기다렸다. 가우가멜라는 이라크 모술 근처에 있는 작은 마을이었다. 결론적으로 알렉산드로스에 비해 5배나 많은 병력과 신무기를 동원했음에도 불구하고 다리우스 3세는 또 패했다. 알렉산드로스가 이끄는 기병대가 속공으로 다리우스 3세를 에워싸고 있는 군대의 측면을 파고들자, 다리우스 3세는 지난번 이소스 전투에서처럼 공포에 질려 부하들을 버리고 도망친 것이다.

알렉산드로스는 다리우스 3세를 추격하는 대신 메소포타미아의 중심 도시인 바빌론으로 진격했다. 이곳을 지키던 마자이오스가 성문을 순순히 열어 주었다. 그는 페르시아인으로 가우가멜라 전투에서 우익의 기병을 지휘하며 선전했으나 다리우스 3세가 도망가자, 부하들을 이끌고 바빌론으로 간 인물이었다. 알렉산드로스는 그를 바빌론과 그 주변 일대를 다스리는 총독으로 임명했다. 이 조치는 페르시아인들을 관리로 임명하는 선례가 되었고, 페르시아인들이 알렉산드로스에 대해 저항하려는 의지를 완화했다.

알렉산드로스는 바빌론을 점령한 후 남쪽으로 400㎞ 떨어진 페르시아의 수도 수사로 갔다. 다리우스 3세가 도망쳐 없고, 또한 마자이오스 예에서처럼 항복하면 알렉산드로스가 보복하지 않는다는 것을 안 수사의 페르시아인들도 순순히 항복했다. 알렉산드로스가 수사에 무혈입성해 왕좌에 앉자, 관료들이 엎드려 신하의 예를 갖추었다. 왕에게 엎드리는 신하의 예는 오리엔트 지방의 문화로 그리스에는 이러한 문화가 없어 훗날 알렉산드로스와 부하 간에 갈등이 일어난다.

알렉산드로스의 다음 진군로는 페르세폴리스였다. 아케메네스왕조의 본산지로 황제가 거주하고 역대 황제들의 무덤이 있는 곳이다. 알렉산드로스는 페르세폴리스 왕궁을 불태웠다. 이는 아케메네스제국의 멸망을 페르시아인과 그리스인에게 알리는 의미였다. 아울러 크세르크세스 1세가 기원전 480년 그리스 침공 시 아테네를 불태운 것에 대한 보복이기도 했다. 이 화재로 아케메네스왕조의 역사를 기록한 자료들이 많이 소실되었다.

알렉산드로스는 기원전 330년 여름 황제의 여름 별궁이 있는 엑바타나(하마단)로 갔다. 가우가멜라 전투에서 패하고 아르빌과 메디아를 거쳐 엑바타나에 머물며 재기를 모색하던 다리우스 3세는 박트리아[65]로 다시 도주하기 시작했다. 알렉산드로스는 엑바타나를 전초기지로 삼아 다리우스 3세를 추격하고, 페르시아제국의 동부인 중앙아시아 지역을 정복하려 했다.

중앙아시아 정복

알렉산드로스가 카스피해 방향으로 다리우스 3세를 추격할 때 마자이오스가 그의 아들을 통해 소식을 전했다. 다리우스 3세와 같이 도망치던

---

65 힌두쿠시산맥과 아무다리야 사이의 지역으로 페르시아제국 시대에는 박트리아 주였다. 알렉산드로스에게 정복된 후 그의 부하 셀레우코스가 세운 셀레우코스왕조에 속했다가 이 왕조가 쇠퇴한 기회를 이용해 사트라프로 있던 디오도투스가 기원전 250년경 박트라(발흐)를 수도로 하는 박트리아왕조를 세웠다. 중국에서는 대하로 불렸으며, 기원전 130년대 월지에 망했다.

베소스와 그의 동료가 다리우스를 배신하고 그를 체포했으며, 아케메네스 왕족 출신인 베소스가 왕을 칭하고 있다는 소식이었다. 베소스는 박트리아의 총독으로 가우가멜라 전투에서 좌익 기병을 지휘했었다. 좌익의 기병과 보병은 아프가니스탄과 우즈베키스탄 등 이란 동부 지역에서 온 병사로 편제되어 있었다.

이들은 알렉산드로스의 추격을 받자, 기원전 330년 가을 다리우스 3세를 살해하고 길에 버렸다. 알렉산드로스는 시신을 수사에 있는 모후에게 보내고, 페르시아 황제의 신분에 맞게 장례를 치르도록 했다.

그러나 이즈음 알렉산드로스에 대한 살해 음모가 발각되었다. 음모에 연루된 필로타스가 재판을 받고 처형되었다. 필로타스는 파르메니온의 아들로 마케도니아 기병대를 총지휘했었다. 엑바타나에 있던 그의 아버지 파르메니온은 알렉산드로스가 보낸 사자로부터 아들 소식을 듣고 죽었다. 파르메니온은 필리포스 2세와 알렉산드로스 2대에 걸쳐 마케도니아의 이인자였기에 후환을 없애기 위해 사자들이 죽였는지도 모른다.

살해 음모의 동기에 대해 명확하게 밝혀진 것은 없지만, 알렉산드로스에 대한 불만이 복합적으로 작용했을 수 있다. 알렉산드로스의 부하들은 다리우스 3세가 죽자 이제 전쟁이 끝나 집으로 돌아갈 수 있다고 생각했다. 그러나 알렉산드로스는 페르시아제국의 일부인 동부 지역도 정복해야 페르시아 정복이 완성된다고 보았다. 부하들은 이러한 알렉산드로스의 전쟁 지속 의지에 대해 불만을 품게 되었다. 부하들은 또한 알렉산드로스가 페르시아인들을 우대하고, 신하들이 왕 앞에서 엎드리는 페르시아 풍습을 강요하거나, 화려한 페르시아풍의 옷을 입는 것 등에 대해 못마땅하게 생각했다.

기원전 329년 봄 알렉산드로스는 베소스 일행을 다시 추격했다. 알렉산드로스는 이들을 추격하며 페르시아의 동부 지역인 중앙아시아를 정복하고자 했다. 베소스는 박트리아 군대를 이끌고 저항했지만, 부하들이 알렉산드로스에게 항복하자 소그디아나[66]의 총독인 스피타메네스에게 갔다. 그러나 스피타메네스는 알렉산드로스의 추격을 막기 위해 베소스를 사로잡아 알렉산드로스에게 넘겼다. 알렉산드로스는 베소스를 페르시아 법에 따라 처리하라 명했고, 베소스는 황제를 배신한 죄로 처형당했다. 스피타메네스는 항복하지 않고 저항하다가 알렉산드로스의 추격에 시달린 부하들에 의해 기원전 328년 살해당했다.

다리우스 3세의 살해에 가담한 또 다른 인물은 자랑가이아[67]를 통치하던 바르사엔테스였다. 그는 알렉산드로스가 자랑가이아로 진군하자 인더스강 방면으로 도망쳤다. 그러나 그는 인디아인들에게 붙잡혀 알렉산드로스에게 보내져 처형당했다.

박트리아의 권력자 베소스, 소그디아나 통치자 스피타메네스, 아프가니스탄 서부 지역 통치자 바르사엔테스가 사라짐에 따라 알렉산드로스는 중앙아시아도 제패하게 되었다.

---

66 사마르칸트, 부하라, 타슈켄트 일대 지역으로, 동서로 중국과 로마, 남북으로 카자흐스탄 및 천산 북방과 페르시아, 인도를 연결했다. 이 지역에 사는 사람들을 소그드인이라 불렀는데, 이들은 이란어계 종족으로 실크로드 교역에 종사했다.

67 아프가니스탄 서부 지역.

인도 원정: 히다스페스 전투

알렉산드로스는 기원전 328년 겨울을 소그디아나의 수도 사마르칸트에서 보냈다. 그리고 그는 박트리아로 돌아와 인도 원정 준비를 했다. 인도원정에 앞서 그는 배후 정복지를 공고히 하기 위해 박트리아의 소 부족장인 옥시아르테스의 딸 록사나와 정략결혼을 했다.

기원전 327년 여름 알렉산드로스가 원정한 인도는 오늘날 인더스강이흐르는 파키스탄 지역이다. 페르시아 아케메네스왕조의 다리우스 대제도이 지역을 정복한 바 있었다. 이 지역은 당시 인도의 왕을 칭하는 포로스의 통치 아래 있었다. 포로스는 가우가멜라 전투에 15마리의 코끼리를 지원한 인물이었다.

알렉산드로스 군대는 기원전 327년 겨울을 카불에서 휴식하며 보내고다음 해 봄 원정을 재개했다. 척후병들이 가져온 정보에 의하면 포로스는인더스강의 지류인 히다스페스강에 진을 치고 있었다. 오늘날 파키스탄 북부 지역이었다. 그의 군대는 보병 5만 명, 기병 6,000명, 바퀴에 낫이 달린전차 500대, 코끼리 200마리였다. 알렉산드로스 군대는 보병이 4만 명, 기병이 4,000명이었다.

결론적으로 히다스페스 전투라 불린 이 전투에서 포로스는 압도적인 전력의 우세에도 불구하고 패하고 포로로 잡혔다. 알렉산드로스가 포로스에게 어떤 대우를 원하냐고 묻자 포로스는 "죽이든 살리든 왕으로 대우해 달라."라고 말했다. 알렉산드로스는 그를 자유롭게 해 주고 왕 지위도 허락했다. 그리고 알렉산드로스와 포로스는 동맹관계를 맺었다. 포로스는 알렉산드로스에게 갠지스강까지 인도를 횡단할 마음이 있다면 안내인, 군대,

코끼리 등을 지원해 주겠다고 했다.

이 전투에서 알렉산드로스의 애마인 부케팔로스가 죽었다. 부케팔로스는 말이 많이 난다는 테살리아 산으로 알렉산드로스가 12살 때 상인이 마케도니아로 이 말을 팔러 왔다. 부케팔로스는 소의 머리란 뜻인데, 이 의미처럼 말은 용감하고 아무도 자기 등에 태우려 하지 않았었다. 값도 비싸 군선 13척에 해당하는 값이었다. 알렉산드로스의 아버지 필리포스 2세는 아들에게 말을 성공적으로 타면 사주겠다고 했다. 알렉산드로스가 부케팔로스 등에 오르자, 부케팔로스는 몸을 흔들어 알렉산드로스를 떨어뜨리려 했다. 그러나 알렉산드로스는 말갈기를 꼭 잡고 떨어지지 않으며 성공적으로 말을 탔다. 이렇게 해서 부케팔로스는 알렉산드로스의 소유가 되었다.

부케팔로스는 힘이 좋고 빠르게 달려 카이로네이아, 그라니코스, 이소스, 가우가멜라, 히다스페스 등 여러 전투에서 알렉산드로스가 선두에서 기병을 이끌고 속공을 펴는 데 큰 역할을 했다. 알렉산드로스는 부케팔로스를 기려 히다스페스강 인근에 그의 이름을 딴 '부케팔리아'라는 도시를 세웠다.

제국 분할

알렉산드로스 대왕의 사망

히다스페스 전투 승리 후 알렉산드로스는 갠지스강 방면으로 인도 깊숙이 진출하려 했다. 그러나 고국을 떠나 오랜 기간 동안 전쟁을 치른 부하들은 이에 불만을 드러냈다. 이들은 이제 전쟁을 중단하고 고국으로 돌아가기를 원했다. 알렉산드로스는 할 수 없이 갠지스강 방면으로 가는 것을 포기하고 돌아가기로 했다. 그러나 그는 부하들이 돌아가는 방법에 관해서는 이야기를 안 한 점을 이용해 페르시아로 돌아가되, 왔던 길이 아니라 인더스강 하류를 따라 우회해 페르시아로 들어가기로 했다. 그는 인더스강이 어디로 흘러가는지 알고 싶기도 했다.

그는 인더스강 하류로 내려가며 저항하는 말리아인 등 주변 부족들을 제압했다. 그러나 그는 말리아인의 성채를 공격하던 중 가슴에 화살을 맞고 중태에 빠지기도 했다. 그는 기원전 325년 부상에서 회복하고 군대를 셋으로 나누어 페르시아로 돌아가기로 했다. 제1군은 이인자인 크라테로스[68]가 이끌고 아프가니스탄의 칸다하르로 갔다. 그는 아프가니스탄의 지배 체제를 확인하고 호르무즈해협에서 알렉산드로스와 합류하는 임무를 맡았다. 제2군은 젊은 세대로 구성된 병사들로 알렉산드로스가 맡았다. 알렉산드로스는 이들과 파키스탄 남부를 거쳐 호르무즈해협으로 진군했다. 정복 목적보다 파키스탄과 페르시아 남부 일대에 대한 일종의 탐험이었다. 제3군은 크레타섬 출신의 네아르코스가 맡았다. 그는 인도양에서 페르시아로 항해해 역시 호르무즈해협에서 알렉산드로스와 합류하는 임무를 맡았다. 인도양에서 페르시아로 항해하는 뱃길은 메소포타미아문명에서 설명했듯이 이미 수메르인들이 개척한 바 있었다.

3개로 나뉜 군대는 기원전 324년 2월 호르무즈해협에서 합류했다. 그리고 같은 해 봄 수사에 도착했다. 이렇게 해서 기원전 334년에 시작된 동방 원정은 10년 만에 막을 내렸다.

알렉산드로스는 그리스인과 페르시아인의 민족 융합을 위해 수사에서 그리스 병사와 페르시아 여자 1만 쌍의 합동결혼식을 열었다. 알렉산드로스는 페르시아의 마지막 왕인 다리우스 3세의 장녀, 헤파이스티온[69]은 차녀와 결혼했다. 이인자인 크라테로스는 소그디아나 지방의 사트라프였던 스피타메네스의 딸과 결혼했다.

기원전 323년, 32세가 된 알렉산드로스는 새로운 원정을 계획했다. 그것

---

68 기원전 330년 파르메니온이 사망한 후 2인자가 되었으나, 기원전 321년 디아도코이 전쟁에서 사망했다.

69 어렸을 때부터 알렉산드로스의 절친이었고, 동성 연인이라는 설도 있다. 결혼식이 치러진 후 얼마 지나지 않아 사망하자 알렉산드로스는 큰 슬픔과 상심에 빠졌다.

은 서방으로의 원정이었다. 수사에서 바빌론으로 이동해 원정 준비 회의를 했다. 1차 정복 목표는 아라비아반도였다. 이는 그가 이미 정복한 이집트와 메소포타미아를 연결해 통합하기 위한 것이었다. 제2차 목표는 지중해 서부에서 최대 강국인 카르타고 정복이었다. 카르타고는 알렉산드로스가 기원전 332년 티레 공략 때 모국인 티레를 지원하려고 했었다. 그러나 이는 실현되지 않았는데, 그 이유는 그리스계 식민 도시인 시라쿠사가 북아프리카에 군대를 상륙시켜 카르타고가 다른데 신경을 쓰지 못하도록 했기 때문이다. 이는 기원전 480년 페르시아의 크세르크세스 1세가 그리스를 원정할 때 시라쿠사가 그리스를 지원하지 못하도록 카르타고와 동맹을 맺은 것과 비슷한 역학 관계였다. 근본적으로 시라쿠사는 지중해 북부, 카르타고는 지중해 남부 왕조들 편이었다.

이러한 목표를 세우고, 알렉산드로스의 군대는 기원전 323년 4월 바빌론에 집결해 5월에 출정하는 것으로 결정되었다. 그러나 알렉산드로스 대왕은 출정을 며칠 앞두고 고열로 쓰러졌고, 결국에는 네부카드네자르(신바빌로니아의 왕) 궁전에서 기원전 323년 6월 사망했다. 연구가들은 사망 원인을 말라리아로 추정하고 있다.

알렉산드로스가 죽자, 그의 부하 장군들은 서방 원정을 백지화시켰다. 그리고 이집트에서 인더스강에 이르는 알렉산드로스의 정복지는 이들에 의해 분할되었다.

후계자들에 의한 제국 분할

마케도니아·프톨레마이오스·셀레우코스왕조

알렉산드로스가 생전에 후계자를 지명하지 않았기에 그가 사망한 후 후계자 문제가 대두됐다. 이에 알렉산드로스의 부하 장군들은 기원전 323년 여름 바빌론에서 회의를 열고 후계자 문제와 알렉산드로스가 정복한 영토의 분할에 대해 논의했다.

후계자와 관련해서는 알렉산드로스와 혈연관계에 있는 사람을 우선으로 검토했다. 그러나 알렉산드로스 대왕에게 자식이 없고, 정실부인인 록사나가 임신한 아이가 남자인지 여자인지 아직 몰라 후계자로 정하는 데 문제가 있었다. 알렉산드로스에게 아리다이오스라는 이복형이 있었지만, 그는 정신질환을 안고 있었다. 기병대장 페르디카스가 알렉산드로스 대왕의 아이가 태어날 때까지 기다렸다가 그 아이가 아들이면 왕으로 삼자고 주장했으나, 보병대장 멜레아그로스는 아리다이오스를 왕으로 추대하자는 의견을 냈다. 이와 같이 대치되는 상황에서 트라키아 출신인 에우메네스 장군이 협상안을 제시했다. 협상안은 (1) 아리다이오스가 필리포스 3세로서 일단 왕이 되고, (2) 알렉산드로스의 아이가 아들이면 알렉산드로스 4세라고 이름을 지어 필리포스 3세와 공동 왕이 되지만, (3) 딸이면 필리포스 3세가 독자적으로 왕위를 차지하고, (4) 아리다이오스가 일단 왕이 되도록 양보한 페르디카스가 제국의 섭정이 된다는 것으로 회의에서 통과되었다.[70]

다음은 바빌론 분할(Partition of Babylon)이라 불리는 영토 분할이었다. 마케도니아와 그리스 지역은 알렉산드로스가 동방 원정을 나갈 때 마케도니아의 섭정을 맡은 안티파트로스에게 돌아갔다. 이집트에서 페르시아에 이르는 많은 지역에는 알렉산드로스의 부하 장군들이 사트라프(총독)로 임명되었다. 에우메네스는 아나톨리아의 카파도키아, 프톨레마이오스 1세는 이집트, 리시마코스[71]는 트라키아, 페이톤은 메디아[72]의 사트라프가 되었다. 그라니코스 전투 승리 후 알렉산드로스에 의해 아나톨리아 중부에 있는 프리기아의 총독으로 임명됐던 안티고노스는 유임되었다.

바빌론 회의와 분할을 통해 후계자 문제가 안정되고 영토 문제가 해결된 것으로 보였다. 그러나 바빌론 회의에 참석한 장군들은 자신이 패자가 되

---

70 김승철, 『지중해 삼국지』(알트, 2013), 22~23쪽.

71 알렉산드로스 대왕과 어릴 때 친구로 기원전 281년 코르페디온에서 셀레우코스 1세와 싸우다 전사했다.

72 이란 북서부 메디아 왕국의 중심지로, 알렉산드로스 대왕이 페르시아 정복 후 다리우스 3세의 부하 장군인 아트로파테스에게 이 지역의 북부를 주어 사트라프로 임명했다. 나머지 지역을 소 메디아라고도 하는데 페이톤이 이 지역의 사트라프로 임명되었다. 아트로파테스가 통치한 지역은 나중에 독립 왕조가 되었는데, 아제르바이잔은 이 왕조를 자신들의 역사로 보고 있다.

려는 욕심을 갖고 있었다. 또한 알렉산드로스의 모친인 올림피아스는 록사나가 아들을 낳음에 따라 아리다이오스(필리포스 3세)와 공동 왕이 된 자기의 손자(알렉산드로스 4세)를 독자적인 왕으로 내세우고자 했다.

이러한 상황 속에 각 지역의 사트라프로 임명된 알렉산드로스 부하 장군들은 알렉산드로스의 후계자 자리를 차지하기 위해 이른바 디아도코이 전쟁(기원전 322년~기원전 281년)을 벌였다. 디아도코이는 본래 계승자란 뜻이지만, 알렉산드로스 사후에 왕이 되고자 야망을 품은 장군들을 말한다. 제국의 섭정 페르디카스와 바빌론 회의를 통해 주요 지역의 사트라프로 임명된 장군들이 대표적인 디아도코이들이다. 디아도코이 전쟁 중에 필리포스 3세가 알렉산드로스의 모친인 올림피아스에 의해 기원전 318년 살해되었다. 그러나 올림피아스, 며느리 록사나, 그리고 유복자로 태어난 손자 알렉산드로스 4세도 기원전 316년 안티파트로스의 아들 카산드로스에 의해 살해되고 만다.

기원전 322년에 시작된 디아도코이 전쟁은 기원전 281년 리시마코스가 코르페디온 전투에서 사망할 때까지 약 반세기 동안 지속되었으나, 1인의 패자가 등장하지 못하고 제국은 궁극적으로 마케도니아왕조, 프톨레마이오스왕조, 셀레우코스왕조로 나뉘었다.

마케도니아왕조

알렉산드로스 4세가 살해되며 알렉산드로스 대왕의 대가 끊긴 마케도니아 왕국(기원전 399년~기원전 168년, 수도 펠라 기준)은 주인이 여러 번 바뀌었지만, 최종적으로 프리기아의 총독이었던 안티고노스의 자손들이 차지했다.

안티고노스는 기원전 321년 제국의 섭정 페르디카스가 알렉산드로스의 시신을 빼돌린 프톨레마이오스를 응징하기 위해 이집트를 원정하러 갔다가 반 페르디카스 디아도코이들에 의해 살해된 후 두각을 나타내기 시작했다. 페르디카스가 살해된 후 개최된 트리파라디소스(시리아 오론테스강 인근의 도시)회의에서 안티고노스에게 페르디카스와 한편이었던 에우메네스를 제거하라는 임무가 맡겨졌다.

그는 기원전 316년 에우메네스를 제거하고 아나톨리아 동부 지역을 차지했다. 기원전 315년에는 페르디카스를 살해하는 데 공을 세워 바빌론 총독으로 임명된 셀레우코스 1세로부터 바빌론도 탈취했다. 바빌론은 페르디카스가 섭정을 하던 곳이었다.

안티고노스의 세력이 커지자, 이집트의 프톨레마이오스 1세, 마케도니아의 카산드로스(안티파트로스의 아들), 트라키아의 리시마코스 등이 연합해 안티고노스에게 대항했다. 안티고노스는 카산드로스에 대비하기 위해 펠로폰네소스반도를 통치하는 폴리페르콘[73]과 연대했다. 또한 카산드로스와 리시마코스가 아나톨리아로 들어오지 못하도록 조카 폴리마우스에게 군대를 주어 헬레스폰투스해협으로 파견했다. 안티고노스 자신은 프톨레마이오스를 압박하기 위해 남부 시리아를 원정해 기원전 314년 티레를 정복했다.

---

73 기원전 319년 마케도니아의 섭정 안티파트로스가 사망한 후 후계자가 되었으나, 기원전 317년 이에 반발한 카산드로스의 공격을 받고 에페이로스로 피신했다. 거기서 알렉산드로스 대왕의 모친인 올림피아스의 도움을 받아 다시 마케도니아를 쟁취했지만, 기원전 316년 카산드로스의 반격을 받고 펠로폰네소스반도로 쫓겨나 기원전 303년 사망할 때까지 그 지역을 통치했다.

티레 정복 후 안티고노스는 아들 데메트리오스 1세를 남부 시리아 정복지에 남겨두고 아나톨리아로 향했다. 그는 디아도코이 중 한 명인 아산드로스를 제압하고 리디아와 카리아를 정복했다. 그러나 그가 아산드로스를 제압하는 동안 프톨레마이오스 1세가 기원전 312년 가자 전투에서 데메트리오스 1세에 승리했다. 이 전투에 셀레우코스 1세도 참전해 프톨레마이오스 1세의 승리에 기여했다. 이후 셀레우코스 1세는 안티고노스 부자로부터 바빌론을 되찾고 셀레우코스왕조를 세웠다.

데메트리오스 1세는 킬리키아와 키프로스 등지에서 프톨레마이오스 1세의 군대와 전쟁하던 중, 기원전 307년 함대를 이끌고 그리스로 진격해 카산드로스와 프톨레마이오스 1세가 지배하던 아테네를 해방시켰다.

안티고노스는 기원전 312년 바빌론을 셀레우코스 1세에게 빼앗겼지만, 그리스 남부, 아나톨리아, 메소포타미아 서부를 차지하며 여전히 강력했다. 그러나 그는 이프소스 전투[74]에서 패해 사망한다. 그의 영토는 다른 디아도코이들에게 분할됐다. 이오니아, 리디아, 프리기아 등 아나톨리아 중·서부와 북부는 리시마코스, 나머지 아나톨리아는 셀레우코스 1세, 킬리키아와 남부 시리아는 이집트의 프톨레마이오스 1세에게 돌아갔다. 전투에서 살아남은 데메트리오스 1세는 그리스 남부 일부 지역에서만 명맥을 유지했다. 그러나 그는 카산드로스가 사망한 후 그의 아들 간 벌어진 왕권 다툼을 이용해 기원전 294년 마케도니아를 차지했다.

---

[74] 기원전 301년 프리기아에 위치한 이프소스에서 안티고노스 부자와 셀레우코스 1세, 트라키아의 리시마코스 연합군 간에 일어난 전쟁이다.

알렉산드로스 대왕의 후손에서 안티고노스 후손으로 주인이 바뀐 마케도니아는 로마와 격돌하게 된다. 로마가 기원전 229년 아드리아해에 출몰하는 해적을 퇴치한다는 명분으로 마케도니아와 인접한 일리리아[75]까지 진출했기 때문이다. 당시 로마는 제1차 포에니 전쟁(기원전 264년~기원전 241년)에서 카르타고에 승리하며 지중해에서 새로운 강국으로 부상하고 있었다.

마케도니아의 왕 필리포스 5세(기원전 221~기원전 179, 데메트리오스1세의 후손)는 로마에 압박을 가하고, 일리리아의 로마 군대를 효과적으로 공격하기 위해 로마 본토에서 로마와 전쟁 중인 카르타고의 한니발과 기원전 215년 동맹을 맺었다. 한니발은 기원전 216년 칸나이 전투에서 로마에 대승을 거두었지만, 이탈리아반도에서 고립되어 싸웠기에 역시 동맹이 필요했다. 로마는 이에 대처하기 위해 기원전 211년 마케도니아와 국경을 접한 아이톨리아연맹[76]과 동맹을 맺었다. 양측의 전쟁(제1차 로마-마케도니아 전쟁: 기원전 214~기원전 205) 승패가 뚜렷하지 않은 가운데, 로마는 기원전 205년 마케도니아와 포이니케 강화 조약을 맺었다. 마케도니아는 일리리아 지역의 대부분을 돌려받는 대신, 한니발과의 동맹을 파기하기로 했다.

포이니케 조약을 통해 건재함을 과시한 마케도니아는 그리스를 공격했다. 당시 마케도니아의 군사력에 굴복해 있던 그리스는 아이톨리아연맹과

---

75 오늘날 알바니아, 슬로베니아, 크로아티아를 포함하는 발칸반도 북서부 지역.

76 기원전 4세기 후반 마케도니아에 대항하기 위해 그리스 본토 중앙을 중심으로 형성된 폴리스 연맹체로 로마-마케도니아 전쟁 시 로마 동맹군이었으나, 나중에는 셀레우코스왕조를 끌어들여 로마에 대항하다가 기원전 190년 마그네시아 전투에서 셀레우코스왕조가 패하자 유명무실해졌다.

아카이아연맹[77]을 중심으로 마케도니아로부터 독립하려 했었다. 그리스 대표단은 기원전 202년 제2차 포에니 전쟁(기원전 219년~기원전 201년)에서 승리한 로마에게 마케도니아의 침략 행위를 막아달라고 요청했다. 이렇게 해서 또다시 로마와 마케도니아 간 전쟁(제2차 로마-마케도니아 전쟁: 기원전 200년~기원전 197년)이 일어났다. 기원전 197년 테살리아의 키노스케팔라이에서 벌어진 전투에서 플라미니누스가 이끄는 로마 군대가 마케도니아 왕 필리포스 5세의 군대를 무찔렀다. 이 전투에서 그리스의 아이톨리아연맹이 마케도니아로부터의 독립을 위해 플라미니누스를 지원했다. 필리포스 5세는 전쟁 패배 후 플라미니누스와 템페 조약을 체결했다. 주요 내용은 그리스의 완전한 자치, 마케도니아의 병력과 군선 제한, 전쟁 배상금 지급 등이었다.

이렇게 해서 마케도니아는 그리스에서의 영향력을 상실하고 그 자리를 로마에 넘겨줬다. 필리포스 5세가 사망한 후 왕에 오른 아들 페르세오스(기원전 179~기원전 168)가 로마에 다시 도전했으나(제3차 로마-마케도니아 전쟁: 기원전 171~기원전 168) 기원전 168년 피드나 전투에서 아이밀리우스 파울루스(스키피오 아프리카누스의 처남)가 이끄는 로마 군대에 패했다. 로마는 마케도니아의 왕조를 폐지하고, 4개의 자치국으로 나누었다. 마케도니아는 기원전 148년 로마에 다시 반란을 일으켰으나 진압된 후 자치국 지위마저 없어지고 기원전 146년 로마의 속주가 되었다.

그리스 아카이아연맹도 기원전 148년 마케도니아의 로마에 대한 반란과

---

77 기원전 3세기 전반 펠로폰네소스반도 북서부지역을 중심으로 형성된 폴리스들의 연맹체로 로마가 필리포스 5세와의 전쟁 시 로마에 우호적이었으나, 그의 아들 페르세오스와의 전쟁 시에는 태도를 바꿨다. 이런 연유로 로마는 기원전 168년 피드나 전투에서 페르세오스에 승리한 후 이 연맹의 기사단장이자 역사가인 폴리비오스를 로마에 인질로 데려갔다.

로마가 카르타고와 제3차 포에니 전쟁(기원전 149년~기원전 146년)을 준비하고 있는 기회를 이용해 로마의 영향력에서 벗어나려 했다. 그러나 아카이아연맹은 코린토스에서 최후의 항전을 하다가 기원전 146년 뭄미우스가 이끄는 로마 군대에 의해 패하며 코린토스는 철저하게 파괴되고 아카이아연맹은 해체되었다. 이후 아테네, 스파르타 등 일부 폴리스에 자치가 허용되었지만, 그리스의 나머지는 로마의 속주로 편입되었다.[78]

셀레우코스왕조

셀레우코스왕조(기원전 312년~기원전 63년)는 셀레우코스 1세(기원전 312년~기원전 281)가 세운 왕국이다. 그는 기원전 321년 제국의 섭정인 페르디카스가 프톨레마이오스가 지배하는 이집트를 원정할 때 다른 동료들과 함께 페르디카스를 살해했다. 그는 이 공로로 바빌론의 사트라프가 되었으나, 안티고노스에게 바빌론을 빼앗기고 이집트로 망명했다. 그는 이집트의 통치자 프톨레마이오스 1세의 지원을 받아 기원전 312년 바빌론을 되찾고 셀레우코스왕조를 세웠다.

셀레우코스 1세는 기원전 281년 코르페디온 전투에서 트라키아의 리시마코스를 패사시키며 아나톨리아에서 세력을 더 확장했다. 이 전투는 셀레우코스 1세가 리시마코스와 연합해 이프소스 전투에서 안티고노스에 승리한 후 리시마코스의 아나톨리아 영토를 침범해 일어난 것이었다. 그러

나 셀레우코스 1세는 마케도니아로 세력을 더 확대하려다가, 이집트 프톨레마이오스 1세의 아들인 프톨레마이오스 케라우노스에게 암살당했다.

왕국의 수도는 처음에는 티그리스강 유역의 셀레우키아였으나 기원전 300년 안티오키아(안티오크)로 옮겨졌다. 셀레우코스 1세는 알렉산드로스 대왕이 수사에서 1만 쌍의 합동결혼식을 거행할 때 소그디아나의 왕인 스피타메네스의 딸 아파마와 결혼했다.

이 왕조는 전성기에 세력 범위가 아나톨리아, 메소포타미아, 페르시아, 중앙아시아, 인더스강에 달했다. 그러나 인더스강 유역은 왕조 성립 후 얼마 지나지 않아 마우리아왕조[79]에 빼앗겼다. 기원전 281년 셀레우코스 1세가 암살당한 후에는 폰투스, 카파도키아 등이 독립하면서 아나톨리아 지역의 영토도 일부 상실했다.

셀레우코스왕조는 안티오코스 2세(기원전 261~기원전 246, 셀레우코스 1세의 손자) 재위 시 킬리키아와 시리아 남부 등 이집트에 빼앗긴 영토를 되찾기 위해 프톨레마이오스왕조와 전쟁을 하며 동부 지역 대한 관심을 소홀히 했다. 이 때문에 안티오코스 2세 재위 말기에 페르시아에는 파르티아, 박트리아에서는 박트리아왕조가 등장하며 셀레우코스왕조로부터 떨어져 나갔다.

셀레우코스왕조는 안티오코스 3세(기원전 222~기원전 187, 안티오코스 2세의 손자) 때 로마와 전쟁을 벌이게 된다. 그 배경은 마케도니아가 기원전 197년 로마에 패하고 맺은 템페 조약과 관련이 있다. 이 조약으로 마케도니아가

---

79 기원전 4세기~기원전 2세기간 고대 인도를 지배한 최초의 통일 왕조.

그리스에 대한 지배력을 잃자, 안티오코스 3세는 그리스를 정복하고자 했다. 또한 아이톨리아연맹이 안티오코스 3세에게 그리스 문제에 개입해 달라고 요청했다. 아이톨리아연맹은 로마가 마케도니아와 전쟁 시 로마를 지원해 로마의 승리에 이바지했음에도, 로마가 마케도니아의 독립을 유지하자 이에 불만을 품고 있었다. 한니발도 안티오코스 3세를 부추겼다. 그는 기원전 202년 자마 전투에서 로마의 스키피오에게 패하고도 카르타고에서 영향력을 행사하고 있었다. 그러나 반대자들이 그가 시리아와 내통하고 있다고 로마에 밀고하고, 로마 조사단이 오자 그는 안티오코스 3세에게 망명했다. 한니발은 안티오코스 3세에게 로마 세력의 확대는 셀레우코스왕조에게도 안 좋으니, 이를 막아야 한다고 왕을 설득했다.

후술하듯이 로마는 셀레우코스왕조와 프톨레마이오스왕조가 리시마키아 조약을 체결하는 것을 중재했다. 이 조약은 셀레우코스왕조에 유리한 것이었는데, 이는 로마가 위와 같은 국제정세를 고려한 것으로 보인다. 그러나 로마의 이러한 호의에도 불구하고 안티오코스 3세는 기원전 191년 대군을 이끌고 헬레스폰토스해협을 건너 그리스로 들어갔다. 그는 아이톨리아연맹의 지원을 받아 테르모필레에서 로마 장군 글라브리오가 이끄는 로마 군대와 격돌했다. 그러나 그는 이 전투에서 패하고 아나톨리아로 퇴각했다. 한니발은 함대를 이끌고 해상에서 전투했으나 기원전 190년 에우리메돈에서 로마와 로도스 연합함대에 패했다.

그리스 본토와 아나톨리아 연안에서 계속 패배한 안티오코스 3세는 기원전 190년 아나톨리아 서부에 있는 마그네시아에서 최후의 결전을 치르기로 했다. 그러나 그는 자마 전투의 영웅인 스키피오의 형 루키우스가 이끄는 로마 군대에 또 패하고 말았다. 이 전투를 끝으로 로마-시리아(셀레우코스왕조) 전쟁은 끝나고 기원전 188년 아파메아 조약이 체결되었다. 이 조약의 주요 내용은 셀레우코스왕조가 타우루스산맥을 경계로 아나톨리아 북서부 지역을 포기하고, 전쟁 배상금을 지급하는 것 등이었다.

셀레우코스왕조가 물러난 후 아나톨리아 서부는 로마의 동맹국이었던 페르가몬(기원전 281~기원전 133)[80]과 로도스가 차지했다. 나머지 지역에는 비티니아,[81] 폰투스,[82] 카파도키아,[83] 아르메니아[84] 등이 셀레우코스왕조의 영향력에서 벗어나 독자적인 왕국을 구축했다.

셀레우코스왕조는 이렇게 로마에 아나톨리아 대부분의 정복지를 잃고, 기원전 2세기 중반경에는 강성해진 파르티아에게 유프라테스 강 동쪽의 영토도 전부 잃으며 시리아 지역으로 왕국이 축소되었다. 이러한 가운데 이 왕조는 친족간 왕권 다툼과 반란으로 분열하다가 기원전 63년 팔레스타인과 함께 로마의 속주로 병합되었다.

---

80 리시마코스가 코르페디온 전투에서 사망한 후 그의 부하였던 필로타이로스가 페르가몬을 수도로 아나톨리아 서부 해안에 세운 왕조로 로마-마케도니아와 로마-시리아 전쟁 시 로마의 동맹국이었다. 기원전 133년 사망한 마지막 왕 아탈로스 3세의 유언에 따라 왕국이 로마로 넘어갔으며, 로마는 이를 속주로 삼았다.

81 기원전 4세기경 아나톨리아 북서부 지역에 들어선 왕조이나, 기원전 74년 니코메데스 4세가 후계자 없이 죽으면서 비티니아를 로마제국에 기부하며 로마의 속주가 되었다.

82 비티니아와 카파도기아 사이, 제4장 파르티아왕조와의 대결 참고.

83 아나톨리아 중부에 있는 아케메네스왕조의 속주였으나 기원전 331년 마지막 총독이던 아리아라테스가 자신의 이름과 동일한 왕조를 세웠다. 기원전 1세기 초 폰투스 왕국의 침략을 받은 후 아리아라테스왕조는 사라졌다. 이후 로마가 친로마 인물을 왕으로 내세우며 카파도키아를 친로마 지역으로 만들고, 17년에는 속주로 통합했다.

84 제4장 파르티아왕조와의 대결 참고.

프톨레마이오스왕조

프톨레마이오스왕조(기원전 305년~기원전 30년)는 프톨레마이오스 1세(기원전 305~기원전 285)가 알렉산드리아를 수도로 이집트에 세운 왕조다. 그는 알렉산드로스 대왕의 경호대장 라고스의 아들로 젊은 시절부터 알렉산드로스 대왕의 동료였다. 그는 다른 디아도코이들과 달리 수명을 다하고 자연사했다.

프톨레마이오스 1세는 바빌론에 있던 알렉산드로스 대왕의 시신을 알렉산드리아로 빼돌렸다. 마케도니아 풍습상 후계자가 선왕의 장례 의식을 거행하는 것이기에 시신을 보관하는 사람이 후계자가 될 가능성이 높았기 때문이다. 이를 응징하기 위해 바빌론에 머무르며 제국의 섭정으로 제국을 통합하려 하던 페르디카스가 기원전 321년 이집트를 원정했다. 그러나 그는 원정 도중 페이톤(메디아 총독), 셀레우코스 1세, 안티게네스[85]에 의해 암살되고 말았다.

프톨레마이오스 1세는 암살 동참자들, 안티고노스, 안티파트로스 등과 트리파라디소스에서 만나 공석이 된 섭정과 총독령 재조정에 대해 논의했다. 트리파라디소스 회의에서 제국의 섭정 지위는 안티파트로스, 페르디카스와 한편이었던 에우메네스를 제거하라는 임무는 안티고노스에게 각각 맡겨졌다. 셀레우코스 1세는 바빌론, 안티게네스에게는 수사가 각각 주어졌다. 페이톤은 계속 메디아 총독이 되었다.

프톨레마이오스왕조는 앞에서 언급했듯이 이프소스 전투 결과에 따라

---

85 알렉산드로스 생존 시 은방패부대(보병) 지휘관

남부 시리아[86]와 아나톨리아의 킬리키아를 획득했다. 그러나 셀레우코스왕조는 이에 불만을 품고 이 지역을 되찾기 위해 기원전 274년부터 수차례 프톨레마이오스왕조와 전쟁을 했다. 그러나 전쟁이 장기화하고, 이집트 원주민들이 반란을 일으키자, 프톨레마이오스왕조는 기원전 197년 로마의 중재로 셀레우코스왕조와 리시마키아 강화 조약을 맺고 남부 시리아와 킬리키아를 돌려주었다. 그러나 셀레우코스왕조와 프톨레마이오스왕조의 오랜 전쟁은 셀레우코스왕조의 동부 지역에 대한 관심을 떨어뜨려 페르시아에서는 파르티아, 박트리아에서는 박트리아 왕조가 들어서며 이들 지역이 셀레우코스왕조로부터 떨어져 나갔다.

이 왕조는 클레오파트라 7세(기원전 51년~기원전 30년) 재위 시 로마에 망하게 된다. 그녀는 아버지 프톨레마이오스 12세가 사망하자 이복동생 프톨레마이오스 13세와 공동 왕이 되었다. 그러나 환관 폰티우스와 프톨레마이오스 13세가 결탁해 클레오파트라 7세를 쫓아내고 기원전 48년 프톨레마이오스 13세가 단독 통치자가 되었다. 이 시기에 로마에서는 카이사르와 폼페이우스가 내전을 치르고 있었다. 카이사르에게 패한 폼페이우스는 자기가 프톨레마이오스 13세의 아버지를 도와준 적이 있어 안전할 것으로 생각하고 기원전 48년 알렉산드리아로 피신했다. 그러나 프톨레마이오스 13세는 카이사르에게 잘 보이려고 폼페이우스를 살해하고 그의 머리를 폼페이우스를 추격해 알렉산드리아에 온 카이사르에게 전달했다. 그러나 카이사르는 기뻐하기는커녕 분노했다.

---

86 Coele-Syria, 레바논과 이스라엘에 해당하는 지역.

이 같은 상황을 감지한 클레오파트라 7세는 망명처에서 은밀히 이집트로 와 카이사르를 만나 그의 정부가 되었다. 이 덕분에 클레오파트라 7세는 다시 이집트의 왕이 되었다. 그러나 기원전 44년 카이사르가 암살되자 불안해진 그녀는 카이사르 사이에 태어난 아들 카이사리온과 공동 왕이 되었다.

카이사르가 암살된 후 로마에서는 다시 내전이 일어났는데, 안토니우스와 옥타비아누스(기원전 27년~기원후 14년)[87] 측이 승리했다. 기원전 41년 안토니우스는 클레오파트라 7세에게 전갈을 보내 타르소스에서 이집트 왕권에 대해 논의하자고 했다. 클레오파트라 7세는 이에 응했다. 안토니우스는 클레오파트라 7세를 보고 반했고, 이들 사이에 아들들이 태어났다. 옥타비아누스의 누이 옥타비아와 결혼했던 안토니우스는 기원전 36년에는 클레오파트라 7세와 정식으로 결혼했다. 그러나 이는 로마에서 옥타비아누스 등 많은 사람이 안토니우스에 등을 돌리는 결과를 초래했고, 결국 안토니우스와 옥타비아누스 간 내전이 일어났다.

안토니우스는 기원전 31년 악티움 해전에서 옥타비아누스에게 패하고 자살했다. 그다음 해 클레오파트라 7세와 프톨레마이오스 15세(카이사리온)가 사망함으로써 프톨레마이오스왕조는 망하고 로마의 속주가 되었다.

---

[87] 본명은 가이우스 옥타비아누스로 그의 어머니가 카이사르의 질녀였다. 옥타비아누스는 카이사르의 양자로 들어갔다가 카이사르가 암살된 후 그의 후계자가 되었다.

헬레니즘 세계

알렉산드로스 대왕이 동방 원정을 해서 정복한 지역에 그가 사망한 후 앞에서 살펴본 마케도니아왕조, 셀레우코스왕조, 프톨레마이오스왕조 등 3개 왕국이 들어섰는데 이를 헬레니즘 세계라 한다.

'헬레니즘'은 독일의 역사학자 요한 구스타프 드로이젠이 그의 저서 『알렉산드로스 대왕의 역사』에서 처음 사용했다. 이 단어는 알렉산드로스 대왕이 정복한 지역의 그리스화 또는 그리스주의라는 뜻으로 사용되다가, 지금은 그리스 세계와 오리엔트 세계가 교류하면서 생긴 역사적 현상으로 사용되고 있다. 헬레니즘이라는 단어는 그리스인들이 자신들의 조상으로 보고 있는 헬렌(Hellen)에서 유래했다.

헬레니즘의 시대적 범위는 통상 알렉산드로스 대왕이 기원전 330년 페르시아 아케메네스제국을 정복한 때로부터, 기원전 30년 프톨레마이오스왕조의 이집트가 로마에 망한 약 300년간을 말한다.

헬레니즘의 지리적 범위는 그리스에서부터 알렉산드로스 대왕의 정복지(인더스강 유역, 박트리아, 페르시아, 메소포타미아, 아나톨리아, 레반트, 이집트) 전역이다. 헬레니즘 시대의 지배자는 그리스계 사람들이었지만 이들은 현지인들과 융화했다. 알렉산드로스 대왕은 동서양의 통합을 위해 수사에서 자신을 포함한 부하 장군, 그리스 병사 등 1만 명과 페르시아 여인 1만 명의 합동결혼식을 거행했다.

헬레니즘 시대의 지배자가 그리스인들이기에 헬레니즘 국가의 공용어는 그리스어였다. 이 덕분에 알렉산드로스 대왕 사후 정복지가 분할되어 독립적인 왕조가 세워졌어도 상호 간 통혼하며 그리스 계통의 왕조라는 정체성이 유지되었다.

알렉산드로스 대왕의 정복지에는 알렉산드리아, 셀레우키아, 안티오크, 부케팔리아 등 70여 개의 도시가 건설되었다. 이 도시들을 중심으로 그리스 문화와 현지 문화가 교류하며 헬레니즘 문화를 꽃피웠다. 인도에는 그리스 문화의 영향을 받아 간다라 미술이 발달했다. 특히 이집트 프톨레이오스왕조의 수도인 알렉산드리아는 동, 서 교역뿐만 아니라 학문과 문화 교류의 중심지였다. 이곳에 있던 것으로, 훗날 박물관(museum)의 어원이 된 무세이온에는 1만여 권의 장서가 비치되어 있었다. 천문학자, 기하학자 등 다양한 분야의 학자들이 책을 읽고 연구하기 위해 여러 지역에서 알렉산드리아를 방문했다.

물리학자 아르키메데스, 수학자 유클리드가 이 시대의 학자다. 아리스타르코스는 지동설을 주장했는데, 이는 코페르니쿠스보다 1,800년이나 앞선 것이다. 철학에서는 제논이 스토아학파를 만들었다. 이 학파는 이성적 절제를 통해 인간은 진정한 행복에 도달할 수 있고, 이성을 가지고 있는 한 인간은 모두 평등하다고 주장했다. 이러한 사상은 훗날 로마의 만민법과 근대 자연법의 이론적 기초가 되었다.

헬레니즘 세계는 기원전 30년 이집트의 프톨레마이오스왕조가 로마에 정복되며 붕괴했다. 그러나 로마는 헬레니즘 문화의 중추인 그리스 문화를 존중하고 계승했다. 그리스어가 라틴어와 함께 통용되었으며, 플라톤이 세운 아카데미아와 아리스토텔레스가 강의했던 리케이온으로 로마인들은 예전처럼 자녀들을 유학 보냈다. 그리스 문화는 약 400년 후 비잔티움이 동로마의 수도가 되며 발칸과 아나톨리아에서 다시 주도적 자리를 차지하게 된다.

알렉산드로스 대왕과 칭기즈칸의 비교

알렉산드로스와 칭기즈칸은 세계역사상 가장 큰 영토를 정복한 군주들이다. 칭기즈칸의 출생년도는 1162년경이기에 그는 알렉산드로스가 사망(기원전 323)한 후 약 1,500년 지나 태어났다. 1,500년이라는 긴 세월의 간격이 있지만 이들이 광대한 지역을 정복한 방법은 비슷했다. 대포와 총이 등장하기 전이라 칼, 창, 활 등 원시적 무기로 적을 제압했다. 말을 타고 기동력을 우선시한 것도 비슷하다. 그러나 이들의 성장 환경, 정복 배경, 정복 지역, 그리고 사망 후 이들이 정복한 지역의 운명은 달랐다.

알렉산드로스는 마케도니아 왕의 아들로 태어났다. 마케도니아가 그리스에서 비교적 후진 사회였지만 알렉산드로스는 아테네와 스파르타의 정규 교육을 받으며 유복하게 성장했다. 철학자 아리스토텔레스가 그의 스승이었다. 이와 반면 칭기즈칸은 초원의 유르트에서 유목 부족장의 아들로 태어났다. 어려서 아버지가 사망해 주변 부족과 목초지를 두고 싸우며 고난의 시기를 보냈고, 유목민 특성상 정규 교육을 받지 못했다. 그러나 교육의 부재가 칭기즈칸이 광대한 지역을 정복하는 데 장애가 되지는 않았다.

알렉산드로스가 해외를 정복한 배경은 페르시아와 관계가 있다. 알렉산드로스의 부친 필리포스 2세는 기원전 338년 카이로네이아 전투에서 그리스 도시 국가 연합군에 승리하고 그리스를 통일했다. 곧이어 그는 아테네 등 도시 국가를 소집해 코린토스 동맹을 맺고 페르시아의 정복을 동맹의 목표로 정했다.

아버지를 계승한 알렉산드로스는 이러한 동맹의 목표를 실현하기 위해 페르시아를 원정하면서 아나톨리아, 이집트, 시리아, 메소포타미아, 페르시아, 인도 인더스강 유역까지 정복했다. 유럽인으로는 최초로 이집트, 페르시아, 인도까지 정복한 것이다.

몽골고원을 통일하고 1206년 몽골의 최고 지도자가 된 칭기즈칸은 1211년 금나라를 원정했다. 당시 북중국을 통치하던 금나라는 칭기즈칸의 조상을 죽이며 몽골족을 핍박하고 있어 원정은 이를 응징하기 위한 것이었다.

칭기즈칸은 1219년 중앙아시아(당시는 페르시아 동부)를 원정하는 데, 이는 미리 계획된 것은 아니었다. 당시 페르시아와 중앙아시아는 호라즘 왕국이 통치하고 있었다. 칭기즈칸은 호라즘왕조에 사신과 상인들을 보내 서로 평화롭게 지내며 통상을 증진하자고 했는데, 이들이 거의 모두 살해당했다. 칭기즈칸은 이를 복수하기 위해 호라즘왕조를 원정했다.

호라즘왕조를 원정하며 칭기즈칸은 중앙아시아, 아프가니스탄, 페르시아, 카자흐스탄까지 정복했다. 알렉산드로스 후계자들이 알렉산드로스 사후 영역을 더 확장하지 못했지만, 칭기즈칸의 후계자들은 중국 정복을 완료하고, 시리아, 아나톨리아, 흑해 북안까지 진출했다. 이민족으로는 최초로 중국을 정복하고, 동양인으로는 최초로 러시아를 조공국으로 복속시켰다. 두 위대한 왕들은 정복 지역은 다르지만, 아나톨리아, 페르시아, 아프가니스탄에서는 중복된다.

알렉산드로스는 기원전 334년 페르시아를 원정할 때 약관 22세의 청년으로, 직접 말을 타고 선두에서 기병을 이끌고 속공을 펴며 전투를 승리로 이끌었다. 전광석화같이 진격해 이집트에서 인더스강에 이르는 지역을 10년 만에 정복했다. 이에 비해 칭기즈칸은 중아아시아 원정 시 나이가 50대 후반으로 고령이어서 직접 전투에 참여하기보다는 전략을 세웠다. 직접적인 전투는 아들들과 부하 장수들이 했다. 1219년 중앙아시아를 원정한 칭기즈칸은 2년 만인 1221년 정복을 완료했다.

알렉산드로스 대왕의 후계자는 그의 부하 장군들이었다. 이들은 제국을 마케도니아왕조, 셀레우코스왕조, 프톨레마이오스왕조로 나누어 통치했으며 각각이 독립된 왕조였다. 반면, 칭기즈칸의 후계자는 자식과 손자들이었다. 이들은 중국에 원나라, 타림분지와 트란스옥시아나에 차가타이 칸국, 페르시아에 일 칸국, 카자흐스탄과 흑해 북안 일대에 킵차크 칸국을 건설했다. 칸국 상호 간 독립적이기는 했지만, 원나라가 대칸[88]의 나라로서 한동안은 다른 칸국의 왕을 임명하기도 했다.

알렉산드로스가 정복한 지역에는 그리스 문화가 전파되었다. 이 문화는 현지 문화와 융합되어 헬레니즘 문화를 만들어 냈다. 몽골인들은 자신들이 내세울 만한 문화가 없어 중국이나 페르시아의 예에서 보듯이 현지 문화에 동화되며 특색있는 문화는 만들어 내지 못했다. 종교적으로도 중국에서는

---

88 몽골 칸국에서 왕의 칭호는 칸이었으며, 대칸은 칸 중의 칸이라는 의미다. 페르시아의 샤한샤(왕중왕)와 비슷하다.

불교, 남러시아 초원, 페르시아, 중앙아시아에서는 이슬람을 따랐다.

포에니 전쟁에서 카르타고의 명장 한니발에 승리한 로마의 스키피오 장군은 로도스섬에서 한니발을 만나 "우리 시대에 가장 뛰어난 장수는 누구라고 생각하십니까?" 하고 물었다. 이에 대해 한니발은 "알렉산드로스 대왕이오."라고 대답했다. 칭기즈칸은 한니발보다 15세기 뒤에 나타난 인물이라 한니발이 몰랐겠지만, 그래도 한니발이 칭기즈칸에 대해 안다고 가정하고 스키피오가 했던 질문과 동일한 질문을 던진다면 한니발의 답변은 무엇이었을지 자못 궁금하다.

제4장

로마
제국

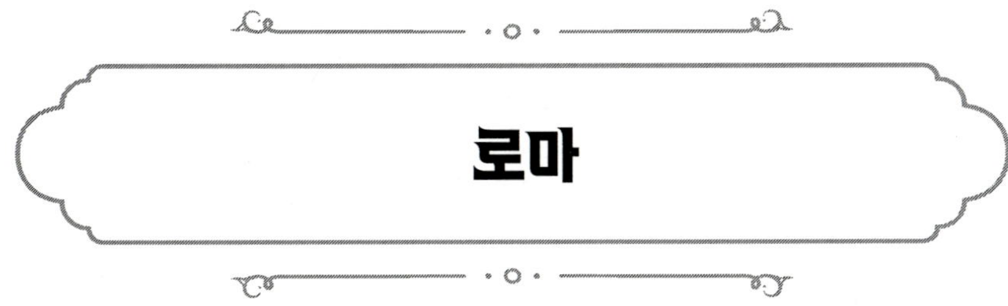

로마인

　로마가 있는 이탈리아반도는 이오니아해를 사이에 두고 그리스와 이웃해 있다. 로마가 건국되기 전 이 반도에는 로마인들이 속한 라틴족, 사비니족, 에트루리아족, 삼니움족 등이 살았다.

　로마 건국 신화에 따르면 로물루스가 동생 레무스를 살해하고 기원전 753년 테베레강 하류에 로마를 세웠다. 로물루스와 레무스의 조상은 기원전 13세기 중반경에 일어난 트로이 전쟁까지 거슬러 올라간다. 악티움 해전의 승자이자 초대 로마 황제인 아우구스투스 시대에 활동한 시인 베르길리우스의 작품 『아이네이스』에 이에 대한 이야기가 있다. '아이네이스'는 '아이네아스'의 이야기란 뜻이다.

　"트로이가 함락될 때 아이네아스가 아버지 안키세스와 아들 아스카니우스, 그리고 유민들을 데리고 새로운 트로이를 건설하기 위해 탈출했다. 그는 트로이 왕 프리아모스의 사위이자 미의 여신 아프로디테의 아들이었다. 아이네아스는 7년 동안 지중해 여러 섬과 카르타고를 여행한 후 테베레강이 티레니아해로 흘러 들어가는 해안 근처에 도착했다. 이 지역의 왕 라티누스는 아이네아스에게 정착을 허락하고, 자기 딸을 주었다. 아이네아스가 죽은 후 아들 아스카니우스는 로마의 동남부에 있는 알바롱가로 이주해 새로운 도시를 건설했다.

아스카니우스가 사망하고 몇백 년이 흐른 후 알바롱가의 가문에 왕위 다툼이 일어났다. 왕이 죽자, 그의 동생이 왕 자리를 차지하기 위해 죽은 왕의 딸을 처녀로 살아야 하는 베스타 신전의 제사장으로 만들었다. 죽은 왕의 후손이 나오지 않게 하려는 의도였다. 그러나 군신(軍神) 마르스가 왕녀를 보고 반했고, 이들 사이에 쌍둥이가 태어났다. 왕녀는 쌍둥이에게 로물루스와 레무스라는 이름을 각각 지어 주었다. 왕의 자리를 차지한 동생이 이를 알고 쌍둥이를 죽이려 하자 왕녀는 시종을 시켜 쌍둥이를 바구니에 넣어 테베레강으로 흘려보냈다. 그러나 늑대가 이들을 발견해 자신의 젖을 먹이며 키웠다. 시간이 흐른 후 쌍둥이를 테베레강에 버렸던 시종이 이 사실을 알고 쌍둥이를 자기 집으로 데려와 키웠다. 이들 형제는 성장해 자신들의 출생 비밀을 알게 됐다. 이들은 세력을 모아 알바롱가로 쳐들어가 왕을 죽였다. 알바롱가 왕을 죽이자, 형제간에 전쟁이 일어났다. 형 로물루스가 동생을 죽이고, 기원전 753년 테베레강 하류 일곱 언덕이 있는 곳에 로마를 세웠다."

베르길리우스는 로마의 역사에 대한 서사시를 써 보라는 아우구스투스의 권유를 받고 『아이네이스』를 썼다. 베르길리우스는 호메로스의 『일리아스』와 『오디세이아』를 『아이네이스』의 모티브로 했다. 이 작품은 로마의 건국 역사를 신화적으로 설명해 로마인에게 자긍심을 심어준 긍정적인 면이 있다. 그러나 다른 한편으로는 "카이사르는 신이고, 아우구스투스는 카이사르의 아들(양자)이기에 신의 아들이다" 등과 같은 내용이 작품에 들어 있어 아우구스투스에 대한 용비어천가라는 비난도 받고 있다.

신화에 등장하는 라티누스 왕이 통치하는 지역을 라티움, 라티움에 사는 사람들을 라틴족이라 했다. 라틴족은 인도유럽어족의 이탈리아어파에 속하는 라틴어를 사용하는 사람들이다. 로물루스와 레무스의 조상들은 라티움에 정착한 후 라틴화했고, 로마는 라티움의 중심지가 되었다.

로마인은 주변의 라틴 부족과 동맹을 맺었다. 초장기에는 유피테르 신(그리스에서는 제우스), 디아나 여신(사냥의 여신), 베누스 여신(그리스에서는 아프로디테) 등의 신들에게 제사를 지내고 체육대회도 하는 성격의 모임이었으나, 점차 군사동맹의 성격으로 바뀌었다.

로마인들은 시민권에 엄격했던 아테네나 스파르타와 달리 개방적이고 포용성이 있었다. 주변 부족이 로마로 이주하면 시민권을 주고, 주거지도 제공했다. 패배한 부족에게도 마찬가지였다. 시민권을 가진 사람은 출신과 관계없이 능력에 따라 공직을 맡을 수 있었다. 이러한 개방성과 포용성은 훗날 로마가 이탈리아반도를 통일하고 로마제국을 건설하는 밑거름이 되었다.

공화정

기원전 753년 로물루스에 의해 로마가 건국될 때 로마의 정치체제는 왕
정이었다. 이는 대부분의 국가가 처음 형성될 때 들어서는 정치체제다. 국
가 형성 과정에서 주도적 역할을 한 인물을 왕이라는 최고의 지위에 놓기
때문일 것이다.

로마는 기원전 509년 제7대 왕인 타르퀴니우스 수페르부스를 마지막으로
왕정을 끝내고 공화정으로 바뀌었다. 루키우스 유니우스 브루투스가 타르
퀴니우스 왕 아들의 악행을 빌미로 왕을 쫓아내고 공화정을 세운 것이다.
기원전 44년 황제가 되려는 카이사르를 암살한 마르쿠스 유니우스 브루투
스가 바로 공화정의 창시자인 루키우스 유니우스 브루투스 가문 사람이다.

공화정은 라틴어 레스 푸블리카(Res Publica)를 번역한 말이다. 영어 리퍼
블릭(Republic)의 어원이 되는 이 라틴어는 공동체나 공공을 의미하고, 나
아가서는 군주정이 아닌 정치체제를 택한 국가를 의미한다.[89]

왕정 시대에 주요 정치 주체는 왕, 원로원, 민회였다. 왕은 민회에서 선출
되고 원로원에서 승인받아야 했다. 반면 왕은 원로원 의원을 임명했다. 원
로원은 왕에 대한 승인권 이외에 왕에게 조언이나 자문을 했다. 로마 시민
으로 구성된 민회는 왕을 선출하고, 주요 정책이나 군사 문제에 대해 찬,
반 투표를 할 권리가 있었다. 왕은 선출직이었지만 종신제였다. 공화정으
로 바뀌며 왕 대신 임기 1년의 2명의 집정관이 민회에서 선출되었다. 원로
원과 민회는 그대로 남았다.

---

89 시오노 나나미 저, 김석희 역, 『로마인이야기 1』(도서출판 한길사, 1995), 207쪽.

공화정으로 바뀐 로마는 시간이 흐르면서 귀족과 평민 간의 갈등이 불거졌다.

평민들은 자신들이 타 부족과의 전쟁에서 승리에 이바지했음에도 자신들의 권리와 권익이 보호받지 못한다고 생각했다. 이런 배경하에 기원전 494년 평민의 권익 보호를 위해 호민관 제도가 신설되었다. 호민관은 평민 출신이어야 하고, 민회가 아니라 평민들로만 구성된 평민 집회에서 선출되었다. 호민관은 평시에 집정관이 내린 결정을 거부할 수 있었다.

평민들은 법률의 성문화도 요구했다. 이에 대한 검토를 위해 로마는 기원전 5세기 중엽 그리스에 시찰단을 파견했다. 기원전 6세기 말 클레이스테네스에 의해 민주정이 완성된 아테네는 성문법에서 선진국이었다. 시찰단이 돌아온 후 로마는 성문화 작업을 위해 10인 위원회를 구성하고, 기원전 449년 로마 최초의 성문법인 12표법을 만들었다. 그러나 이 법은 관습법 일부만 성문화하고, 귀족 계급의 주도로 만들어져 평민들의 불만을 해소하지 못했다.

로마는 기원전 390년 켈트족의 침입을 받았다. 켈트족은 7개월간 로마를 점령하고 파괴와 약탈을 했다. 이들은 로마가 많은 금괴를 주자 로마를 떠났다. 켈트족의 로마 점령은 로마인들에게 물질적인 피해는 물론 정신적으로 큰 상처를 주었다. 그리고 로마인들은 귀족과 평민이 대립하며 국론이 분열해 있던 점을 켈트족에 참패한 가장 큰 원인으로 보았다. 로마는 귀족과 평민 간의 갈등을 해소하기 위해 전면적인 정치 개혁을 시행하고 기원전 367년 리키니우스법을 제정했다. 이 시기에 그리스에서 아테네와 스파르타가 몰락하고 왕정 국가 마케도니아가 부상하는 정세도 로마의 정치 개혁에 영향을 미쳤다.

리키니우스법은 집정관과 원로원 의석 등 모든 공직을 가문과 혈통에 관계없이 모든 평민에게 개방하는 것을 규정했다. 이에 앞서 기원전 445년에는 귀족과 평민의 결혼을 인정하는 법이 만들어졌다. 이렇게 하며 로마는 귀족과 평민의 대립을 해소하고 두 계급이 단결하고 협력해 공공의 이익을 창출하는 레스 푸블리카(공동체=국가)를 완성했다.

이탈리아반도 통일

로물루스가 로마를 건국했을 때 로마 인근에 사비니족, 로마 북부에 에트루리아족, 이탈리아반도 중부와 남부의 산악지대에 삼니움족, 남부에는 그리스인 등이 거주하고 있었다. 로마는 이들 종족과 그리스인들을 제압하며 기원전 3세기 초 이탈리아반도의 통일을 이루었다.

로물루스는 어느 날 사비니족 여인들을 파티에 초청했다. 축제가 무르익었을 때 로물루스와 그의 부하들은 이들을 납치해 강제로 결혼했다. 사비니족 남자들이 이에 분노해 로마인과 전쟁했지만, 로마가 우세했다. 로마인과 결혼해 정상적으로 잘 살고 있는 사비니족 여자들이 남편과 형제들에게 전쟁 중단을 호소해 두 부족은 전쟁을 중단하고 화평을 맺었다. 이들은 두 부족이 공존하는 형태의 화평이 아니라 하나로 합치는 화학적 결합의 화평을 했다. 로물루스와 사비니족의 왕 타티우스가 합쳐진 부족을 공동으로 통치했다. 사비니족 사람들에게 로마인과 동일한 시민권이 부여되고, 유력인들에게는 원로원 의석도 제공되었다. 사비니계의 독자적인 왕도 나오며 라틴족과 사비니족의 구별은 차츰 없어졌다. 플루타르코스는『영웅전』에서 로마인의 이러한 정책을 다음과 같이 이야기했다.

> *"패자조차도 자기들에게 동화시키는 이 방식만큼 로마의 강대화
> 에 이바지한 것은 없다."*[90]

에트루리아인들은 헤로도토스에 의하면 아나톨리아의 리디아에서 이주해 왔다. 이들은 이탈리아 원주민이라는 주장도 있지만, 아나톨리아 초기 농경민이 그리스로 흘러 들어갔다는 2017년 하워드 휴즈 의학연구소 연구원들의 연구 결과에 비추어 볼 때, 아나톨리아에 살았던 사람들이 이탈리아에도 갔으리라 추정할 수 있다.

에트루리아인의 세력 범위는 로마 북부에서 피렌체 사이였으며, 코르시카와 사르데냐까지 이들의 영향권에 있었다. 이 섬들과 이탈리아반도 사이의 바다인 티레니아해는 '에트루리아인의 바다'라는 뜻이다.

이들은 12개 도시 국가 연방제를 취하고 그리스 본토와 활발한 해상 무역을 했다. 기원전 7세기 말 그리스인 아버지와 에트루리아인 어머니를 둔 타르퀴니우스 프리스쿠스라는 사람이 로마로 왔다. 로마는 외국인에게 개방적이었고, 사비니족의 경우와 같이 라틴족이 아니더라도 왕이 될 수 있

---

90 시오노 나나미 저, 김석희 역, 『로마인이야기 1』(도서출판 한길사, 1995), 46쪽.

었기 때문이다. 그는 능력을 인정받아 민회에서 제5대 왕으로 선출되었다. 그의 뒤를 이어 사위와 손자가 로마의 왕위에 올랐다. 타르퀴니우스 프리스쿠스의 손자인 타르퀴니우스 수페르부스는 앞서 이야기한 대로 자기 아들의 악행 때문에 추방되며 왕정 시대를 끝낸 사람이다.

에트루리아계 왕이 추방되며 로마와 에트루리아 관계는 나빠졌다. 그러나 에트루리아계 왕을 추방하며 에트루리아에 대한 자신감을 가진 로마는 에트루리아 도시들을 공략하며 이들을 약화시켰다. 에트루리아의 세력 약화는 그 북쪽에서 남하를 노리는 켈트족에게 좋은 기회였다. 결국 로마는 기원전 390년 켈트족의 침입을 받고 7개월간 점령되는 수모를 겪었다.

로마는 켈트족 침입을 계기로 앞서 언급한 리키니우스법을 제정하고 정치 개혁을 했다. 로마는 아울러 기존의 라틴 동맹도 개혁했다. 로마가 왕정 시대부터 주도했던 라틴 동맹은 라틴어를 사용하고 같은 신을 믿는 부족들의 느슨한 연맹체였다. 로마는 느슨한 형태의 라틴 동맹을 군사 행동의 성격으로 바꾸었다. 그러나 이러한 라틴 동맹 아래서도 로마가 위기에 처했을 때 동맹에서 떨어져 나가는 부족들이 있었다. 이를 방지하기 위해 로마는 동맹 부족과 개별적으로 일대일 동맹을 맺으며 권리와 의무가 명확한 관계로 라틴 동맹을 다시 바꿨다. 다른 동맹 부족은 상호 동맹을 맺을 수 없었으며 분쟁 발생 시 로마에 중재를 의뢰해야 했다. 켈트족 침략 후 이러한 획기적인 개혁이 이루어져 그리스의 역사가 폴리비오스는 "이때를 계기로 로마의 융성은 시작되었다."라고 말했다.[91]

---

91 시오노 나나미 저, 김석희 역, 『로마인이야기 1』(도서출판 한길사, 1995), 226쪽.

로마는 리키니스우스법과 동맹 부족들과의 관계 재정립을 통해 국내외를 안정시킨 후 카푸아와 나폴리가 위치한 캄파니아 지방으로 진출하려 했다. 그러나 이는 이 지역에 영향력을 갖고 있던 삼니움족과의 충돌을 불러일으켰다. 로마는 기원전 321년 카우디움 협곡에서 삼니움족에게 패하며 고전했으나, 기원전 304년에는 로마가 주도하는 강화 조약을 맺으며 삼니움족에 대해 우위를 보였다. 로마가 삼니움족과 대결하며 남부에 관심을 높이자, 에트루리아인, 아드리아해 연안의 움브리아인, 켈트족 등이 연합해 다시 로마를 침략하려 했다. 여기에 삼니움족도 강화 조약을 위반하고 가세함에 따라 삼니움족과 또다시 전쟁이 벌어졌다.

로마는 북쪽(에트루리아인과 켈트족), 동쪽(움브리아인), 남쪽(삼니움족) 세 방면에서 협공받았지만 이를 물리쳤다. 기원전 297년 이탈리아반도 북부에서 벌어진 전투에서 켈트족은 로마군에 쫓겨 더 북쪽으로 달아났고, 에트루리아인과 움브리아인은 라틴 동맹에 가맹할 것을 약속했다. 열세에 몰린 삼니움족은 기원전 290년 로마에 강화를 제의하고 로마의 동맹국이 되었다.

삼니움족도 제압하자 로마는 드디어 이탈리아반도 남부에 있는 그리스계 식민도시와 마주하게 되었다. 그중 하나로 스파르타계 사람들이 세운 타란토는 위기의식을 느끼고 에페이로스의 왕 피로스에게 도움을 요청했다.

피로스가 기원전 280년 타란토로 왔다. 그의 전력은 2만 6,500명의 병사와 코끼리 18마리였다. 로마와의 전투에서 명확한 승기를 잡지 못한 가운데 전쟁이 장기전으로 흘렀다. 이에 피로감을 느낀 피로스는 기원전 275년 그리스로 돌아갔고, 지원군을 잃은 타란토는 기원전 273년 로마 군대의 공격을 받고 무너졌다. 이렇게 해서 로마는 북으로는 루비콘강, 남으로는 메시나해협에 이르는 이탈리아반도를 통일했다. 이제 로마인들은 메시나해협을 사이에 두고 카르타고가 세력을 갖고 있는 시칠리아섬과 마주했다.

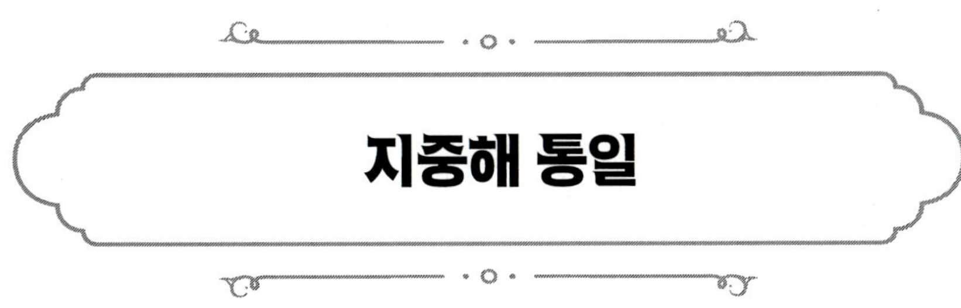

지중해 통일

카르타고 정복: 포에니 전쟁

로마는 지중해 국가이기는 하지만 해양 국가인 그리스와 달리 기본적으로 농업국이었다. 이런 연유로 그리스가 에게해를 포함한 동지중해에서 주도권을 쥐었으나 로마는 초기에는 지중해에서 두각을 나타내지 못했다. 이러한 로마가 기원전 270년대 이탈리아반도를 통일한 다음 지중해 전체를 제패하게 되는데 그 시작은 포에니 전쟁이었다.

포에니 전쟁은 카르타고와의 전쟁이다. 카르타고는 페니키아의 도시 국가인 티레가 기원전 9세기 말경 튀니스만 북안에 세운 식민도시이다. 포에니는 라틴어로 페니키아인을 뜻하기에, 카르타고와의 전쟁을 포에니 전쟁이라 부르기도 한다.

기원전 6세기 중엽 티레가 신바빌로니아의 속국이 된 후 카르타고는 티레로부터 독립하고, 북아프리카, 시칠리아, 사르데냐, 코르시카, 발레아레스 제도, 에스파냐 남부까지 세력을 넓혔다. 페니키아인들이 카르타고를 중심으로 이들 지역에 식민도시를 건설했으나, 페니키아의 도시 국가가 신바빌로니아에 정복됨에 따라 카르타고가 이 지역의 식민도시를 직접 관할 하게 된 것이다. 이렇게 해서 카르타고는 로마와 전쟁을 하기 전까지는 지중해 중부와 서부의 주인공이었다.

포에니 전쟁은 기원전 264년 시작해 기원전 146년 카르타고가 멸망함으로써 끝났다. 이 기간에 중단되기도 하며 총 3차례의 전쟁이 일어났다.

제1차 포에니 전쟁(기원전 264~기원전 241): 시칠리아 정복

제1차 포에니 전쟁은 시칠리아를 무대로 일어났다. 기원전 9세기를 전후에 카르타고인과 그리스인들이 이곳에 진출해 섬을 양분하고 있었다. 팔레르모를 중심으로 한 서부 지역은 카르타고계 식민도시들이, 동부는 시라쿠사, 메시나 등 그리스계 식민도시들이 세력을 유지하며 두 민족이 주도권 다툼을 했다.

전쟁은 시라쿠사의 공격을 받은 메시나가 로마에 지원 요청을 하면서 시작되었다. 당시 이탈리아반도에서 용병으로 시칠리아에 온 마메르인(Mamertines)들이 그리스계인 메시나인들을 쫓아내고 메시나를 점령하고 있었다.[92] 이들은 시라쿠사가 시칠리아에 있는 카르타고 세력에 대항하기 위해 고용했던 용병이었으나, 용병 계약이 종료된 후에도 돌아가지 않고 시칠리아에 남아 있던 자들이었다. 시라쿠사가 동족인 메시나인을 돕기 위해

---

92 'Mamertines' from Wikipedia.

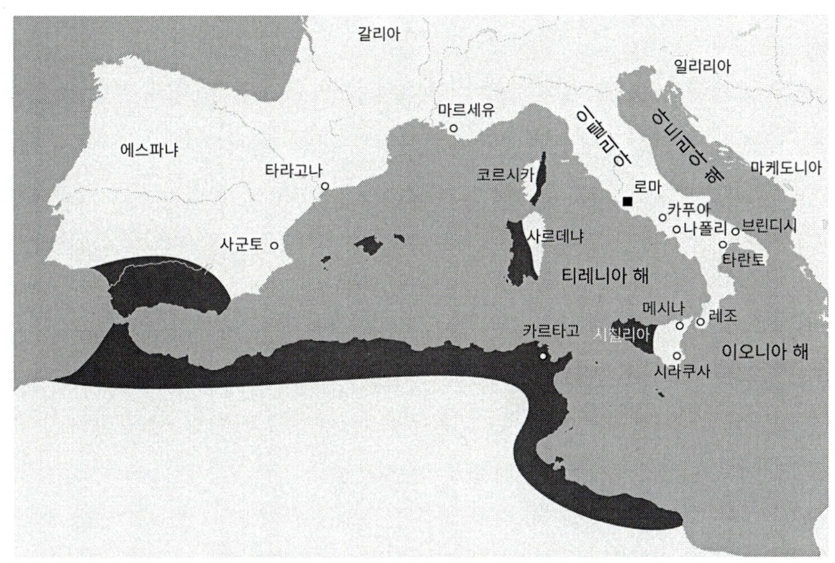

제1차 포에니 전쟁 발발 전 카르타고의 지배 영역(검은색)과 로마(이탈리아반도)

마메르인들이 점령하고 있는 메시나를 공격하자, 마메르인들이 로마에 도움을 요청한 것이었다.

로마는 이탈리아반도에 인접한 시칠리아의 전략적 중요성을 깨닫고, 기원전 264년 메시나의 마메르인을 돕기 위해 군대를 파견했다. 이에 위협을 느낀 시라쿠사와 카르타고가 동맹을 맺었다. 앙숙 관계인 그리스계 나라 시라쿠사와 페니키아계 나라인 카르타고가 동맹을 맺은 것이다. 두 나라는 메시나를 향해 진격했지만, 로마군에게 패했다. 로마군에 패한 후 시라쿠사의 지배자인 히에론이 카르타고를 버리고 로마와 동맹을 맺었다. 이에 시칠리아에 대한 기득권을 모두 잃을지도 모른다는 위기의식을 느낀 카르타고는 4만이 넘는 대군을 시칠리아에 파견했다. 이렇게 해서 본격적인 로마와 카르타고의 전쟁이 시작되었다.

로마와 카르타고는 바다와 육지에서 여러 번 전투했지만, 로마가 우세했다. 카르타고는 할 수 없이 시칠리아에서 로마 군대와 싸우고 있던 하밀카르 바르카 장군에게 로마와 강화 교섭을 하라는 지시를 내렸다. 그는 제2차 포에니 전쟁을 이끈 한니발의 아버지였다. 그가 기원전 247년 시칠리아 전선에 파견되었을 때 한니발이 태어났다. 기원전 241년 체결된 강화 조약의 주요 내용은 카르타고가 로마에 배상금을 지급하고, 아울러 시칠리아, 몰타 등에 대한 소유권을 포기하는 것이었다. 이렇게 해서 카르타고는 시칠리아에서 수백 년 쌓아 올린 기득권을 상실하고 지중해 서쪽 바다에 대한 독점적 지배권 일부를 로마에 넘겨주었다.

제1차 포에니 전쟁이 종결된 직후 급료를 받지 못한 용병들이 카르타고에서 반란을 일으켰다. 하밀카르가 이 반란을 진압하는 총지휘관으로 임명되어 기원전 238년 반란을 진압했다. 이 혼란을 이용해 사르데냐 사람들이 반란을 일으키고 카르타고 총독을 살해했다. 이들은 로마에 지원을 요청했고, 로마는 군대를 파견해 사르데냐를 접수했다. 사르데냐를 로마가 취함에 따라 사르데냐 북쪽에 위치한 코르시카도 자연히 로마의 영향력 아래로 들어왔다.

용병들의 반란을 진압한 하밀카르는 기원전 238년 지브롤터해협을 건너 에스파냐로 갔다. 그곳에는 카디스(Cádiz)[93]를 중심으로 하는 카르타고 식민지가 있었다. 그는 원주민을 제압하며 에스파냐 동남부로 식민지를 확대

---

[93] 에스파냐 남서부의 항구 도시로 오늘날 안달루시아의 자치 지방 8곳 가운데 하나인 카디스 주의 주도이다. 당초 페니키아의 도시 국가인 티레가 기원전 7세기 이곳에 항구를 건설했으나, 티레가 신바빌로니아의 속국이 된 후 카르타고가 티레의 자리를 대신했다.

했다. 그리고 카르타고의 영농 기술로 생산성을 높이고 은광을 개발해 경제력도 높였다. 이렇게 해서 기원전 228년 에스파냐 동해안에 신카르타고(오늘날의 카르타헤나)라고 이름 지은 도시가 건설되었다.

기원전 229년 하밀카르가 사망하고 사위 하스드루발이 뒤를 이었으나, 기원전 221년 현지인에게 살해당했다. 이에 하밀카르의 아들 한니발이 본국 정부의 승인을 받아 28세 나이로 신카르타고의 총독이 되었다.

한니발은 기원전 219년 사군토를 공격했다. 사군토는 에스파냐 동부에 있는 항구 도시로 로마와 동맹 관계에 있었다. 로마는 사군토의 공격을 저지하기 위해 한니발과 카르타고 본국에 대해 외교적 노력을 기울였으나 소용이 없었다. 결국 사군토가 함락되자 로마는 카르타고에 선전 포고를 했다. 이러한 상황으로 볼 때 한니발이 사군토를 공격한 것은 영토 확장보다는 로마를 전쟁으로 유도하기 위한 구실이었는지도 모른다. 이렇게 해서 한니발 전쟁이라고도 불리는 제2차 포에니 전쟁이 시작되었다.

제2차 포에니 전쟁(기원전 219~기원전 201): 한니발 전쟁

한니발이 로마보다 먼저 움직였다. 그는 로마가 이오니아해와 티레니아해를 장악하고 있어 육로를 이용해 이탈리아로 진군했다. 한니발은 약 5만 명의 보병과 9,000명의 기병, 그리고 40여 마리의 코끼리를 이끌고 기원전 218년 5월 에스파냐와 갈리아 지역(오늘날의 프랑스)을 거쳐 알프스산맥을 넘어 이탈리아 북부로 들어갔다. 기병은 누미디아[94] 출신이 주류였고, 보병은 아프리카와 에스파냐인들로 구성되었다. 그는 같은 해 겨울 티치노(포강 지류 중 하나) 전투와 트레비아(포강 지류 중 하나) 전투, 기원전 217년 봄에는 트라시메노 전투에서 로마 군대를 격파했다. 기원전 297년 로마에 의해 이탈리아 북부에서 더 북쪽으로 쫓겨났던 갈리아인들은 한니발이 승리하자 한니발 군대에 용병으로 합류했다. 한니발은 이탈리아 남부에 있는 풀리아와 캄파니아 지방으로 계속 남하했다.

로마는 사태의 심각성을 깨닫고 약 8만 7,000명의 군대를 재편성해 기원전 216년 칸나이[95]에서 약 5만 명의 한니발 군대와 일전을 겨루었다. 그러나 전력의 우세에도 불구하고 한니발의 포위 전술에 말려들어 로마는 칸나이 전투에서도 대패했다. 한니발은 칸나이 전투 승리 후에 로마로 바로 진격하지 않았다. 로마를 정복하기 위해서는 주변 동맹 도시들을 우선 로마로부터 이탈하게 만드는 것이 중요하다고 보았다. 이는 그가 이탈리아반도 안에서 전쟁하려고 할 때부터 구상한 전략이었다. 이 전략의 일환으로 그는 전투 승리 후 포로들을 처리할 때 로마 병사와 동맹도시 병사를 구분해 동맹시 병사는 조건 없이 석방했다. 로마에 대한 반감과 카르타고에 대한 호감을 조성하려는 의도였다. 이러한 전략이 주효해 칸나이 전투 승리 후 캄파니아 지역의 카푸아가 로마에서 떨어져 나갔다.

한니발이 칸나이 전투에서 승리하며 이탈리아 남부의 많은 부분을 점령

---

94 오늘날 알제리에 상응하는 지역으로 말 사육 조건이 좋아 기병을 많이 배출했고, 누미디아인은 훗날 이슬람 전파에 큰 역할을 한 베르베르계 유목민의 조상으로 알려져 있다.

95 이탈리아 남부 풀리아 지방에 있는 오판토강 인근 마을.

하게 되자 좋은 일들이 연이어 일어났다. 기원전 215년 봄 시라쿠사의 참주 히에론이 사망한 후 시라쿠사가 한니발 편으로 돌아선 것이다. 마케도니아의 필리포스 왕(5세)도 같은 해 한니발과 동맹을 맺었다. 한니발은 또한 기원전 213년에는 한니발에 우호적인 그리스계 사람들의 도움을 받아 로마 군대가 지키고 있는 타란토를 점령했다.

로마는 한니발에게 연패하며 상황이 안 좋아졌지만, 항복하거나 강화할 마음이 없었다. 한니발 편으로 돌아선 포강 유역의 갈리아인들과 카푸아, 시라쿠사, 타란토를 제외한 나머지 로마의 동맹 도시들은 여전히 로마의 우군으로 남아 있었다. 또한 귀족과 평민들도 전쟁 패배의 책임을 놓고 분열하지 않으며 여전히 일치단결했다.

로마는 한니발과 마케도니아의 동맹에 대처하기 위해 외교적 노력도 기울였다. 이집트 프톨레마이오스 왕조와 동맹을 맺고, 시리아의 셀레우코스 왕조로부터는 중립을 지키겠다는 약속을 받아냈다. 또한 마케도니아 왕국과 국경을 접하고 있는 아이톨리아연맹과 아나톨리아의 페르가몬 왕국이 마케도니아에 반란을 일으키도록 부추겨 마케도니아가 한니발과 합세하지 못하도록 했다.

로마는 칸나이 전투 패배 후 한니발과 직접적 대결을 피하고 지구전을 폈다. 상대방의 힘을 빼는 전략이었다. 그러던 중 기원전 213년 로마는 시라쿠사 탈환에 나섰다. 육상과 해상을 봉쇄하며 시라쿠사를 공략했지만, 아르키메데스가 발명한 돌멩이를 쏘는 무기 등의 공격을 받고 실패했다. 그러나 로마는 사냥의 여신 아르테미스의 축제일에 시라쿠사의 그리스인들이 술에 취해 대부분 잠잔다는 사실을 알아냈다. 로마 군대는 기원전 212년 아르테미스의 축제일 밤에 성벽을 타고 올라가 시라쿠사에 잠입하는 데 성공했다. 이후 양측 간 공방전이 벌어졌고 시라쿠사는 기원전 211년 함락되었다.

로마는 지구전에 힘입어 기원전 211년 카푸아, 기원전 209년에는 타란토도 재탈환하고 한니발을 이탈리아반도 끝으로 몰아냈다. 로마를 배신했던 카푸아는 철저한 응징을 당했다. 지도층 인사 70명이 사형당했고, 동맹시에서 속주로 격하되었다.

로마가 이탈리아에서 전세를 호전시키고 있었으나, 에스파냐에서는 비극적인 상황을 맞았다. 로마는 에스파냐의 카르타고인들이 한니발을 지원하지 못하게 하려고 집정관을 지낸 코르넬리우스 형제를 파견했었다. 이들은 자마 전투의 영웅인 스키피오의 아버지와 숙부였다. 그러나 이들 형제(형 푸블리우스 코르넬리우스 스키피오, 동생 그나이우스 코르넬리우스 스키피오)는 기원전 211년 로마 군대에 합류한 에스파냐인들의 배반으로 카르타고 군대에 패하고 사망했다. 로마는 공석이 된 에스파냐 전선 사령관에 동생의 아들을 파견하기로 했다. 그는 당시 24세로 아버지와 이름이 같았다. 그는 티치노 전투에 참전해 당시 위기에 빠진 아버지를 구출했고, 칸나이 전투에서는 한니발의 전략을 체험했다. 스키피오가 등장하며 포에니 전쟁은 새로운 국면에 들어섰다.

스키피오는 기원전 210년 여름 에스파냐 전선을 향해 이탈리아를 떠났다. 에스파냐에는 한니발의 두 동생 하스드루발 바르카와 마고, 카르타고 출신의 장군 시스코네가 이끄는 3개 군이 있었다. 하스드루발 바르카가 이끄는 제1군은 에스파냐 중앙부, 마고가 이끄는 제2군은 지브롤터해협, 시스코네가 이끄는 제3군은 타호강 어귀에 있었다. 스키피오는 도착한 해 겨울은 정보수집과 전략을 세우며 보냈다. 그는 기원전 209년 수비대만 남아 있는 카르타헤나로 출정해 하루 만에 함락시켰다.

스키피오의 다음 목표는 하스드루발 바르카였다. 그는 기원전 208년 바이쿨라에서 벌어진 전투에서 하스드루발 바르카에게 승리했다. 패주한 하스드루발 바르카는 마고, 시스코네와 만나 전략을 논의했다. 이들은 이탈리아의 한니발도 상황이 안 좋은 것을 고려해, 하스드루발 바르카가 3만 명의 지원병과 코끼리 떼를 이끌고 알프스산맥을 넘어 이탈리아로 들어가고, 마고와 시스코네는 스키피오와 상대하기로 했다. 그러나 하스드루발 바르카는 기원전 207년 메타우로 전투에서 로마 군대에 패하고 사망했다. 그리고 한니발은 자신에게 전달된 동생의 잘려진 목을 보고 동생과 그의 군대의 운명을 알았다.

한편, 에스파냐에서는 마고, 시스코네, 마시니사(누미디아 기병 지휘)의 카르타고군이 스키피오와 일전을 준비하고 있었다. 그러나 이들도 기원전 206년 일리파에서 벌어진 전투에서 패하고 도주했다.

스키피오는 일리파 전투를 마지막으로 카르타고 세력을 에스파냐에서 축출하고 기원전 206년 겨울 로마로 돌아왔다. 당시 한니발은 카푸아와 타란토를 로마에 빼앗기고 이탈리아 남부 칼라브리아 지방으로 밀려나 있었다. 한니발과 동맹을 맺었던 마케도니아는 제대로 역할도 못 하다가 기원전 205년 한니발과의 동맹을 파기했다.

로마로 돌아온 스키피오는 다음 해 집정관으로 선출되었다. 원로원은 스키피오가 한니발을 이탈리아에서 쫓아내 주기를 희망했다. 그러나 스피키오는 카르타고를 공략하는 것이 한니발을 이탈리아에서 쫓아내는 더 효과적인 방법이라며 자신의 다음 임지를 카르타고로 해 달라고 요청했다. 원로원은 절충안으로 그의 부임지를 시칠리아로 결정하고, 국가 방위에 필요할 경우 아프리카에 갈 수 있는 권리를 주었다.

스키피오는 시칠리아로 와서 1년을 보낸 후 기원전 204년 봄 2만 6,000명의 병력을 이끌고 카르타고로 향했다. 그는 에스파냐 전선에 있을 때 기병을 얻기 위해 누미디아의 시팍스 및 마시니사와 동맹을 맺으려 했었다. 이들은 두 개의 왕국으로 나누어진 누미디아의 왕과 왕자였으며, 마시니사는 기병을 이끌고 카르타고의 용병으로 에스파냐에서 스키피오 군대와 싸웠었다. 스키피오에게 패하고 누미디아로 돌아온 마시니사는 아버지가 사망한 후 시팍스의 침략을 받고 왕국을 잃었다. 또한 자신의 약혼자도 시팍스에게 빼앗겼다. 그녀는 카르타고의 장군 시스코네의 딸로 절세미인이었다. 카르타고가 시팍스를 회유하기 위해 그녀를 시팍스에게 시집보낸 것이었다. 이러한 불행을 당했던 마시니사는 카르타고에 온 스키피오를 찾아가 친구가 되는데, 이는 나중에 자마 전투에서 스키피오가 한니발에게 승리하는 데 일조를 하게 된다.

카르타고에서의 전선은 스키피오와 마시니사 대 카르타고의 시스코네와 시팍스의 대결이 되었다. 양측은 기원전 203년 몇 번 격돌했고, 스키피오 측이 승리했다. 시팍스는 포로가 되고, 마시니사는 누미디아의 왕이 되었다. 궁지에 몰린 카르타고는 이탈리아에 있는 한니발에게 전령을 보내 귀환하라 명령하고, 스키피오에게는 강화를 제안했다. 스키피오가 강화조건을 제시했지만, 카르타고는 한니발이 돌아오자, 마음이 변해 강화 교섭이 결렬되었다. 스키피오는 마시니사에게 참전을 요청하고, 한니발과의 결전을 준비했다.

기원전 202년 가을 마침내 한니발과 스키피오는 북아프리카의 자마에서 대결했다. 한니발은 5만, 스키피오는 4만의 병력이었다. 이 전투에서 한니발은 자신이 칸나이 전투에서 로마군대에 사용한 포위 전술에 역으로 당해 패배했다. 카르타고는 스키피오에게 강화 제의를 했고, 스키피오는 이를 받아들였다. 주요 내용은 카르타고는 시칠리아, 에스파냐, 사르데냐에 있는 해외식민지를 포기하고, 로마의 승인 없이는 전쟁하지 않는다는 것 등이었다. 이렇게 해서 제2차 포에니 전쟁이 종료되었다. 스키피오는 나중에 '스키피오 아프리카누스'라고 불렸는데, 이는 아프리카를 제압한 스키피오라는 뜻이다. 로마가 제2차 포에니 전쟁에서 승리함으로써 지중해 서부는 명실공히 로마의 바다가 되었다.

제3차 포에니 전쟁(기원전 149~기원전 146)
: 카르타고 멸망

카르타고는 제2차 포에니 전쟁에서 로마에 패하고 주권이 일부 제한되기는 했지만, 독립은 유지했다. 그러나 한때 자신들과 동맹국이었던 누미디아가 시팍스가 사라지고 마시니사가 왕이 된 후 로마의 동맹자가 되며 카르타고의 국경을 침입하곤 했다. 카르타고는 누미디아의 세력 팽창을 꺾기 위해 6만여 명의 용병을 모집해 누미디아로 쳐들어갔다. 그러나 이는 "로마의 승인 없이는 전쟁하지 않는다."라는 강화 조약을 위반한 것이었다.

로마는 카르타고의 강화 조약 위반을 응징하기 위해 기원전 149년 집정관 임지를 아프리카로 결정하며 선전포고했다. 이렇게 해서 제3차 포에니 전쟁이 발발했다.

카르타고는 전쟁을 막아보려고 로마 원로원에 특사를 파견해 무조건 항복하겠다는 의사를 표시했다. 그러나 기원전 148년 마케도니아와 그리스 아카이아연맹의 반란의 영향으로 로마 원로원은 로마의 영향력 아래에 있는 외국에 대해 강경책을 취했다. 로마는 대표단에 '카르타고 시를 파괴하고 해안에서 15㎞ 떨어진 내륙으로 전 주민이 이주하라'는 가혹한 요구 조건을 내걸었다.

카르타고 주민들은 이 요구 조건에 분노하고 결사 항전을 하기로 했다. 카르타고의 항전에 로마 군대가 주춤한 가운데, 기원전 147년 스키피오 아이밀리아누스가 집정관으로 선출되며 로마 군대를 지휘했다. 그는 스키피오 아프리카누스 장남의 아들로 입양되었기에 스키피오 아프리카누스의 양손자였다. 카르타고는 기원전 146년 스키피오 아이밀리아누스가 지휘하는 로마 군대에 함락되고 로마의 속주가 되며 700년 역사에 마침표를 찍었다.

헬레니즘 세계 정복

역사에 가정은 없다지만 만약 알렉산드로스 대왕이 동방 대신 이탈리아 방면의 서방으로 원정을 갔으면 어떻게 됐을까? 알렉산드로스가 대제국 페르시아와 인더스강 유역까지 정복했기에 이탈리아반도도 쉽게 정복했으리라 생각된다. 그러나 결과는 모르는 일이지만, 알렉산드로스가 이탈리아를 침공하지 않았기에 로마가 이탈리아반도를 통일하며 강국으로 부상한 것은 사실이다.

로마의 포에니 전쟁 승리도 이와 비슷하다. 포에니 전쟁 중 헬레니즘 세계 왕조들은 로마를 견제하는 데 큰 관심을 기울이지 않았다. 마케도니아만 일리리아에 진출한 로마에 효과적으로 대응하기 위해 한니발과 뒤늦게 동맹을 맺었다. 이집트 프톨레마이오스왕조는 로마와 동맹을 맺고, 시리아 셀레우코스왕조는 중립을 지키며 오히려 한니발과 마케도니아 동맹을 견제했다.

헬레니즘 국가들이 서방에 관심을 두고 단결해 로마에 대응했으면 카르타고도 멸망하지 않고, 로마가 서지중해를 장악하지 못했을 수도 있다.

서방 세계에 대한 무관심은 당시에는 오리엔트 세계가 서방보다 경제적으로 더 풍요로워 그랬을 것이다. 그리고 종족 간 차이도 영향을 미쳤을 수 있다. 카르타고는 페니키아 사람들이 세운 도시 국가로 이들은 셈족 계통의 사람들이다. 당연히 페니키아의 종주국으로 셈족 계통인 시리아(셀레우코스왕조)와 함족[96] 계통의 이집트(프톨레마이오스왕조)는 카르타고를 지원

---

96 세계 어족 중 4번째로 큰 아프리카아시아어족은 셈함어족이라 불리기도 하는데, 이는 셈족과 함족이 긴밀함을 나타내는 것으로 볼 수 있다.

해야 했었다. 그러나 이들 왕조의 지배층이 그리스인 이어서 카르타고의 몰락에 눈을 감았는지도 모른다.

이유가 어쨌든 헬레니즘 국가들이 로마에 대해 관심을 소홀히 한 사이 제3장에서 설명했듯이 로마는 기원전 168년 마케도니아왕조, 기원전 63년 셀레우코스왕조, 기원전 30년 프톨레마이오스왕조 순으로 헬레니즘 국가를 차례로 정복했다.

로마는 제2차 포에니 전쟁 중인 기원전 206년 에스파냐, 기원전 146년에는 카르타고를 정복했기에 헬레니즘 세계를 정복한 후에는 영토가 대서양에서 유프라테스강에 달했다. 여기에 카이사르가 갈리아 원정[97]에 성공하며 갈리아 지역까지 영토에 넣었다. 지중해에 인접한 에스파냐, 갈리아, 마케도니아, 시리아, 이집트, 카르타고 등을 모두 제압함에 따라 지중해는 로마인에게 '마레 노스트룸(우리 바다)'이 되었다.

헬레니즘 세계는 붕괴했지만, 로마는 헬레니즘 문화의 중추인 그리스 문화를 계승해 그레코로만[98]문화로 발전시켰다. 이 문화는 오늘날 유럽 문화의 토대가 되었다.

---

97 기원전 58년~기원전 51년간 오늘날의 프랑스 지역을 원정한 전쟁으로 카이사르는 이 원정을 성공으로 이끌며 갈리아 전 지역을 정복하고 정치적, 경제적 입지를 강화했다.

98 Greco-Roman. 그리스 문화와 로마 문화의 융합

파르티아왕조와의 대결

파르티아는 이란 동북부 카스피해에 면한 지역으로 셀레우코스왕조에 속했다. 사트라프로 임명돼 이 지역을 통치하던 안드라고라스라는 사람이 셀레우코스왕조의 혼란기를 이용해 독립을 선포했다. 이즈음 카스피해 동남부에 거주하다가 남하한 파르니 유목민들이 기원전 247년 족장 아르사케스 1세를 왕으로 옹립하고 아르사크왕조를 세웠다. 아르사케스 1세는 아케메네스왕조의 왕이었던 아르타크세르크세스 2세의 후손이라 주장했다.[99] 이 왕조는 기원전 238년 파르티아를 공격해 안드라고라스를 살해하고 파르티아를 취했다. 이러한 연유로 아르사크왕조는 파르티아왕조(기원전 247~기원전 224)로 알려지게 되었다.

파르티아왕조는 조로아스터교를 신봉하고, 아케메네스왕조 페르시아의 후계자를 자처했다. 또한 알렉산드로스 대왕에게 빼앗긴 아케메네스왕조

---

[99] 'Arsaces I of Parthia' from Wikipedia.

의 영토를 되찾으려 했다. 이 왕조의 미트리다테스1세(기원전 171~기원전 132)는 박트리아를 정복하고, 셀레우코스왕조로부터 메디아와 메소포타미아를 되찾았다.

메소포타미아를 수복한 파르티아는 아나톨리아 동부로 진출하려 했다. 그러나 이즈음 로마도 기원전 190년 마그네시아 전투에서 셀레우코스왕조에 승리하며 아나톨리아에서 세력을 확장하고[100] 메소포타미아로 진출하려 했다. 아나톨리아 동부에는 아르메니아[101]가 자리 잡고 있어, 두 제국은 아르메니아를 놓고 경쟁했다.

기원전 67년 킬리키아(아나톨리아 동남부)의 총독으로 부임한 폼페이우스

---

100 제3장 셀레우코스왕조에서 설명했듯이 로마는 기원전 133년 페르가몬, 기원전 74년 비티니아를 속주로 편입하고, 기원전 96년에는 카파도키아에 친로마 왕조를 세웠다.

101 기원전 9세기~기원전 6세기간 아나톨리아 동부와 오늘날 아르메니아 지역을 지배했던 우라르투 왕국의 후예다. 우라르투는 한 때 중동을 통일했던 아시리아와 맞설 정도로 강대국이었으나, 메디아왕조와 아케메네스왕조의 지배를 받았고, 기원전 6세기 아케메네스왕조 지배 이후부터 아르메니아라 불렸다. 아르메니아는 인도유럽어족으로는 세계 최초로 301년 기독교를 국교로 인정했다. 로마가 아나톨리아에 진출한 후 아르메니아는 로마와 페르시아(파르티아, 사산왕조), 이슬람이 등장한 후에는 동로마와 이슬람왕조(우마이야왕조, 아바스왕조) 간 각축장이 되었다. 칭기즈칸의 손자 훌레구가 이슬람 세력을 제압하기 위해 13세기 중반 시리아에 진출했을 때 아르메니아는 훌레구의 몽골 군대를 지원했으며, 아나톨리아에 오스만제국이 들어선 후에는 오스만제국의 지배를 받았다. 제1차 세계대전에서 오스만제국이 연합국에 패배한 후 아르메니아는 소련의 후원 아래 지금의 아르메니아 지역에 정착하고, 1936년 소연방에 편입되었다가, 1991년 예레반을 수도로 한 아르메니아공화국으로 독립했다.

는 로마에 도전하는 폰투스 왕국(기원전 281~기원전 63)[102]을 압박하기 위해 파르티아와 평화 협정을 체결했다. 이 협정을 통해 파르티아는 메소포타미아에 대한 로마의 권리를 인정하고, 로마와 파르티아의 국경을 유프라테스강으로 정했다.

로마와 파르티아의 최초 물리적 충돌은 기원전 53년 일어났다. 이 해에 제1차 3두 정치[103]의 일원이었던 크라수스[104]가 유프라테스강을 건너 페르시아로 진격하려다 카르헤(하란 근처)에서 벌어진 전투에서 대패하고 사망했다. 로마와 파르티아의 대결은 최초 충돌 후 224년 파르티아가 망할 무렵까지 아르메니아와 유프라테스강을 사이에 두고 전쟁과 휴전을 반복하며 간헐적으로 지속됐다.

---

102 폰투스는 아나톨리아 동북부의 흑해 남부 연안 지역으로 기원전 7세기경 그리스인들이 시노페 등의 식민도시를 건설했다. 기원전 6세기 아케메네스왕조 페르시아의 지배를 받다가 헬레니즘 시대인 기원전 281년 페르시아의 귀족 출신인 미트리다테스 1세(파르티아의 미트리다테스 1세와 동명이인)가 왕 호칭을 사용했다. 이 왕국의 미트리다테스 6세(기원전 115~기원전 63)는 페르가몬, 비티니아 등 아나톨리아에 있는 로마의 속주를 정복하고, 그리스를 로마로부터 독립시키겠다며 로마에 도전했다. 그는 로마의 장군 술라, 술라의 부하 장군 루쿨루스, 폼페이우스와 전쟁했다. 최종적으로 폼페이우스에 패하고 도망 다니다 기원전 63년경 자살했고, 폰투스 왕국은 로마의 속주가 되었다. 파르티아가 폼페이우스와 평화 협정을 맺자, 이에 동요한 동맹국이었던 아르메니아가 폰투스를 버리고 로마로 돌아선 것이 패망의 원인 중 하나였다. 미트리다테스 6세의 아들 파르나케스가 재기를 시도했으나 기원전 47년 카이사르에게 제압당했다. 카이사르는 파르나케스에게 승리한 후, 원로원에 "왔노라, 보았노라, 이겼노라."라는 유명한 승전보를 보냈다.

103 기원전 60년 폼페이우스, 카이사르, 크라수스가 밀약을 맺고 정권을 독점한 것으로, 폼페이우스는 에스파냐, 카이사르는 갈리아, 크라수스는 시리아를 가졌다.

104 막대한 부동산, 광산, 노예를 소유한 부자로 폼페이우스에 대항하는 카이사르를 재정적으로 지원하고, 기원전 71년 스파르타쿠스 반란을 진압한 공로를 인정받아 집정관으로 선출되었다.

파르티아는 크테시폰(바그다드 북쪽 60㎞)을 수도로 해 약 500년 존속하는 동안 로마와 영토 경쟁을 했지만, 실크로드를 통해 로마, 파르티아, 중국 간의 통상과 문화 교류에 이바지하기도 했다. 파르티아는 한 무제의 명을 받고 기원전 129년경 월지[105]를 방문한 장건에 의해 그 존재가 중국에 알려진 후 안식이라 불렸다. 파르티아는 224년 파르스[106]의 통치자 아르다시르 1세가 일으킨 반란으로 멸망했다. 아르다시르 1세는 이후 사산왕조를 세웠다.

---

[105] 중국 돈황 인근에 거주하다가 기원전 2세기 중반경 흉노에 쫓겨나 트란스옥시아나로 이주해 박트리아를 정복했다. 월지는 새로운 이주지에서 정착하고 있어 한무제가 장건을 통해 전한 흉노 협공 제안을 거절했다.

[106] 페르시아 남부에 있는 지방 도시

제정 등장 배경

기원전 509년 시작된 로마의 공화정은 500여 년 존속하다가 기원전 27년 옥타비아누스가 황제가 되며 제정으로 바뀌게 된다. 그 배경은 포에니 전쟁의 승리로 거슬러 올라간다.

로마에는 토지 보유 상한제가 있었다. 그러나 원로원 의원 등 귀족과 부유한 상인들은 친인척 명의 등 편법으로 대규모 토지를 소유했다. 그리고 포에니 전쟁 승리로 획득한 노예들을 활용해 라티푼디움이라는 대규모 농장을 경영했다. 소규모 자영농들이 생산한 농산물은 라티푼디움에서 나오는 대량의 농작물과 가격경쟁에서 밀려났다. 빚을 진 자영농들이 생겨났으며 이들은 어쩔 수 없이 농지를 헐값에 팔고 실업자가 되었다.

실업자 증가는 로마 병사를 징집하는 데 영향을 미쳤다. 로마 군대는 징집제로 일정 재산 이상을 가진 성인 남성은 세금 납부 대신 시민병으로 병역의 의무를 수행해야 했다. 실업자가 늘어나는 것은 시민병 숫자가 줄어드는 것을 의미했다. 시민병이 줄어들자 이를 늘리기 위해 재산 상한선을 낮추었는데 이는 시민병의 질 저하로 이어졌다.

이와 같은 사회 문제를 해결하기 위해 기원전 134년 호민관으로 당선된 티베리우스 그라쿠스[107]가 농지 개혁을 추진했다. 주요 내용은 토지소유상한을 정하고 그 이상의 토지에 대해서는 국가가 매입해 이를 무산 시민에게 분배하는 것이었다. 무산 시민들을 자작농으로 복귀시켜 실업자를 구제하고 로마 군대도 양적·질적으로 향상하려는 목적이었다. 그러나 티베리우스 그라쿠스가 원로원파에 의해 살해되며 개혁은 동력을 잃었다. 티베리우스 그라쿠스의 사망 사건은 이후 평민파와 원로파(귀족파, 공화정파) 간에 벌어진 로마 내전의 서막이 되었고, 이는 100여 년(기원전 133년~기원후 31년) 지속됐다.

티베리우스 그라쿠스의 동생인 가이우스 그라쿠스도 기원전 124년 호민관에 당선됐다. 그는 형이 추진했던 농지 개혁을 포함한 광범위한 사회개혁을 추진했다. 그러나 그도 원로원파에 의해 폭도로 몰려 도주하다가 자살하며 농지 개혁에 실패했다.

그라쿠스 형제의 개혁은 실패했지만, 이들과 동시대의 인물인 가이우스

---

107 자마 전투의 영웅인 스키피오 아프리카누스의 외손자.

마리우스[108]가 군제개혁을 통해 실업자 문제와 시민병 부족 문제를 해결한
다. 그것은 종전의 징집제를 모병제로 바꾸는 것이었다. 재산이 없어 시민
병 자격이 없는 실업자들을 병사로 모집한 것이다. 이들의 보수는 징집병
에게 주었던 보수와 큰 차이가 없었지만, 실업자들에게 군인으로, 국가에
봉사한다는 긍지를 심어 주었다. 또한 군제 개혁을 통해 군단 수 조정권과
장교에 대한 임명권을 총사령관에게 부여함으로써 총사령관의 권한이 강
화됐다. 그러나 이러한 군제개혁은 시간이 지나면서 단점이 드러나기 시작
했다. 그것은 다름 아닌 군대의 사병화였다. 군단장이 휘하 부대를 자기 정
치에 이용하기 시작한 것이다.

이렇게 해서 로마제국은 한동안 가이우스 마리우스, 술라,[109] 폼페이우

---

108 율리우스 카이사르의 고모부로 집정관에 7번 당선되었으며 평민파의 선구자였다. 그는 로
마에 도전하는 폰투스 왕국을 징벌하기 위한 원정 총사령관 자리를 두고 기원전 88년 그의
부관 출신이자 원로원파였던 술라와 내전을 벌였다. 당초 원정군 사령관은 술라가 맡기로
했으나 평민집회가 이를 마리우스가 맡도록 바꾸었다. 캄파니아의 도시 놀라에서 폰투스 원
정을 준비하던 술라가 이에 불만을 품고 로마로 진군하자 마리우스는 아프리카로 도망갔다.
술라가 마리우스와 그의 지지자들을 몰아낸 후 폰투스 왕국의 미트리다테스 6세 군대와 전
쟁을 하기 위해 그리스에 있을 때인 기원전 87년 마리우스와 그의 지지자들이 재집권했다.
이에 술라는 폰투스의 미트리다테스 6세와 강화 조약을 맺고 기원전 83년 로마로 회군해
마리우스파를 다시 몰아내고 독재관에 올랐다.

109 기원전 83년 마리우스파를 몰아내고 기원전 81년 독재관에 취임했다. 그는 원로원 강화와
호민관의 공직 진출 제한 등 여러 개혁 조치를 시행한 후 기원전 80년 독재관 자리에서 물
러났다가 2년 뒤 자연사했다.

스,[110] 카이사르,[111] 안토니우스,[112] 옥타비아누스(기원전 27~기원후 14) 등 집정관 출신의 장군이나 유력자들이 평민파와 원로원파로 나뉘어 사병화한 군대를 동원해 내전을 벌였다.

옥타비아누스가 기원전 31년 악티움 해전에서 안토니우스에게 승리하며 내전을 종식했다. 원로원은 기원전 27년 옥타비아누스에게 '아우구스투스'라는 칭호를 주었는데 이는 '존엄한 자'라는 뜻이다. 원로원은 존재했지만, 모든 권력은 아우구스투스에게 집중되었다. 실질적인 황제가 된 것이다, 이

---

110 마리우스파와 술라파 전쟁 시 술라를 지지했으며, 기원전 67년부터 5년 동안의 동방 원정을 승리로 이끌고, 카이사르, 크라수스와 기원전 60년 제1차 삼두정치를 했다. 나중에 카이사르와 권력 다툼을 하다가 기원전 48년 그리스 파르살로스 평원에서 벌어진 카이사르와의 전투에서 패하고 이집트 알렉산드리아로 도주했으나 거기서 이집트 왕에게 살해당했다.

111 본명은 율리우스 카이사르로, 기원전 60년 에스파냐 총독을 마치고 로마로 돌아와 폼페이우스, 크라수스와 제1차 삼두정치를 했다. 기원전 58년에는 갈리아 총독으로 임명되었고 기원전 50년까지 재임하는 동안 미정복된 갈리아 지역을 평정했다. 기원전 49년 폼페이우스를 지지하는 원로원이 군대를 해산하고 돌아오라는 결의를 하자 이를 거부하고 루비콘강을 건너 로마로 진격했다. 카이사르가 이탈리아로 들어오자, 폼페이우스와 반 카이사르파들은 카이사르를 피해 그리스로 달아났다. 카이사르는 기원전 48년 그리스로 건너가 파르살로스 평원에서 폼페이우스를 격파했다. 폼페이우스는 또다시 이집트로 도주했으나, 그곳에서 암살당했다. 카이사르는 폼페이우스를 추격해 이집트까지 갔다가 클레오파트라와 염문을 뿌려 카이사리온이라는 아들을 두었다. 각주 폰투스 왕국에서 설명했듯이 그는 기원전 47년에는 미트리다테스 6세의 아들 파르나케스의 저항을 분쇄했다. 카이사르는 기원전 46년 북아프리카에서 재기를 시도하는 폼페이우스파, 기원전 45년에는 폼페이우스의 아들들을 에스파냐에서 격파하고 1인 지배자가 되었다. 이에 왕이 되려 한다는 의심을 받고 기원전 44년 마르쿠스 브루투스 등 공화정 옹호파들에 의해 원로원 회의장에서 암살당했다.

112 카이사르의 친구이자 지지자였으며, 카이사르가 암살된 후 기원전 43년 레피두스, 옥타비아누스와 제2차 삼두정치를 했다. 이들은 카이사르 암살자들을 격멸한 후 제국을 나누어 옥타비아누스는 로마와 서방, 레피두스는 갈리아 및 에스파냐, 안토니우스는 이집트를 비롯한 동방의 속주를 다스렸다. 기원전 36년 레피두스가 실각하자, 안토니우스는 옥타비아누스와의 관계 강화를 위해 옥타비아누스의 누이 옥타비아와 결혼했다. 그러나 안토니우스가 카이사르와 염문을 뿌렸던 클레오파트라 7세와 사랑에 빠져 로마의 영토를 이집트에 나누어 주자, 옥타비아누스가 안토니우스를 제거하기로 마음먹어 양측 간 내전이 일어났다.

렇게 해서 500여 년의 공화정 역사가 막을 내리고 황제가 통치하는 제정시대가 시작되었다.

그리스도교 공인

그리스도교(기독교)는 유대교에서 파생한 일신교다. 그리스도교는 예수가 하나님의 아들이고 메시아라고 가르친다. 이와 반면 유대교는 예수를 하나님의 아들도, 메시아도 아니라고 한다. 이 점이 유대교와 기독교의 가장 큰 차이이다.

예수가 사망한 후 그리스교는 그의 제자들에 의해 아프리카, 시리아, 아나톨리아, 캅카스, 그리스, 로마 등 제국 전역으로 퍼져 나갔다. 이 종교는 인간은 남녀 구분 없이, 자유인과 노예의 구분 없이 모두 평등하다고 가르치고, 예수를 믿으면 구원받는다고 설파하며 민중들로부터 큰 호응을 얻었다. 그러나 그리스도교도들은 하나님의 나라를 세운다며 로마 황제를 부정했다. 또한 여러 신에 대한 제사와 병역을 거부하며 로마제국의 기본 질서에 혼란을 가져왔다. 이런 연유로 그리스도교는 제정시대 초기 수백 년 동안 박해받았다. 불법 종교로 간주되어 신자로 발각되면 고문당하거나 살해당했다. 사두정(四頭政)을 창안한 디오클레티아누스 황제(284~305)도 그리스도교도들이 제국을 위협한다며 박해했다. 그러나 대다수 그리스도 교도는 순교하면 천국에 간다고 믿어 온갖 박해에도 두려워하지 않고 그리스도교 신앙을 버리지 않았다.

　이렇게 수백 년 동안 박해받던 그리스도교는 313년 콘스탄티누스 대제(1세)(306~337)의 밀라노 칙령에 의해 공인되었다. 밀비우스 다리 전투에서의 승리가 이에 영향을 미쳤다고 한다. 이 전투는 312년 10월 콘스탄티누스 대제와 막센티우스(306~312)[113]가 제국의 1인자 자리를 두고 로마 근교의 밀비우스 다리에서 벌인 전투다. 이 전투 전날 밤 콘스탄티누스 대제의 꿈에 예수 그리스도가 나타나 그리스도(그리스어 ΧΡΙΣΤΟΣ)를 나타내는 문자 가운데 첫 두 문자인 X(영어 Ch)와 P(영어 r)를 합친 심벌(Chi-Rho 심벌)을 병사들의 방패에 그려 전투에 임하라 했다. 콘스탄티누스 대제는 이를 따랐고, 결국 전투에서 승리했다. 이 심벌은 나중에 라바룸으로 불리는 로마 군단의 군기에 표시됐다.

Chi-Rho 심벌
(출처: Chi-Rho from Wikipedia)

---

[113] 서방의 정제였던 막시미아누스의 아들이자 동방의 부제와 정제를 역임했던 갈레리우스의 사위이다. 콘스탄티누스 1세가 아버지 사후 서방의 부제가 되었으나, 자신은 아버지가 정제였음에도 황제 자리를 얻지 못했다. 그러나 그는 동방과 서방의 정제들에 대해 불만을 가진 원로원과 근위대의 추대로 서방의 황제에 올랐고, 이를 제지하기 위해 다른 황제들이 막센티우스를 공격하여 내전이 일어났다.

라바룸
(출처: Chi-Rho from Wikipedia)

콘스탄티누스 대제는 또한 예수의 본성에 관한 다양한 의견은 교회의 통일을 저해한다고 보고 325년 니케아에서 종교회의를 개최해 삼위일체가 기독교의 기본교리로 정립되는 데 이바지했다. 이에 따라 아리우스파[114] 등 삼위일체를 부정하는 기독교 종파는 이단으로 규정되었다. 정식 종교로 공인된 지 얼마 지나지 않아 기독교는 380년 테오도시우스 대제(379~395)[115] 의 칙령으로 로마제국의 국교가 되었다. 다신교가 지배하던 지중해 세계에서 기독교가 정식으로 일신교로 자리 잡은 것이다.

---

[114] 알렉산드리아 교회 사제인 아리우스 중심으로 형성된 교리로 예수의 본성은 신이 아니라 인간으로 보고 있다. 4세기 고트족, 반달족 등 게르만족들에게 전파되었다.

[115] 동로마 황제 발렌스가 378년 서고트족과의 전투에서 사망하며 제국이 어려운 시기에 빠졌을 때 황제로 즉위해 서고트족과 평화 관계를 구축하고, 380년에는 그리스도교를 국교로 하는 칙령을 발표했다.

일신교는 인간 생활에 이제까지와는 전혀 다른 형태로 영향을 미쳤다. 다신교 사회에서는 다른 신이나 타민족의 신을 배척하지 않았다. 자신들이 자신들만의 신을 믿듯이 타민족도 그들 나름대로 신을 믿는 것을 받아들였다. 그러나 그리스도교는 지금까지 로마인이나 타 민족이 믿던 여러 신들을 우상이라 부정하고, 이 신들을 모시는 신전을 파괴했다. 지금까지 박해받던 종교에서 오히려 박해하는 종교로 바뀐 것이다.

또한 다신교에서는 인간의 행위나 윤리와 도덕을 바로잡는 역할을 신에게 요구하지 않았다. 그러나 일신교가 들어서며 이 역할을 신이 맡았다.[116]

일신교는 또한 기존의 전쟁 개념도 바꾸어 놓았다. 기존의 전쟁이 영토 확보를 위한 전쟁이었다면, 일신교가 등장한 이후에는 종교적 신념이 더해졌다. 자신들이 믿는 종교를 강제하기 위해 다른 나라를 침략했다. 7세기 초 이슬람이 등장한 이후에는 지중해 북부와 남부 진영 간 전쟁이 더 치열해졌고, 두 종교 간 대결은 지금까지 이어지고 있다.

일신교의 역기능적인 측면에도 불구하고 그리스도교는 로마제국의 국교가 되며, 그리스·로마 문화와 더불어 서구 문명을 형성하는 중추적 역할을 했다. 게르만족 등 로마 변방에 있던 종족들이 그리스도교를 받아들이고, 이들은 나중에 이슬람 침략으로부터 서방 세계를 보호하는 데 핵심적 역할을 했다.

---

116 시오노 나나미 저, 김석희 역, 『로마인 이야기 1』(도서출판 한길사, 1995), 52쪽.

수도 이전과 제국 분리

그리스도교를 공인하며 기독교 역사에 한 획을 그은 콘스탄티누스 대제는 330년 수도를 로마에서 비잔티움으로 옮기며 세계사에 또 다른 한 획을 그었다.

비잔티움은 그리스인들이 개척한 해외 식민도시 중의 하나였다. 아테네와 인접한 도시 국가 메가라 사람들이 기원전 7세기 중엽 흑해와 지중해의 중계무역을 위해 건설한 것으로 알려졌다. 이 도시는 그리스와 페르시아 세력 간 손바뀜이 빈번한 가운데, 1세기 중반경 로마에 정복되며 로마제국에 편입되었다.

이 도시는 '제1장 지중해와 흑해'에서 설명했듯이 콘스탄티누스 대제의 이름을 따서 콘스탄티노플이라 불렸고, 로마가 동, 서로마제국으로 분리된 후에는 동로마제국의 수도가 되었다. 동로마제국은 수도 이름을 따라 비잔티움제국이라 불리기도 한다.

비잔티움은 흑해와 지중해를 연결하고, 유럽과 아시아를 나누는 보스포루스해협에 자리 잡고 있다. 콘스탄티누스 대제가 비잔티움으로 수도를 옮긴 배경에는 여러 가지 이유가 있다. 우선 로마는 도시 국가로 출발해 제국을 건설한 원동력이 된 도시였지만, 이것이 오히려 바뀐 시대에 맞지 않았다. 바뀐 시대는 다름 아닌 기독교가 다신교를 몰아내고 자리 잡은 시대였다. 오랜 도시 로마에는 기독교와 양립할 수 없는 다신교 문화가 지배하고 있었다.

동방에 비해 서방의 경제와 문화가 낙후된 점도 수도 이전에 영향을 미쳤다. 오늘날과 달리 고대에는 동방이 서방보다 더 많은 부를 창출했다. 문화적으로도 알렉산드리아, 안티오크, 페르가몬에 있는 학교나 도서관은 로마에 있는 것보다 뛰어났다.

아울러 콘스탄티누스 1세(대제) 개인의 성장 과정이 수도 이전 결정에 영향을 미쳤을 수도 있다. 그는 발칸에서 태어났고, 아버지의 자리를 이어받기 전에는 동방의 정제인 디오클레티아누스 황제의 궁전에서 살며 그의 오른팔 역할을 했다. 디오클레티아누스의 궁전은 아나톨리아의 니코메디아(오늘날 이즈미트)에 있었다. 요컨대 콘스탄티누스 대제는 어렸을 적부터 동방 문화 속에서 자라고 성장한 것이다.

디오클레티아누스 황제는 286년 사두정(四頭政)이라는 분담 통치 제도를 창안했다. 그는 로마제국의 영토가 동서로는 대서양에서 유프라테스강, 남북으로는 라인강에서 아프리카 북부에 달해 이민족의 침략에 대한 방어나 통신 소통에 어려움이 많다고 보고, 이 제도를 고안해 냈다. 이 제도는 제국을 4부분으로 나누어 아우구스투스(정제) 2명과 카이사르(부정제) 2명이 통치하는 방식이었다. 기원전 27년 옥타비아누스가 원로원으로부터 아우구스투스 칭호를 받은 후 로마 황제는 아우구스투스라 불렸다. 카이사르는 부르투스에게 암살된 사람의 이름으로 로마 시대에는 부황제를 부르는 칭호로 사용되었으나, 후대에는 황제의 의미로 사용되었다. 러시아의 차르, 독일의 카이저가 카이사르에서 나왔다.

그러나 사두정은 얼마 지나지 않아 한계를 드러내며 권력투쟁을 위한 복잡한 내전 상황으로 빠져들어 갔다. 서방의 부제와 정제를 역임했던 아버지 콘스탄티우스 클로루스(서방 부제 293~305, 서방 정제 305~306)의 뒤를 이은 콘스탄티누스 1세는 앞에서 이야기했듯이 312년 밀비우스 다리 전투에서 막센티우스에 승리하며 서방을 통일했다. 323년에는 동방의 패자인 리키니우스(308~324)[117]를 아드리아노플에서 벌어진 전투에서 물리치고 내전을 종식했다.

콘스탄티누스 대제가 제국을 다시 통합했지만, 다민족·다문화로 구성된 제국의 분리를 막을 수 없었다. 그리고 그가 수도를 로마에서 비잔티움으로 옮긴 것은 제국이 분리되는 계기가 되었다.

수도가 동부에 있는 비잔티움으로 옮겨진 가운데 서부 지역에서의 중심지도 로마에서 이탈리아 북부에 있는 밀라노(황궁만 옮기고, 원로원은 계속 로마에 남음)가 되었다. 제국의 국경선인 라인강과 도나우강 방면에서 침입하는 외적에 능동적으로 대처하기 위해서였다.

이렇게 수도가 옮겨지고, 서부 지역의 중심지가 로마에서 밀라노로 이동한 가운데, 395년 테오도시우스 대제(1세, 379~395)가 사망했다. 그는 장남 아르카디우스와 차남 호노리우스가 제국의 동부 지역과 서부 지역을 각각 분담 통치하도록 유언했다. 테오도시우스 대제가 의도한 것은 아니지만 이는 결과적으로 동로마와 서로마로 분리되는 시발점이 되었다.

서로마는 황궁이 있는 밀라노(5세기 초 라벤나로 다시 이전)에서 갈리아, 에스파냐, 북아프리카를 통치했다. 동로마는 비잔티움을 수도로 예전의 헬레

---

[117] 동방 정제 갈레리우스에 의해 서방의 정제로 임명되었으나, 서방에는 콘스탄티누스 1세와 막센티우스가 있어 장래가 불투명하다고 보았다. 이런 연유로 그는 콘스탄티누스 1세의 누이와 결혼하며 결혼 동맹을 맺고 콘스탄티누스 1세와 함께 막센티우스를 제거한 후 동방의 정제가 되었으나 결국 제국의 1인자 자리를 두고 콘스탄티누스 1세와 대결했다.

니즘 세계를 통치했다. 비잔티움 궁전은 라틴계 로마인에서 그리스계 로마인이 차지하고, 언어도 라틴어에서 그리스어로 서서히 바뀌어 갔다. 서로마제국이 476년 게르만족에게 망하며 단명했지만, 동로마제국은 1453년 오스만 투르크에게 망할 때까지 약 1,000년 넘게 존속하며 슬라브족에게 정교를 전파하고, 이슬람 세력으로부터 서방 세계를 보호하는 데 큰 역할을 했다.

야만족의 침입

서고트족

로마제국은 동·서로마로 분리되기 전인 4세기 중반부터 고트족의 침략을 받았다. 고트족은 비스툴라강[118] 하류에서 200년경 남러시아 초원으로 이주해 온 게르만족의 일파였다. 이들은 드네스트르강 인근에 정착했다. 이 강을 중심으로 동쪽(돈강까지)에 거주하던 사람들을 동고트족, 서쪽(도나우강까지)에 거주하던 사람들을 서고트족이라 불렀다.[119] 고트족들은 아리우스파 그리스도교를 믿었다.

---

[118] 카르파티아산맥에서 발원해 폴란드를 거쳐 발트해로 흘러들어가는 길이 1,068㎞의 강.

[119] 르네 그루쎄 저, 김호동·유원수·정재훈 역, 『유라시아 유목제국사』(사계절, 1998), 130쪽.

카자흐스탄 초원 일대에 거주했던 것으로 보이는 훈족이 4세기 중반 고트족들이 거주하는 곳을 침략했다. 훈족의 침입에 서고트족은 서쪽으로 밀려나 로마의 국경선인 도나우강에 이르렀다. 서고트족 족장 프리티게른은 발렌스 황제(364~378)[120]에게 트라키아평원으로의 이주를 청했고, 발렌스는 이를 승인했다. 이렇게 해서 서고트족은 376년 도나우강을 건너 로마 제국의 영토인 트라키아로 들어왔다. 발렌스 황제는 트라키아 총독에게 서고트족 난민들에게 음식과 거처를 마련해 주라고 지시했다. 그러나 총독 루피키누스는 오히려 이들의 재산을 빼앗고 제대로 돌보지 않았다. 이에 서고트족 이주자들은 저항했다. 루피키누스는 이를 진압하려다 오히려 패하고 도망갔다. 서고트족은 트라키아의 모든 고트족 및 훈족과 합세해 로마제국에 대한 전면적인 공격에 나섰다.

사태가 심각해지자 발렌스 황제는 조카인 그라티아누스(375~383)[121]에게 지원을 요청했다. 그라티아누스는 군대를 이끌고 트라키아로 향했다. 그러나 발렌스 황제는 서고트족 군대를 과소평가하고, 승리를 나누어 갖지 말라는 부하 장군들의 말에 현혹해 그라티아누스가 도착하기 전에 서고트족을 공격했다. 378년 아드리아노플에서 벌어진 전투에서 로마 군대가 대패하고 발렌스는 죽었다.

아드리아노플 참사 후 그라티아누스는 로마 장군 출신의 아들인 테오도시우스 1세를 동방 정제로 발탁했다. 테오도시우스 대제(1세)는 트라키아

---

[120] 로마 속주인 판노니아 출신으로 로마 군대에서 장군 경력을 쌓은 후 로마 황제에 오른 형 발렌티니아누스 1세(364~375)에 의해 동방의 정제로 임명되었다.

[121] 발렌티니아누스 1세의 아들로 아버지 사후 서방의 정제가 되었다.

에서 질서를 회복하고, 서고트족들이 로마 군단에 들어와 복무한다는 조건으로 383년 평화 조약을 체결했다.

알라리크가 이끄는 서고트족의 발칸 침공

서고트족의 새로운 지도자가 된 알라리크(395~410)는 395년 1월 테오도시우스 대제가 사망하자 평화 조약을 깨고 동로마를 침입했다. 그러나 알라리크는 비잔티움 근처까지 왔다가 비잔티움 측으로부터 뇌물을 받고 군대를 돌려 마케도니아의 테살리아로 향했다. 그는 테살리아에서 그리스 동부로 남하해 남부의 스파르타를 약탈하고 코린트만을 건너 에페이로스까지 가며 계속 약탈을 이어 갔다.

이러한 위세에 겁먹은 아르카디우스(395~408) 동로마 황제는 397년 알라리크를 일리리쿰(일리리아)의 총사령관으로 임명했다.

일리리쿰에 있던 서고트족은 401년 이탈리아 북부를 침공했으나 서로마의 총사령관인 스틸리코[122]에 의해 격퇴되어 일리리쿰으로 되돌아갔다.

스틸리코가 반역의 모함을 받고 처형되자 그를 따르던 야만족 출신의 병사들이 알라리크에게로 갔다. 알라리크는 이들과 합세해 408년 9월 로마를 포위하고 협박해 금, 은 등 무마금을 받았다. 알라리크는 409년 원로원에 자신을 서로마제국의 총사령관으로 임명해 달라고 요구했으나, 거부당하자 410년 로마를 점령하고 약탈했다. 로마가 이민족에게 점령당한 것은 기원전 390년 켈트족에 이은 두 번째였다. 그러나 알라리크는 약탈품을 챙겨 남부로 내려가던 중 병으로 사망했다. 그의 동생 아타울프가 후계자가 되어 서고트족을 이끌고 갈리아 남부로 이주했다. 그는 그곳에서 로마 약탈 시 납치했던 서로마 황제 호노리우스(395~423)의 여동생 갈라 플라키디아와 결혼했다.

호노리우스가 이 결혼을 인정하지 않자, 서고트족은 로마와의 관계 개선을 위해 아타울프를 살해하고, 415년 갈라 플라키디아를 이탈리아로 돌려보냈다. 이를 계기로 서고트족은 로마의 동맹자가 되고, 프랑스 서남부의 아키텐 지역을 정착지로 받아 서고트 왕국(415~711)을 세웠다. 이들은 툴루

---

122 반달족 출신의 아버지와 로마인인 어머니 사이에서 태어났으며, 테오도시우스 대제에 의해 로마군 총사령관으로 임명됐다. 황제는 사망할 때 스틸리코를 자신의 두 아들 아르카디우스와 호노리우스에 대한 후견인으로 임명했다. 그는 로마제국을 침략하는 서고트족의 알라리크와 대결했으나, 나중에는 다른 야만족을 상대하기 위해 알라리크와 동맹을 맺었다가 반역을 꾀한다는 모함을 받고 서로마 황제인 호노리우스의 명령으로 408년 처형됐다.

즈에 수도[123]를 정하고 에우리크 왕(466~484) 재위 시 에스파냐에서 반달족을 축출하고 에스파냐로 영토를 확장하며 발전했다. 그러나 서고트족은 6세기 초 프랑크족에 의해 피레네산맥 너머 에스파냐로 쫓겨났다가 711년 이슬람 군대의 침입을 받고 멸망했다.

동고트족

동고트족 족장 에르마나릭은 4세기 중반 침입한 훈족과 싸우다 패하고 자살했다. 그의 후계자인 비씨미르도 역시 패사하고, 동고트족 대부분은 훈족의 지배하에 들어갔다.

동고트족은 훈족의 아틸라가 453년 사망하자 도나우강 상류 지역에서 재기하고, 동로마와 동맹자 협약을 맺었다. 이들의 족장 테오도리쿠스(493~526)는 제노(Zeno, 474~475, 477~491) 동로마 황제에 대한 반란을 진압한 공로로 477년 귀족의 지위를 얻고, 동로마제국의 서부 지역(발칸)을 담당하는 사령관으로 임명되었다.

그러나 테오도리쿠스는 동로마의 귀족 신분에 만족하지 않고 오도아케르[124]가 다스리고 있는 이탈리아를 정복해 왕이 되고자 했다. 황제 제노도 테오도리쿠스의 동고트족 세력이 커지자, 이들을 동로마제국에서 떠나도록 하기 위해 이탈리아를 침공하려는 테오도리쿠스의 계획을 묵인했다.

---

123 프랑크 왕국에 의해 에스파냐로 쫓겨난 후에는 톨레도가 수도가 됨.

124 게르만족 출신으로 476년 서로마 황제 로물루스를 폐위시키며 서로마를 멸망시켰다.

테오도리쿠스는 489년 봄 오도아케르에게 전쟁을 일으켰다. 몇 년간의 공방전 끝에 양측은 493년 강화를 맺었다. 그러나 양측의 화합을 위한 연회에서 오도아케르는 테오도리쿠스에 의해 살해되었다. 이렇게 해서 테오도리쿠스가 왕위에 오르며 493년 라벤나[125]를 수도로 하는 동고트 왕국(493~553)이 들어섰다.

동고트족은 아리우스파였지만, 가톨릭을 믿는 로마인들과 공생 관계를 이루며 안정된 정치를 폈다. 그러나 이러한 정치적 안정도 얼마 지나지 않아 동로마제국에 의해 무너지고 만다. 동로마 황제 유스티니아누스 대제가 이민족들이 차지하고 있는 서로마 영토를 회복하려 했기 때문이다. 유스티니아누스는 535년 벨리사리우스[126] 장군이 이끄는 군대를 이탈리아로 보내 동고트 왕국의 수도 라벤나를 540년 6월 함락시켰다.

라벤나가 함락된 후 유스티니아누스는 벨리사리우스를 동방의 페르시아 전선으로 보내기 위해 콘스탄티노플로 소환했다. 사산왕조의 호스로우 1세(531~579)가 540년 3월 두 제국의 국경선인 유프라테스강을 넘어 동로마 영토를 침범해 안티오크를 점령하는 등 위급한 상황이었기 때문이다. 그리고 유스티니아누스는 벨리사리우스 후임 사령관을 보내지 않고 5명의 장군에게 이탈리아 수복지 관리를 맡겼다.

이러한 상황을 이용해 동고트족들은 541년 토틸라를 왕으로 뽑고 다시

---

125 404년경 호노리우스 황제가 황궁을 밀라노에서 라벤나로 옮겼다. 540년 동로마가 이곳을 동고트로부터 수복한 후 이탈리아에서 동로마제국의 거점 역할을 하다가 751년 롬바르드족의 침략을 받고 롬바르드로 넘어갔다.

126 발칸 출신으로 반달족, 고트족, 사산왕조와의 전쟁에서 두각을 나타냈다.

저항했다. 이들은 546년에는 로마를 점령할 정도로 세가 불어났다. 유스티니아누스 대제는 552년 환관 출신 나르세스를 총사령관으로 임명해 이탈리아에 파견했다. 나르세스는 롬바르드족을 용병으로 고용해 552년 플라미니아 가도에서 벌어진 전투에서 토틸라를 살해하며 대승을 거두고 로마에 입성했다. 동고트족 잔당들은 새로운 왕을 선출하고 계속 항전했으나 553년 몬테라타로 평원에서 벌어진 최후의 전투에서 패하며 동고트 왕국은 역사에서 사라졌다.

반달족

반달족은 고트족과 마찬가지로 게르만족의 일파이고, 4세기 후반 훈족의 공격을 받고 라인강 중류를 건너 갈리아를 거쳐 에스파냐로 들어갔다. 이들은 이곳에서 로마 군대에 복무하는 서고트족과의 세력 싸움에 밀리는 가운데, 로마의 북아프리카 장군인 보니파키우스의 요청을 받고 족장 가이세리크(428~477)의 지휘 아래 429년 지브롤터해협을 건너 북아프리카로 들어갔다.

서로마제국의 섭정인 갈라 플라키디아[127]는 아프리카 담당 사령관인 보니파키우스가 아프리카의 분리 독립을 꾀한다는 소문을 듣고 그를 소환했

---

[127] 호노리우스 황제의 여동생으로, 서고트족으로부터 풀려나 이탈리아에 돌아온 후 콘스탄티우스 장군과 재혼했다. 이 둘 사이에 태어난 아이가 발렌티니아누스 3세다. 호노리우스가 자식 없이 사망하자 조카 발렌티니아누스 3세가 제위를 물려받았으나, 나이가 어려 어머니인 갈라 플라키디아가 섭정을 했다.

다. 그러나 보니파키우스는 소환 명령을 따르지 않았다. 분노한 갈라 플라키디아는 군대를 보내 보니파키우스를 제압하려 했다. 이러한 상황에서 보니파키우스가 군대의 보강을 위해 가이세리크에게 소규모 병력 지원을 요청한 것이었다. 그러나 가이세리크는 이를 북아프리카에서 새로운 정착지를 찾을 기회로 보고 소규모 군대가 아닌 10만 명이 넘는 반달족을 이끌고 지브롤터해협을 건넜다.

예상과 달리 대규모 반달족이 아프리카에 상륙하자 보니파키우스는 당황했다. 그는 반달족을 다시 아프리카에서 쫓아내려 했다. 그러나 반달족은 저항했고, 이단인 도나투스파[128] 기독교인과 베르베르인 등 이교도들이 아리우스파 기독교를 믿는 반달족에게 가세했다. 이단과 이교도들이 지배 세력인 정통 가톨릭에 대항하는 형국이 된 것이다.

가이세리크가 이끄는 반달족은 현지 도나투스파 기독교인 등의 합류에 힘입어 마우리타니아 지방(로마 시대에 모로코와 알제리를 지칭)을 제압하고, 히포레기우스 항구에 이르렀다. 보니파키우스가 방어하던 이 항구는 430년 8월 함락되고, 보니파키우스는 이탈리아로 도망갔다.

반달족은 북아프리카에 상륙한 지 10년 만인 439년 카르타고를 점령하고 반달 왕국(439~533)을 세웠다. 그리고 시칠리아, 사르데냐, 코르시카도 정복해 서지중해를 제패하고, 455년에는 로마도 약탈했다. 로마는 410년 알라리크가 이끄는 서고트족에 약탈당한 지 45년 만에 또다시 약탈당한

---

[128] 디오클레티아누스 황제의 기독교 박해 시기에 기독교 신앙을 버리는 배교자가 나왔다. 기독교가 공인된 후 콘스탄티노플을 중심으로 하는 보편교회가 배교자들을 용서하자, 이를 거부하고 카르타고로 가 독자적인 주교와 교회 제도를 수립한 기독교도들을 말한다.

것이다. 이때 레오 1세 교황이 452년 훈족의 아틸라가 북이탈리아 침공 시 그를 찾아간 것처럼 가이세리크를 찾아가 교회와 관련 시설을 약탈 대상에서 제외하고 약탈을 최소화해 달라고 요청했다. 황제 페트로니우스 막시무스(405~405)[129]는 공포에 흥분한 시민들에 의해 살해당했다. 가이세리크는 북아프리카로 돌아가면서 발렌티니아누스 3세(425~455, 갈라 플라키디아의 아들) 황제의 미망인 유독시아와 두 딸도 데려갔고, 딸 한 명은 며느리로 삼았다.

동로마와 서로마는 반달족을 퇴치하기 위해 468년 연합공격을 했다. 연합군의 총사령관은 동로마 황제 플라비우스 발레리우스 레오 1세(457~474)의 처남인 바실리스쿠스였다. 그는 콘스탄티노플에서 대함대를 이끌고 카르타고로 향했다. 그러나 그는 가이세리크의 거짓 휴전 계략에 넘어가 함대를 카르타고만(灣)으로 이동시키고 경계를 소홀히 하는 실수를 했다. 이를 이용해 반달족은 바실리스쿠스의 함대를 공격해 궤멸시켰다. 함대 본진이 궤멸함에 따라 동로마와 서로마의 반달족 축출을 위한 연합공격은 실패로 끝났다.

반달족은 카르타고를 수도로 해서 리비아·튀니지·알제리 등 북아프리카와 서지중해를 장악하다가 533년 동로마의 유스티니아누스 대제가 보낸 벨리사리우스 장군에 의해 망하고 만다.

---

129 원로원 의원 출신으로 발렌티니아누스 3세 황제를 살해하고 스스로 황제가 되었다.

훈족

훈족은 앞에서 언급한 바와 같이 고트족과 반달족 등 게르만족을 공격해 이들이 라인강과 도나우강을 건너 로마제국의 영토로 들어가게 한 종족이다. 훈족의 정체성은 확실치 않지만, 북흉노[130]의 후예라 보는 학자도 있다. 학자들은 그 근거로 북흉노가 사라지고 훈족이 등장한 시기의 비슷함, 외모의 유사성, 비슷한 명칭 등을 들고 있다. 흉노가 오손의 땅에서 쫓겨난 후 중국 측 기록에서는 사라졌으나, 170년대에 쓰인 프톨레마이오스의 『지리학』에는 돈강과 볼가강 부근에 '훈(Hunnoi)'이라는 집단이 있었다고 언급되고 있다.[131] 동로마인은 훈족의 신체적 특징으로 평평한 코, 튀어나온 광대뼈, 단두(短頭, 원에 가까운 머리), 짧은 다리 등을 언급했는데 이는 몽골고원에 살았던 흉노의 모습을 설명한 중국 기록과 유사하다.

고트족과 반달족 등 게르만족을 로마제국 영내로 쫓아낸 훈족은 도나우강 중류에 자리를 잡았고, 동로마는 이들이 제국의 영토를 침범하지 않는 조건으로 매년 금괴를 준다는 협약을 체결했다.

그러나 444년 아틸라가 형에 이어 새로운 훈족의 지도자로 등장하며 상황이 바뀌었다. 그는 도나우강을 건너 약탈하며 콘스탄티노플 근처까지 진격했다. 아틸라는 이러한 압박을 통해 협약을 갱신하고 더 많은 금괴를 받

---

[130] 고비사막 북쪽에 세력을 형성했던 흉노족으로 1세기 말 후한의 공격을 받고 대패해 천산 북방 오손의 땅으로 이주해 흑해 북안까지 이동하며 약탈하다가, 2세기 중반경 선비의 단석괴에 의해 오손의 땅에서도 쫓겨났다.

[131] 김호동, 『아틀라스 중앙유라시아사』(사계절, 2016), 59쪽.

아냈다. 그러나 테오도시우스 2세(408~450)(아르카디우스 황제의 아들)를 이은 마르키아누스(450~457)[132]는 아틸라와 맺은 협약을 파기하고 훈족과의 전쟁을 준비했다. 그런데 이 무렵 서로마 황제 발렌티니아누스 3세의 누나 호노리아가 아틸라에게 반지와 함께 편지를 보냈다. 그 편지에는 '자기와 결혼하면 서로마 영토의 절반을 얻을 수 있을 것'이라 쓰어 있었다.

아틸라는 이를 받아들여 서로마 황제인 발렌티니아누스 3세(425~455)에게 사신을 보내 "호노리아와 결혼하겠다."라고 했다. 그러나 발렌티니아누스 3세가 이를 거부하자 아틸라는 공격의 목표를 동로마에서 서로마 황제가 거처하고 있는 라벤나로 바꾸었다. 아틸라는 이탈리아로 가기 위해 병력을 도나우강에서 라인강으로 이동시켰다. 그러나 라인강을 건너 이탈리아로 들어가려던 아틸라는 계획을 바꾸어 451년 4월 갈리아로 갔다. 게르만족의 일파인 프랑크족 족장이 사망한 후 형제간 권력 다툼이 일어났는데, 아이티우스의 지원을 받는 동생에 대항하기 위해 형이 아틸라에게 지원 요청을 했기 때문이다.

아이티우스는 서로마의 총사령관으로 당시 갈리아 남부에 주둔하고 있었다. 그는 아키텐에 있는 서고트족에게 지원을 요청했고, 서고트족은 이에 응했다. 이들 반아틸라 연합군은 오를레앙을 공격하고 있는 아틸라를 향해 갔다. 이를 알아차린 아틸라는 알 수 없는 이유로 오를레앙의 포위를 풀고 철수했다. 반 아틸라 연합군은 도주하는 아틸라 군대를 추격했다. 451년 6월 샹파뉴 들판에서 양측 간 전투가 벌어졌으나, 아틸라가 패하고

---

132 트라키아 출신으로 동로마 군대에서 경력을 쌓았으며 콘스탄티노플 원로원 의원을 역임했다. 테오도시우스 2세가 후사를 남기지 않고 사망하자 그의 누나인 풀케리아와 결혼하고 황제로 즉위했다.

라인강을 건너 동쪽으로 달아났다.

아틸라는 갈리아 침공에 실패한 다음 해에 호노리아와의 결혼 문제를 매듭짓기 위해 이탈리아를 침공했다. 그러나 아틸라는 호노리아가 있는 라벤나로 가지 않고 아퀼레이아 등 이탈리아 북부 지역을 약탈했다. 아틸라가 452년 봄부터 가을까지 약탈하는 동안 갈리아에 있는 아이티우스는 아무런 대응을 하지 않았다

사태를 수습하기 위해 나선 사람은 로마 주교 레오 1세였다. 그는 만토바에 있는 아틸라를 찾아가 교섭했다. 얼마를 주었는지 알려지지 않지만, 아틸라는 알프스산맥을 넘어 도나우강 방면으로 돌아갔다. 로마 황제와 총사령관이 야만족의 약탈에 아무런 대응도 하지 않은 상황에서 주교가 야만족의 만행으로부터 기독교 사회를 구했다고 해서 이때부터 로마 주교는 교황으로 불리게 되었다.

아틸라는 453년 연회 중 갑자기 사망했다. 이후 훈족은 분열했고, 복속했던 야만족들은 떠나갔다. 아틸라의 죽음을 계기로 서로마 통치 지역인 갈리아와 에스파냐에서는 프랑크족, 고트족 등이 세력을 굳건히 다졌다. 서로마는 그들에게 더 이상 권위 있는 존재가 아니었다.

서로마제국의 멸망

서로마는 서고트족, 반달족, 훈족, 동고트족 등 이민족의 침략을 받으며 국력이 약화하고, 황제의 권위도 땅에 떨어졌다.

아울러 제국이 분리됨에 따라 야만족의 침략에 공동 대처를 못 하고 개별적으로 대응했다. 서고트족이 동로마를 침범할 때 서로마는 방관했고, 서고트족이 동로마 침략 후 서로마로 향할 때 동로마가 방관했다.

훈족과 반달족이 침략할 때도 사정이 비슷했다. 이 결과 서로마의 수도 로마는 410년 서고트족, 455년에는 반달족에게 점령당했다. 452년에는 훈족이 북이탈리아를 침략했다. 서고트족의 로마 점령은 기원전 390년 켈트족이 로마를 점령한 이래 800년 만에 일어난 것으로 서로마는 이때 실질적으로 멸망한 것으로 학자들은 보고 있다. 그러나 동로마는 서고트족과 반달족 등 게르만족이 서로마 지역으로 이동함에 따라 게르만족의 침략에서 벗어나 있었다.

395년 제국이 분리된 가운데 5세기 중반에는 테오도시우스 대제의 혈통이 끊기며 동, 서로마는 혈연적 유대감마저 사라졌다. 동로마에서는 453년 마르키아누스(450~457)와 결혼한 풀케리아(아르카디우스 동로마 황제의 딸)가 자식을 남기지 않고 사망했고, 서로마에서는 발렌티니아누스 3세가 455년 아들을 남기지 않고 사망(딸은 2명 있었으나 이들은 반달족에게 잡혀갔다)하며 테오도시우스 대제의 혈통이 끊겼다.

서로마는 발렌티니아누스 3세가 사망한 후 476년 망할 때까지 황제가 9명이나 바뀌었다. 이들 대부분은 황궁에서 실권을 쥔 자들이 꼭두각시로 내세운 황제였다. 오레스테스라는 황궁 실세는 동로마 황제가 서로마 황제로 임명한 네포스에 475년 반란을 일으켜 쫓아내고 자기 아들 로물루스 아우구스투스를 황제로 옹립했다. 그러나 이때 북이탈리아에 있던 야만족 출신의 장군들이 오레스테스에게 이탈리아에서 살 땅을 요구했다. 오레스테스가 이를 거절하자 게르만족 출신이자 아틸라의 동서였던 오도아케르를 주축으로 한 야만족 장군들은 반란을 일으켜 오레스테스를 살해하고 476년 로물루스를 퇴위시켰다. 역사가들은 이때를 서로마가 공식적으로 멸망한 해로 본다.

오도아케르(476~493)는 서로마 황제를 칭하지 않고 동로마 황제 제노에게 이탈리아 담당 황제 대리로 임명해 달라고 요청했으나, 제노는 이를 승인하지 않았다. 그러나 아리우스파 기독교를 믿었던 오도아케르는 가톨릭교도인 로마인들과 공생하며 실질적으로 이탈리아를 통치했다. 오도아케르 치하의 이탈리아 평화는 앞에서 설명했듯이 동방에서 동고트족이 침입하며 깨지고 만다.

그러나 동고트 왕국도 동로마에 의해 553년 망하고, 568년에는 롬바르드족이 이탈리아를 침공한다. 이들은 유럽 북동부에 살던 게르만족의 일파로 아리우스파 기독교를 믿었으며, 고트족 등이 떠나간 후 도나우강 중류로 이동해 살고 있었다. 동로마는 동고트 왕국을 공격할 때 롬바르드족을 용병으로 고용했었다.

이탈리아를 침공한 롬바르드족은 파비아를 수도로 해서 롬바르드 왕국(568~774)을 세우고, 이탈리아 북부와 중부 지역을 차지했다. 롬바르드족은 751년 동로마가 차지하고 있던 라벤나를 점령하고 교황이 관할하는 로마도 점령하려 했다. 롬바르드의 위협에서 벗어나기 위해 스테파누스 로마 교황은 후술하듯이 프랑크 왕국에 도움을 요청했다. 이에 프랑크 왕국은 롬바르디아를 원정해 정복하고 로마 교황을 보호했다.

롬바르디아 왕국이 사라진 후 이탈리아는 프랑크 왕국령, 로마를 중심으로 하는 이탈리아 중부의 교황령, 남부와 시칠리아의 동로마제국령으로 나뉘게 되었다. 프랑크 왕국령은 나중에 등장하는 신성로마제국에 속했으나 이는 명목적인 것이었고, 실제로는 여러 독립적인 도시국가로 발전했다. 동로마제국령은 북아프리카에 등장한 아글라브왕조, 파티마왕조 등 이슬람 왕조의 침공을 받게 된다. 로마와 카르타고가 시칠리아와 이탈리아에서 격돌한 지 1,000여 년이 지난 후 그리스도교와 이슬람으로 무장한 두 대륙 세력이 다시 격돌하게 되는 것이다.

프랑크 왕국

프랑크 왕국(481~843)은 서로마가 붕괴하며 황제가 없는 상황에서, 교황과 로마 가톨릭의 수호자 역할을 했던 왕국이다. 이 왕국은 게르만족의 일파인 프랑크족의 족장 클로비스가 481년 독일 서남부와 프랑스 동북부 지역에 세웠다. 프랑크족도 다른 게르만족과 마찬가지로 훈족에게 밀려 4세기 후반경 라인강 하류를 건너 로마제국 영토인 갈리아 북서부 지역으로 들어왔다.

이들은 아리우스파 기독교를 믿었던 고트족 등과 달리 게르만 토착 신앙을 갖고 있었다. 클로비스(클로도베크)(481~511)는 493년 게르만족의 일파로 갈리아 동부에 자리 잡고 부르군트 왕국의 공주 클로트힐데와 결혼했다. 그녀는 가톨릭 신자였으며, 클로비스도 5세기 말 왕비의 영향을 받아 부족민들과 집단으로 가톨릭으로 개종했다.

프랑크족은 410년 로마를 약탈한 후 갈리아 남서부에 자리한 서고트족과 갈리아 지역을 놓고 경쟁했다. 두 왕국은 507년 부예(프랑스 중서부에 위치)에서 격돌했다. 프랑크 왕국이 승리했고, 서고트 왕 알라리크 2세(알라리크의 손자)는 죽었다. 서고트족은 피레네산맥 넘어 에스파냐로 밀려났다가 711년 에스파냐를 침략한 이슬람 군대에 망하고 만다.

프랑크족이 갈리아 지역을 정복했지만, 갈리아인들은 가톨릭을 믿었고, 프랑크족도 가톨릭을 받아들여 이들 간 종교적 갈등은 없었다. 프랑크인들은 로마 시대의 행정제도를 그대로 유지하고, 라틴어도 받아들였다. 클로비스는 콘스탄티노플을 모방해 파리를 건설했고, 갈리아도 점차 프랑크족이 사는 나라라는 뜻의 프랑스로 불리기 시작했다.

프랑크 왕국을 창건한 왕조를 메로빙거왕조라 한다. 이 이름은 클로비스의 할아버지인 메로비크에서 유래했다. 그러나 메로빙거왕조는 클로비스 사후 왕국이 아들들에게 분할되었다가 재통합되는 과정을 반복하며 서서히 약화하다가 751년 카롤링거왕조에게 자리를 내주었다.

카롤링거왕조의 창시자는 피핀 2세다. 그는 프랑크 왕국의 궁정 장관 겸 실세였다. 피핀 2세가 714년 사망하자 서자인 카를 마르텔(714~741)이 아버지의 뒤를 이었다. 그는 에스파냐의 서고트 왕국을 정복하고 북상하는 이슬람 군대를 732년 푸아티에에서 물리치며 유럽의 기독교 세계를 이슬람의 침략으로부터 구했다.

카를 마르텔이 사망하고 차남 피핀 3세가 장남 카를로만과의 후계자 경쟁에서 승리했다. 이즈음 로마 교황은 앞서 이야기한 대로 751년 라벤나를 정복한 데 이어 로마도 점령하려는 롬바르드 왕국의 위협에 시달리고 있어 보호 세력이 필요했다. 아울러 당시 로마 교황은 동로마와 성상(聖像) 문제[133]로 관계가 좋지 않아 원군이 필요한 상황이었다.

피핀 3세의 카롤링거 가문은 프랑크 왕국에서 실권을 차지하고 있었지만, 왕은 메로빙거 가문에서 나왔다. 이에 불만을 가진 피핀 3세는 교황을 롬바르디아 왕국의 위협과 동로마의 압박으로부터 보호해 주는 대신 교황이 카롤링거 가문 사람이 왕이 될 수 있다는 것을 인정해 주기를 바랐다. 이에 대한 교황의 생각을 알아보기 위해 피핀 3세의 사절들이 스테파누스 교황을 방문했다. 교황은 프랑크 왕국을 로마 교황의 보호자로 만들기 위해 "실권을 쥔 사람이 법률상으로 그리고 하느님 앞에서 왕이 되어야 한다."[134]라고 사절들에게 말했다. 이렇게 해서 751년 명목상 유지되던 메로빙거 왕가의 마지막 왕 힐데리히 3세가 퇴위하고, 피핀 3세가 피핀 1세(751~768)로 프랑크 왕국의 왕이 됐다. 피핀 1세에서 시작하는 왕조는 카롤링거왕조로 명명되었으며, 피핀 1세는 '단신왕 피핀'이라고도 불렸다.

로마 교황 스테파누스는 롬바르드의 위협에 대응하기 위해 753년 피핀 1

---

133 동로마 황제는 성상을 그리거나 제작하는 것을 금지했으나, 서로마는 이에 반대했다.

134 데이비드 리버링 루이스 저, 이종인 역, 『신의 용광로』(책과함께, 2010), 329쪽.

세를 찾아갔다. 그는 생드니 대성당에서 직접 피핀 1세를 왕으로 선포해 큰 권위를 부여했다. 그리고 피핀 1세에게 콘스탄티누스 대제가 비잔티움으로 떠나면서 이탈리아 내의 모든 영토와 권리를 로마 교황에게 주었다고 설명했다.

스테파누스 교황이 떠나간 후 단신왕 피핀은 자신의 가문이 왕권을 차지하도록 도와준 교황을 돕기 위해 754년 및 756년 2차례 롬바르드 왕국으로 진격했다. 롬바르드 왕은 이에 굴복해 라벤나 등 그들이 점령하고 있던 이탈리아의 땅 일부를 교황에게 주었다. 교황은 이렇게 해서 과거 서로마 기독교 세계의 최고 지도자일 뿐만 아니라 이탈리아 중부 지역을 다스리는 세속의 군주가 되었다.

피핀은 757년에는 에스파냐 우마이야왕조의 남부 갈리아 교두보인 나르본을 함락시키고, 무슬림들을 피레네산맥 너머로 쫓아냈다.

768년 피핀이 사망하고 왕국은 아들 카롤루스와 카를로만에게 분할되었다. 그러나 카를로만이 771년 갑자기 죽어 카롤루스가 카를로만의 영토도 차지했다. 카롤루스가 바로 프랑크 왕국의 전성기를 이끈 샤를마뉴 대제(768~814)다.

롬바르드는 단신왕 피핀에게 굴복당한 이후에도 로마를 침공하며 여전히 교황을 위협하고 있었다. 이에 샤를마뉴는 롬바르드를 원정해 774년 정복하고, 교황령과 이탈리아 남부를 제외한 이탈리아 대부분 지역을 프랑크 왕국의 통치 아래 두었다.

샤를마뉴는 프리지아, 작센 등 독일 북부 지역도 정복하고 주민들을 가톨릭으로 개종시켰다. 로마 교황 레오 3세는 800년 크리스마스 때 샤를마뉴에게 서로마 황제의 관을 씌워 주었다. 476년 로물루스 아우구스투스 황제가 퇴위당한 후 324년 만에 가톨릭을 신봉하는 서로마 황제가 등장한 것이다.

프랑크 왕국은 샤를마뉴 대제 재위 시 영토가 에스파냐와 동유럽, 이탈리아 남부를 제외한 전 유럽에 달했다. 그러나 그의 손자 대에 왕국이 843년 체결된 베르됭 조약에 의해 동프랑크 왕국, 서프랑크 왕국, 중프랑크 왕국으로 분할되었다. 동프랑크 왕국은 신성로마제국(Holy Roman Empire, 962~1806)[135]을 거쳐 독일의 모태가 되고, 서프랑크 왕국과 중프랑크 왕국은 각각 프랑스와 이탈리아의 기원이 되었다.

---

[135] 962년 오토 1세(962~973)가 교황 요한 12세로부터 황제의 관을 받았을 때를 제국의 시작으로 본다. '신성'이라는 이름이 붙은 것은 황제가 그리스도교 세계의 수호자임을 나타낸 것이다. '로마'는 800년 샤를마뉴 대제의 대관식이 서로마와 연결되고, 오토 1세의 대관식은 샤를마뉴 대제의 제국과 연결되는 것을 의미한다. 영토는 독일, 오스트리아, 체코, 스위스, 이탈리아 북부, 네덜란드 등에 달했으며, 국가형태는 수백 개의 영주국, 자유 도시, 교회령 등이 느슨하게 묶인 연방 체제였다. 왕은 세습이 아니라 7명의 유력 제후가 선거로 선출했다. 프랑스의 나폴레옹이 유럽을 정복하며 압박을 가하자, 마지막 황제 프란츠 2세가 1806년 퇴위하며 제국이 공식적으로 해체되었다.

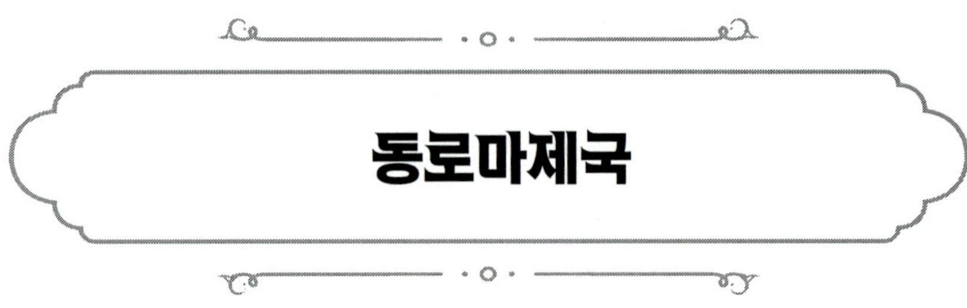

동로마제국

영토 회복

서로마가 망한 후 50여 년이 지나 동로마에서 트라키아 출신의 유스티니아누스 대제(527~565)가 등장한다. 그는 제국의 소프트웨어인 유스티니아누스 법전을 편찬하고, 성모 마리아와 아기 예수에게 바쳐진 하기아 소피아 성당을 건립한 것으로 유명한 황제다. 콘스탄티누스 대제, 테오도시우스 대제와 더불어 로마 황제 중 대제로 불리는 인물이다.

그는 아울러 동로마와 서로마는 같은 그리스도교를 믿는 하나의 제국이라 생각하고 야만족이 점령하고 있는 서로마 영토의 수복에 관심을 기울였다. 반달족이 차지한 북아프리카의 카르타고, 동고트족이 차지한 이탈리아가 우선 수복 대상이었다. 이 영토 회복 전쟁에는 성전의 성격도 있었다. 반달족과 동고트족은 삼위일체의 가톨릭이 아니라 이단인 아리우스파 기독교를 믿었기 때문이다. 유스티니아누스는 서방 정벌에 앞서 동방 국경을 안정시키기 위해 532년 사산왕조의 호스로우 1세(531~579)와 평화 협정을 맺었다. 그리고 정벌군 사령관으로 벨리사리우스 장군을 임명했다.

반달족은 앞에서 이야기했듯이 서로마가 멸망하기 전인 439년부터 카르타고를 수도로 해서 리비아·튀니지·알제리 등 북아프리카와 서지중해를 장악하고 있었다. 동로마와 서로마는 468년 반달족 퇴치를 위해 연합공격을 했으나 실패한 바 있었다.

카르타고는 반달족에게 정복된 후 100여 년이 지나면서 황폐해져 있었다. 가톨릭을 믿었던 상류층 로마인들이 이단인 도나투스파와 아리우스파의 박해를 피해 대거 카르타고를 떠났고, 반달족 지배층은 그리스도교를 받아들이지 않는 베르베르인 등 현지인들과 공생 관계를 구축하지 못했기 때문이다. 아울러 반달족은 가이세리크 사망 후 내분에 시달리며 지도층이 분열해 있었다.

발칸지방에서 태어나 동로마 역사상 가장 뛰어난 장군으로 평가받는 벨리사리우스 장군은 반달 왕국의 이러한 취약한 정세를 이용해 533년 반달족을 성공적으로 정벌했다. 다시 로마제국의 품 안으로 돌아온 북아프리카는 그러나 690년 카르타고가 우마이야왕조에 정복되며 다시 이슬람 품으로 돌아갔다. 이후 북아프리카는 이슬람화되고, 이슬람의 정체성을 유지하며 유럽의 기독교 세계와 구분되었다.

반달 왕국을 정복하고 콘스탄티노플로 돌아온 벨리사리우스 장군은 535년 동고트 왕국을 원정했다. 이 왕국은 동고트족에서 설명했듯이 540년 벨리사리우스에 의해 수도 라벤나가 함락되고, 계속 저항하다가 553년 몬테라타로 평원에서 벌어진 최후의 전투에서 패하며 역사에서 사라졌다.

사산왕조 및 이슬람제국과의 대결

사산왕조(224~651)는 파르티아 왕국이 무너지고 페르시아에 들어선 왕조다. 제4장 '파르티아왕조와의 대결'에서 설명했듯이 로마와 파르티아는 메소포타미아와 아르메니아를 포함한 아나톨리아 동부 지역을 두고 대결했다. 이러한 대결 양상은 사산왕조 시대에도 이어졌다.

이 왕국의 샤푸르 1세(240~270)[136]는 로마로부터 아르메니아를 빼앗고, 로마령 시리아를 침공해 안티오크를 점령했다. 로마 황제 발레리아누스(253~260)는 샤푸르 1세를 쫓아내기 위해 출정했으나, 튀르키예 남부 도시 에데사에서 벌어진 전투에서 샤푸르 1세에 패하고 포로로 잡혔다. 그는 인간 발 받침대로 사용되는 굴욕을 겪다가 260년 처형됐다.

로마 황제 갈레리우스(동방부제 293~305, 동방 정제 305~311)[137]는 298년 메소포타미아를 침공해 사산왕조의 왕 나르세스(샤푸르 1세의 아들)에게 승리하고 아르메니아를 다시 찾아왔다.

사산왕조의 샤푸르 2세(309~379)는 359년 동방에서 아나톨리아로 들어가는 관문인 디야르바크르를 정복하며 아르메니아 등 실지를 회복했다. 이에 로마 황제 율리아누스(361~363)[138]가 실지를 회복하기 위해 363년 출정했다. 그러나 그는 사산왕조의 수도 크테시폰까지 갔다가 전황이 불리해 퇴각하던 중 티그리스강 인근에서 벌어진 전투에서 창에 찔리는 상처를 입

---

136 사산왕조의 창건자 아르다시르 1세의 아들.

137 디오클레티아누스에 의해 발칸 담당 부제로 임명되었던 인물.

138 콘스탄티누스 대제의 조카로, 기독교를 박해해 배교자라는 별칭을 갖고 있다.

고 사망했다. 이 전쟁 결과 사산왕조가 다시 로마로부터 아르메니아를 찾아왔다.

테오도시우스 대제와 사산왕조의 샤푸르 3세(383~388, 샤푸르 2세의 아들)는 384년 평화 협정을 맺었다. 이어진 아르메니아에 대한 분할 협상에서 로마가 1/5, 사산왕조가 4/5를 차지했다.[139] 이 평화 협정은 502년까지 비교적 오래 지속됐다. 로마제국은 동, 서로마로 분리된 가운데 고트족, 훈족 등의 침입을 받으며 혼란을 겪고, 사산왕조는 에프탈[140]의 침략에 시달려 두 제국이 이전처럼 싸울 겨를이 없었다.

6세기 들어 로마(동로마)와 사산왕조의 대결이 다시 시작되었다. 사산왕조의 카바드(Kavad) 1세(488~496, 498~531)[141]는 캅카스를 침략하는 야만족 방어 시설에 대한 보조금을 동로마 황제 아나스타시우스 1세(491~518)에게 요청했다. 이전의 양국 충돌에서 사산왕조가 몇 차례 승리를 거둔 후 평화 협상 체결 시, 로마가 카스피해 관문(Caspian Gates)의 방어 시설에 기부금을 제공한다는 조항[142]에 근거한 것이었다. 그러나 아나스타시우스가 이를 거부하자 카바드 1세는 502년 에프탈과 연합해 동로마에 선전포고하고, 아미다(디야르바크르)를 취했다. 양측의 전쟁은 505년 아나스타시우스가 보조

---

139 존 줄리어스 노리치 저, 남경태 역, 『비잔티움 연대기 1』(바다출판사, 2007), 173쪽.

140 종족적 기원은 불분명하지만, 5세기 중엽부터 동부 이란과 트란스옥시아나, 박트리아에 걸쳐 세력을 형성했던 유목족이다. 사산왕조와 호라산에서 영토 경쟁을 하고, 사산왕조의 왕권 투쟁에도 개입하다가 565년경 사산왕조와 돌궐의 협공을 받고 사라졌다.

141 부왕 페로즈 1세가 에프탈에 패한 후 에프탈에 2년간 볼모로 잡혀 있었다. 카바드는 에프탈의 공주와 결혼했으며, 에프탈의 지원을 받아 제위에 올랐다.

142 에이드리언 골즈워디 저, 이종인 역, 『로마와 페르시아』(책과함께, 2025), 516쪽.

금을 지급하고, 아미다를 돌려받으며 종결되었다.

카바드 1세가 사망한 후 아들 호스로우 1세(531~579)가 제위에 올랐다. 그는 565년경 돌궐과 함께 에프탈을 협공해 멸망시키고, 571년에는 아라비아반도 남부의 예멘을 점령했다.

유스티니아누스 대제는 532년 호스로우 1세와 평화 협정을 맺었다. 이는 동방 국경을 안정시켜 반달 왕국과 동고트 왕국 정벌에 전념하기 위해서였다. 동고트 왕국은 동로마의 공격을 받고 위기에 처하자 540년경 호스로우 1세에게 밀사를 보내 동로마를 함께 공격할 것을 제안했다. 호스로우 1세는 이 제안을 받아들여 540년 휴전 협정을 파기하고 동로마를 공격해 안티오크를 점령했다. 당시 동로마 군대는 동고트 왕국의 공략에 집중하고 있어, 사산왕조의 공격에 제대로 대응하지 못했다. 그러나 540년 동고트 왕국의 수도 라벤나를 무너뜨린 벨리사리우스 장군이 542년 메소포타미아 전선에 배치되자 호스로우 1세는 철수했다.

호스로우 1세는 571년 동로마의 아르메니아에 대한 기독교 선교활동을 이유로 메소포타미아와 아르메니아에 있는 동로마 거점도시를 공격했다. 아르메니아가 304년 세계 최초로 기독교를 받아들이기는 했지만, 동로마와 페르시아 사이에서 정치적 독립을 이루지 못하고 있었기에 아르메니아 내에서의 기독교 확산은 페르시아에 민감한 사안이었다. 양측의 전쟁은 호스로우 2세(591~628, 호스로우 1세의 손자)가 즉위하며 끝나게 된다.

호스로우 2세는 재위 시 반란이 일어나 동로마로 피신한 적이 있었다. 그는 아르메니아를 포기하고, 동로마와 평화 조약을 체결한다는 조건으로 당시 동로마 황제인 마우리키우스(582~602)로부터 지원군을 받아 591년 반란군을 물리치고 제위를 되찾았다. 호스로우 2세는 마우리키우스와의 약속을 지켰고, 이후 602년까지 동로마제국과 페르시아는 평화를 유지했다.

동로마와 페르시아의 마지막 전쟁은 25년 전쟁(603~628)이다. 이 전쟁은 호스로우 2세가 603년 일으켰다. 포카스라는 동로마 장군이 602년 마우리키우스를 살해하고 제위를 찬탈하자, 호스로우 2세가 은인에 대한 복수를 위해 603년 동로마에 전쟁을 선포한 것이었다. 사산왕조는 614년 예루살렘 등을 함락시키며 동지중해에서 동로마를 몰아내고 콘스탄티노플까지 진격했다.

동로마가 위기에 처하자, 카르타고 총독의 아들인 헤라클리우스(610~641)가 포카스를 제거하고 제위에 올랐다. 그는 니네베 전투에서 사산왕조의 군대에 승리하고, 628년 강화 조약을 맺었다. 이 조약에 따라 페르시아는 전쟁 중 획득했던 시리아, 이라크, 팔레스타인, 이집트, 아나톨리아, 아르메니아를 동로마에 다시 넘겨주었다. 니네베 전투를 마지막으로 기원전 53년 크라수스가 유프라테스강을 넘어 파르티아제국을 침공한 이래 700여 년간 지속된 로마와 페르시아의 대결도 마침표를 찍었다.

사산왕조는 지중해 북부 세력과 대결하고 동부 지중해를 잠시나마 장악했던 마지막 페르시아계 왕조다. 이후 이란에 들어선 왕조는 지중해 동부나 아나톨리아 중심부로 진출하지 못했다.

25년 전쟁에서 패한 페르시아인은 충격에 빠졌다. 기원전 6세기 아케메네스왕조 이래 1,200년 동안 믿어온 그들의 조로아스터교가 후발 종교인 그리스도교에 패했기 때문이다.

충격에 빠진 사산왕조는 알-카디시야 전투(637년)와 니하반드[143] 전투 (642년)에서 신흥종교인 이슬람 군대에게도 연속적으로 패하고, 651년 마지 막 왕 야즈데게르드 3세가 사망하며 종말을 고했다. 이후 페르시아는 이슬 람을 받아들이고, 이슬람제국의 일원이 되었다.

사산왕조가 이슬람제국에 망하며, 로마의 적은 페르시아에서 이슬람제 국으로 바뀌었다. 이슬람제국은 조로아스터교를 신봉하는 페르시아보다 훨씬 강력했다. 조로아스터교가 페르시아를 벗어나서는 크게 교세를 떨치 지 못했으나, 이슬람은 아프리카와 오리엔트로 급속히 전파되었다.

동로마와 이슬람제국의 대결은 기존의 영토싸움에 신앙의 우열에 대한 다툼이 더해져 이전의 서방과 동방의 대결보다 더 치열해졌다. 그러나 동로 마는 1453년 이슬람을 신봉하는 오스만제국에 의해 콘스탄티노플이 함락 되며 종말을 고한다. 기원전 751년 로마가 건국되던 해로부터 계산하면 2,200여 년 만이다.

---

143 이란의 서부 도시 하마단에서 남쪽으로 60㎞ 떨어진 곳에 위치.

제5장

이슬람 제국

이슬람

이슬람의 탄생

이슬람(이슬람교)은 유대교 및 그리스도교(기독교)와 더불어 유일신 종교다. 이슬람은 아랍어로 순종, 헌신을 뜻하고, 무슬림은 이슬람 신자를 말한다.

이슬람, 유대교, 그리스도교가 믿는 유일신은 우주와 아담과 이브를 창조한 신으로 동일하다. 영어 God으로 표시하는 이 유일신을 유대교와 기독교에서는 YHWH(야훼 또는 여호와로 발음), 이슬람에서는 ALLAH(알라)라 한다.

유대교가 기원전 2000년경 아브라함에 의해 뿌리를 내리며 가장 오랜 역사를 지녔고, 기독교는 그로부터 2,000년이 지나 예수에 의해 탄생했다. 이슬람은 570년경 아라비아반도의 메카에서 태어난 무함마드가 610년경 알라의 계시를 받아 창안했다.

이 세 종교는 동일한 신을 숭배하지만, 믿는 방식에 있어 차이를 보인다. 가장 큰 차이는 예수의 본성에 대한 인식의 차이이다. 기독교에서는 예수를 하나님의 아들이자 메시아라고 보나, 유대교는 가짜 메시아라 하고, 이슬람은 예언자라고 한다. 특히 이슬람은 역사상 아브라함, 모세, 자라투스트라, 예수 등 많은 예언자가 등장했지만, 무함마드가 최후의 예언자라고 한다. 무슬림들의 5대 의무[144] 중 하나로 무함마드가 알라의 사도라 하는 아래 신앙 증언(Shahada)이 이슬람을 유대교 및 기독교와 구분하는 극명한 것 중의 하나일 것이다.

> "라 일라하 일랄라, 무함마둔 라술룰라(알라 이외에 다른 신은 없고, 무함마드는 알라의 사도입니다)."

경전에서도 차이를 보이고 있다. 유대교의 경전이 구약이라면, 기독교는 여기에 예수의 가르침 등을 기록한 신약을 추가한다. 그러나 유대교는 예수를 신의 아들로 보지 않으므로 신약은 인정하지 않는다. 구약의 상당 부분과 신약의 일부분이 이슬람에 반영되었지만, 이슬람은 알라가 무함마드에게 가브리엘 천사를 통해 전달한 말씀을 아랍어로 기록한 코란과 예언자의 언행을 기록한 하디스만이 진정한 경전이라 한다.

유대교, 기독교, 이슬람은 서로 다른 종교라기보다 큰 의미에서 이단(異端)이다. 같은 신을 믿지만 믿는 방법에 있어 차이를 보이고 있기 때문이다. 그러나 동일한 유일신을 믿는 이들에게는 이교도(異敎徒) 간보다 이단 간에 적대감이 더 크다. 이교도들이 유일신에 아직 눈을 못 떠 유일신을 믿는

---

144 신앙 증언(Shahada), 하루에 다섯 번 예배(Salat), 메카 성지 순례(Hajj), 라마단 기간 중 금식(Sawm), 종교세 납부(Zakat).

종교로 개종할 가능성이 있지만, 이단은 유일신에 대해 눈을 떴음에도 자신들이 믿는 방식만이 옳다고 확신하며 타협의 여지가 없기 때문이다.

이슬람이 아라비아반도에서 태동하던 시기에 동로마와 사산왕조는 25년 전쟁을 치르느라 아라비아반도의 정세에 소홀했다. 이 덕분에 이슬람은 아라비아반도에서 세력을 확장할 수 있었다. 그리고 632년 무함마드 사후 10여 년 만에 이집트와 동부 지중해에서 로마 세력을 몰아냈다. 651년에는 사산왕조까지 무너뜨리며 아랍인으로서는 최초로 페르시아를 정복했다. 페르시아는 이후 조로아스터교를 버리고 이슬람을 받아들였다.

이슬람이 단기간에 레반트에서 동로마 세력을 몰아내고 페르시아를 이슬람화한 원동력은 무엇일까? 그것은 이슬람이 아랍인[145]과 페르시아인을 열등감에서 구해줬다는 사실일 것이다. 이슬람이 탄생할 당시 유일신 종교가 없던 아랍인들은 그리스도교를 믿는 로마제국에 복속하며 2등 신민이라는 열등감에 사로잡혀 있었다. 페르시아인들도 기원전 6세기경부터 시작해 1,200여 년 동안 믿어온 조로아스터교가 후발 종교인 그리스도교 세력에 패한 것에 충격을 받고 열등감에 사로잡혀 있었다. 무함마드가 알라의 말씀이라며 이들에게 전한 이슬람은 우울한 상황 속에 있던 아랍인과 페르시아인들을 열등감에서 벗어나게 해 주었다.

---

[145] 아프리카아시아어족 셈어파에 속하는 아랍어를 사용하는 사람들로 대부분 중동과 북아프리카에 살고 있다.

라시둔

무함마드가 632년 사망한 후 이슬람은 라시둔 시기(632~661)에 비약적인 발전을 이룬다. 이 시기에 코란이 성문화되고, 북아프리카에서 이란에 달하는 거대한 이슬람제국이 형성되었다. 라시둔은 무함마드가 사망한 후 차례로 등장한 아부 바크르(632~634), 우마르(634~644), 우트만(644~656), 알리(656~661) 등 4명의 칼리프를 말한다. 이들은 모두 초기 이슬람 신자였으며, 무함마드와 긴밀한 관계에 있었다. 아부 바크르와 우마르는 무함마드의 장인이고, 우트만과 알리는 무함마드의 사위였다.

칼리프는 예언자 무함마드의 후계자란 뜻이다. 무함마드가 사망하자 그의 첫 번째 장인 아부 바크르가 장로 회의에서 후계자로 선출되었다. 그는 자신을 알라의 사도인 무함마드의 후계자라는 뜻으로 '칼리프 라술 알라'라고 했는데 여기서 칼리프라는 말이 나왔다. 칼리프는 무함마드의 후계자이자 이슬람 공동체의 수장을 의미하지만, 무함마드와 같은 알라의 사도는 아니다.

아부 바크르는 코란을 성문화하는 데 기초를 놓았다. 그는 예언자의 기록관이 돌, 뼈, 나무 잎사귀 등에 적어 놓았던 무함마드의 말씀을 수집하라고 지시했다. 이 말씀은 가브리엘 천사가 예언자 무함마드에게 직접 전한 신의 말씀이었다.

아부 바크르는 또한 적대 부족의 유력 인사들을 군 지휘관으로 임명해 이들을 포용함과 동시에 이슬람 군대를 강화했다. 그는 군사들의 보수인 전리품을 배분하는 규칙도 마련했다. 전리품의 1/5은 알라에게 바치고, 나머지에서 자카트(2.5%)를 내고, 마지막으로 남은 것을 병사들의 몫으로 했다.

아부 바크르가 자연사하고 우마르가 2대 칼리프가 되었다. 그는 예언자에게 계시가 된 알라의 말씀을 더 수집하고 이를 문서화해 코란을 확정했다. 아울러 무함마드의 언행을 기록한 하디스를 집대성했다.

그의 재위 시 이슬람 군대는 동로마로부터 시리아(636년), 예루살렘(638년), 팔레스타인(640년), 이집트(641년)를 빼앗았다. 그리고 또 다른 강대국인 사산왕조도 알-카디시야 전투(637년)와 니하반드 전투(642년)에서 물리쳤다. 이 전투에서 패하고 도망 다니던 사산왕조의 마지막 왕인 야즈데게르드 3세가 651년 메르브 근처에서 살해되며 사산왕조는 종말을 고했다.

우마르가 644년 이란 노예에 의해 살해되자 우트만이 3대 라시둔 칼리프가 되었다. 그는 645년경 오늘날의 아르메니아, 조지아, 아제르바이잔 지역을 정복하고,[146] 코란의 결정판을 남겼다. 그러나 그는 전리품 배분과 우마이야 가문 사람들에 대한 편중 인사에 불만을 품은 이집트 병사들에 의해 656년 살해되었다.

우트만이 사망하고 알리가 4대 칼리프가 되었다. 그는 예언자가 총애한 딸 파티마의 남편이었다. 그의 재위 시 이슬람 세계에서 처음으로 657년 내전이 일어났다. 그는 우트만이 임명했던 총독들을 숙청했는데, 시리아 총독인 무아위야가 이에 반발했다. 그는 우트만의 사촌이었으며, 알리가 우트만의 살해에 관련된 것으로 의심하기도 했다.

양측은 전쟁과 협상을 반복했으나 알리가 유약한 태도를 보여 지지자들

---

146 'Military campaigns under Caliph Uthman' from Wikipedia.

의 불만을 샀다. 결국 무아위야 측이 무아위야를 적통 계승자로 선언하자 분노한 신자가 661년 알리를 살해했다.

무아위야(661~680)는 우마이야 가문 출신으로 가문 이름을 딴 우마이야 왕조가 들어서게 되었다. 그는 칼리프를 세습직으로 바꾸었다. 그가 사망한 후 아들 야지드(680~683)가 승계했는데 그는 정적들을 숙청했다. 알리의 차남 후사인은 야지드에게 대항하다가 680년 잔인하게 살해됐다. 알리와 그의 아들 후사인의 사망을 계기로 시아파가 탄생했다. 시아파는 알리와 파티마의 후손만이 칼리프의 자격이 있다고 주장하는 무슬림들로 이란이 대표적인 시아파 이슬람 국가다. 이와 반면 수니파는 혈통보다 능력에 의해 칼리프가 결정되어야 한다고 믿는 무슬림들로 이슬람의 다수파다.

우마이야왕조

우마이야왕조(661~750)는 수도를 메디나에서 무아위야가 총독으로 있던 시리아의 수도 다마스쿠스로 옮겼다. 이슬람제국의 중심부가 아라비아반도에서 동부 지중해로 바뀌며 우마이야왕조는 명실공히 동방에서 패권국이 되었다.

무아위야는 아나톨리아 동남부에서 국경을 맞대고 있을 뿐만 아니라 신앙의 적인 동로마를 정복하는 데 우선순위를 두었다. 그는 672년 함대를 동원해 동로마의 수도 콘스탄티노플을 함락하려 했다. 그러나 동로마의 드

우마이야왕조·비잔틴제국·프랑크 왕국

로몬 선단의 화공[147]을 받고 번번이 실패해 결국 679년 공성을 포기했다.

제7대 칼리프 술라이만 이븐 압드 알 말릭(715~717)은 717년 육지와 해상에서 콘스탄티노플을 포위 공격했다. 그러나 이번에도 해상에서는 드로몬 선단의 공격을 받고 이슬람 함대가 무너졌다. 육상에서는 칼리프의 동생인 마슬라마가 8만 대군을 이끌고 콘스탄티노플의 3중 벽[148]을 넘으려 했으나 실패했다.

이슬람제국은 아프리카 서부(마그레브)로도 계속 팽창했다. 이 지역에는 함족의 후손인 베르베르족이 살고 있었다. 이들은 누미디아 왕국의 주된

---

147 나프타·유황·생석회를 혼합해 만든 폭발물.

148 테오도시우스 2세 재위 시 육지 6㎞에 면한 기존의 성벽을 보강한 것이다. 해자 뒤의 흉벽, 흉벽 다음의 내성벽, 내성벽 다음의 외성벽으로 구성되어 있었다. 내성벽은 높이 5m, 너비 2m, 외성벽은 높이 12m, 너비 5m였고, 내성벽과 외성벽에는 각각 96개의 망루가 설치됐다.

종족이었다. 누미디아 왕국은 로마와 카르타고 전쟁 시 처음에는 카르타고와 연합했다가, 나중에 카르타고를 배반하고 로마의 동맹국이 되며 로마가 승리하는 데 이바지했다. 베르베르족은 기독교가 로마의 국교로 자리 잡은 후 북아프리카에 전파되었음에도 이를 받아들이지 않았다.

우크바 이븐 나피(Uqba ibn Nafi) 장군이 지휘하는 이슬람 군대는 이미 정복한 이집트에서 출발해 리비아사막을 지나 이프리키야(오늘날의 튀니지)로 들어갔다. 670년 그들은 그곳에 카이라완이라는 위수 도시를 건설하고 북아프리카 점령을 위한 본거지로 삼았다. 그러나 베르베르족은 당시 북아프리카를 다스리던 동로마와 연합해 이슬람 군대에 맞섰다. 682년 우크바가 전투에서 사망하고, 684년에는 카이라완도 빼앗겼다. 그러나 하산 이븐 알 누만(Hassan ibn al-Nu'man)이 이끄는 이슬람 군대가 다시 대규모 공세로 나서 베르베르족과 동로마 연합군이 지키는 카르타고를 690년 함락시키고, 704년에는 마그레브 전체를 정복했다.[149] 533년 반달 왕국의 수도 카르타고를 무너뜨리고 북아프리카를 수복했던 동로마는 카르타고가 함락된 후 다시는 북아프리카 땅을 밟지 못했다.

하산은 카르타고를 함락하고 이프리키야의 총독이 되었지만, 704년 칼리프의 동생으로 이집트 총독으로 있던 아브드 알 아지즈 이븐 마르완(Abd al-Aziz ibn Marwan)에 의해 해임되었다. 아브드 알 아지즈는 자신의 측근인 무사 이븐 누사이르(Musa ibn Nusayr)를 이프리키야의 총독으로 임명했다. 무사는 당근과 채찍을 사용하며 베르베르족을 다스렸다. 이슬람의 다섯 기둥을 강요하면서도, 베르베르족의 관습과 종교적 전통을 허용해 주었다.

---

149 데이비드 리버링 루이스 저, 이종인 역, 『신의 용광로』(책과함께, 2010), 163쪽.

이러한 유연한 정책과 더불어 베르베르인과 아랍인의 친연성[150] 덕분에 베르베르족은 이슬람이 자신들에게 맞는다고 생각하고 이슬람으로 개종했다. 베르베르족이 이슬람으로 개종한 후 얼마 지나지 않아 이들은 아랍인과 지브롤터해협을 건너 기독교권인 에스파냐로 들어가 711년 서고트 왕국을 무너뜨렸다. 북아프리카 세력이 에스파냐에 다시 진출한 것은 카르타고가 기원전 206년 일리파 전투에서 스키피오에게 패하고 에스파냐에서 쫓겨난 지 900여 년 만이다.

우마이야왕조는 651년 사산왕조를 무너뜨린 후 페르시아의 영향권 아래에 있던 트란스옥시아나로의 진출을 적극 추진했다. 705년 호라산[151] 총독으로 임명된 쿠타이바 이븐 무슬림이 메르브에 거점을 두고 부하라(709년), 호라즘(712년), 사마르칸트(712년)를 정복했다.

이슬람 군대의 침입에 위협을 느낀 부하라 및 사마르칸트의 지도자들은 동돌궐[152]에 도움을 요청했다. 동돌궐은 군대를 파견해 사마르칸트를 제외한 지역을 잠시 되찾기도 했으나 결국에는 쿠타이바에게 밀려났고, 쿠타이바는 사마르칸트의 통치자를 속신으로 삼고 군대를 주둔시켰다.

716년 동돌궐의 군주 카파간 카간(691~716)이 사망하며 동돌궐이 혼란스

---

150 베르베르어는 함어파, 아랍어는 셈어파이지만 두 언어는 모두 아프리카아시아어족에 속한다.

151 페르시아어로 해 뜨는 곳이라는 의미이며, 이란의 동북부 지역을 말한다.

152 투르크족이 552년 건설한 돌궐제국은 영토가 동, 서로는 싱안링산맥에서 카스피해, 남북으로는 몽골고원에서 트란스옥시아나에 달했다. 그러나 돌궐제국은 582년 알타이산맥을 경계로 동·서돌궐로 나뉘며 세력이 약화한 가운데 당나라에 모두 망한다. 동돌궐이 망하고 50여 년이 지난 682년 내몽골에서 동돌궐이 흥기했고, 동돌궐의 카파간 카간은 서돌궐 지역을 통합하며 이 지역에서 강력한 영향력을 행사했다.

러워지자 카자흐스탄 발하슈호 남부에 있던 튀르기쉬 부족이 서돌궐의 재기를 시도하고, 이슬람 군대의 서투르키스탄[153] 진출을 저지했다. 738년 호라산 총독으로 새로 부임한 나스르 빈 사야르는 서투르키스탄을 정복해 이슬람을 전파하기 위해서는 무력만으로는 어렵다는 것을 깨달았다. 그는 서투르키스탄 사람들을 이슬람으로 개종시키기 위해 개종자에게 세금 혜택을 주었다.

이렇게 하자 많은 서투르키스탄 사람들이 개종했다. 그러나 이들은 얼마 지나지 않아 반 우마이야왕조 세력과 합세해 우마이야왕조를 무너뜨리고 아바스왕조가 들어서는 데 공헌했다.

우마이야왕조가 서투르키스탄 진출에 성공하며 이 왕조의 정복지는 트란스옥시아나에서 에스파냐에 달했다. 그러나 이 왕조는 베르베르인의 반란, 우마이야 가문의 칼리프직 세습 등의 사유로 탄생한 지 90여 년 만에 사라지게 된다.

베르베르족은 이슬람으로 개종하고 셈족 계통의 베두인[154]들과 에스파냐로 건너가 서고트 왕국을 무너뜨렸다. 그러나 승리에 따르는 전리품과 토지 배분에 있어 이들은 차별받았다. 아울러 이슬람으로 개종했음에도 불구하고 아랍인과 비교해 세금 차별도 받았다. 이러한 것은 베르베르인들을 2류 시민이라 생각하게 했고, 이는 이들의 반란으로 이어졌다. 740년 이

---

153 투르키스탄은 투르크족이 사는 땅을 말하며, 지역적으로는 신장위구르와 카자흐스탄·우즈베키스탄·투르크메니스탄·키르기즈·타지크스탄이 들어선 곳이다. 이중 신장위구르를 동투르키스탄, 나머지 지역을 서투르키스탄이라 한다.

154 사막에서 유목 생활을 하는 아랍인으로 이슬람이 등장한 후 북아프리카와 여타 중동 지역으로 퍼져 나갔다. 'Bedouin' from Wikipedia.

프리키야와 안달루시아(알 안달루스)에서 거의 동시에 일어난 베르베르인들의 반란은 우마이야왕조의 토대를 흔들어 놓았다.

우마이야왕조가 아프리카 서부에서 이러한 혼란에 빠진 가운데, 동부에서는 우마이야왕조의 칼리프직 세습에 반대하고, 칼리프는 예언자 무함마드의 후손에서 나와야 한다고 주장하며 왕조를 전복시키려 하는 세력이 등장했다. 예언자 무함마드의 숙부인 알 아바스의 후손들이 반란을 주도했기에 이를 '아바스 혁명'이라 부른다. 혁명 세력은 747년 호라산의 중심 도시 메르브에서 반란의 상징인 검은 깃발을 들었다. 이슬람으로 개종한 서투르키스탄 사람들이 이 반란에 동조했다. 반란군은 서진해 749~750년 벌어진 일련의 전투에서 우마이야왕조 군대를 격파하고 쿠파(바그다드에서 170㎞ 남쪽에 위치)에서 아바스의 직계 후손인 아불 아바스(749~753)를 칼리프로 추대했다. 우마이야왕조의 마지막 칼리프 마르완 2세는 이집트까지 도망갔으나 추격자들에게 살해되었다. 이렇게 해서 우마이야왕조가 사라지고(750년), 아바스왕조의 시대가 열렸다.

아바스왕조

아바스왕조(750~1258)는 우마이야왕조의 역사를 부정했다. 우마이야왕조의 역대 칼리프들을 부관참시하고 수도도 바그다드로 이전했다. 수도가 다마스쿠스에서 바그다드로 바뀜에 따라 이슬람 세계의 중심은 지중해에서 동쪽의 페르시아로 옮겨졌다. 이는 아바스왕조가 이란계 호라산 사람들의 지원을 받아 탄생했기에 자연스러운 현상이기도 했다.

651년 사산왕조가 망하고 750년 아바스왕조가 등장하기까지 100년이 지나며 페르시아는 이슬람화되어 마왈리(비아랍인 무슬림)가 많이 생겨났다. 아바스왕조에서는 이들 마왈리가 지배 엘리트로 등용되었다. 이란의 동북부 지역인 호라산 사람들의 아바스 혁명 지원은 페르시아의 이슬람화 완성을 의미했다. 그리고 이곳을 기반으로 중앙아시아와 신장위구르로 이슬람이 전파되었다.

8세기 트란스옥시아나의 정세는 복잡했다. 이슬람 군대는 우마이야왕조 때 트란스옥시아나의 중심 도시 사마르칸트에 교두보를 구축했다. 당나라도 당시 돌궐에 이어 이 지역의 실크로드를 장악하고 있던 티베트를 제압하고 트란스옥시아나에 영향력을 행사하려 했다. 결국 이슬람 군대와 당나라 군대는 751년 탈라스강 인근에서 전투를 벌이게 된다. 탈라스 전투[155]라 명명된 이 전투는 당나라 군대의 사령관이 고구려 유민의 후손인 고선지여서 우리에게도 잘 알려져 있다. 이 전투에서 당나라 군대는 투르크족 카를룩의 배반으로 이슬람 군대에 패하고 만다. 이 전투 패배 후 당나라는 중앙아시아에서 세력을 잃고 안사의 난[156]을 겪으며 망했다.

---

155 전승민, 『유라시아의 중심국 카자흐스탄 이야기』(들녘, 2022), 128~131쪽.

156 안녹산과 그의 부하 사사명, 그리고 그의 아들들이 755~763년간 일으킨 반란을 말한다. 반란은 8년 만에 종식되었으나, 이 반란을 통해 지방 절도사들의 세력이 강해지며 중앙정부의 통제력이 약화하고, 농민들은 무거운 세금과 탐관오리의 수탈에 시달렸다. 이에 소금 밀매업자 황소가 875년 탐관오리에 대항해 황소의 난을 일으켰고, 당나라는 이 반란을 진압한 주전충에 의해 907년 망했다.

아바스왕조가 중앙아시아에서 당나라를 축출하는 성과를 거두었으나, 제국의 서부 에스파냐에서는 아바스왕조에 적대적인 이슬람왕조가 들어서는 것을 막지 못했다. 이 왕조는 우마이야의 왕족 아브드 알 라흐만이 베르베르족의 지원을 받아 에스파냐로 가서 세운 왕국이다. 그는 747년 아바스 혁명이 일어나 칼리프 마르완 2세 등 우마이야 가문의 왕족들이 거의 살해되었을 때, 가까스로 북아프리카로 도망쳐 목숨을 구했다. 이 왕조를 후 우마이야왕조(756~1031) 또는 에스파냐 우마이야왕조라 한다. 아바스왕조는 후 우마이야왕조를 압박하기 위해 프랑크 왕국과 연대를 모색하기도 했다.

후 우마이야왕조 건국으로 에스파냐를 상실한 아바스왕조는 후술하듯이 10세기 초에 등장한 시아파인 파티마왕조에게 북아프리카와 이집트, 시리아도 빼앗기고 만다.

아바스왕조는 9세기 중엽부터 칼리프가 이슬람으로 개종한 투르크 친위대의 영향을 강하게 받고, 호라산에 여러 독립적인 이슬람왕조가 등장하며 약화하기 시작했다. 투르크인들의 친위대 진출과 호라산에 독립적인 왕조의 등장은 아바스혁명(750년 혁명)과 칼리프 계승 전쟁[157]의 성공에 따른 자연스러운 결과이기도 했다.

---

[157] 제5대 칼리프 하룬 알 라쉬드는 생전에 아들 알 아민을 후계자, 그의 이복동생 알 마문을 호라산 총독으로 내정했다. 809년 하룬 알 라쉬드가 사망하자 유언대로 알 아민이 칼리프에 오르자, 알 마문이 호라산 사람들의 지원을 받아 반란을 일으켜 승리하고 칼리프 자리를 차지했다. 알 아민의 모친은 아랍계, 알 마문의 모친은 페르시아계이기도 했다. 알 마문은 칼리프에 오른 후 이에 대한 보답으로 호라산 군대의 지도자인 타히르 이븐 알 후사인에게 호라산을 거의 독립적으로 통치하게 했다.

945년에는 아바스왕조의 수도 바그다드가 이란 서부 지역에서 10세기 초반에 등장한 부이왕조(934~1062)[158]에 의해 점령당했다. 그러나 부이왕조는 셀주크 투르크에 의해 1055년 바그다드에서 쫓겨났다.

셀주크족은 후술하는 오구즈 투르크족의 일파로 10세기 중반경 카자흐스탄 남부에서 트란스옥시아나로 이주해 이 지역 및 호라산에서 일어난 여러 투르크계 왕조를 제압했다. 이들은 페르시아로 이동해 1038년 니샤푸르에서 셀주크왕조를 세우고, 1055년에는 바그다드를 점령하며 페르시아를 지배했다.

강력한 셀주크왕조가 등장함에 따라 칼리프의 세속적 권력이 사라지고, 칼리프는 이슬람의 최고 수장이라는 상징적 의미를 갖게 되었다. 아바스왕조는 칭기즈칸의 손자인 훌레구가 이끄는 몽골 군대의 침략을 받고 1258년 마지막 칼리프(알 무스타으심)가 살해되며 종말을 고했다.

---

[158] 카스피해 남부에 기반을 둔 이란계 '부이'라는 군벌 가문이 세운 왕조다. 페르시아에 들어선 최초의 시아파 왕조로 945년 바그다드에 입성해 칼리프의 근위병인 투르크 용병들을 쫓아내고 칼리프를 임면하며 실권을 휘둘렀다. 그러나 1055년 셀주크족에 의해 바그다드에서 쫓겨난 후 셀주크족의 가신으로 있다가 1062년 망했다.

후 우마이야왕조(에스파냐 우마이야왕조)

우마이야왕조의 에스파냐 정복

에스파냐는 일찍이 카르타고가 진출했던 지역으로, 한니발은 이곳을 기반으로 알프스를 넘어 로마 원정을 했다. 기원전 206년 스키피오 아프리카누스가 카르타고 군대를 몰아낸 후 에스파냐는 로마의 속주가 되었다. 그러나 '서고트족' 편에서 설명했듯이 507년 부에 전투에서 프랑크 왕국에 패한 서고트족이 아키텐에서 에스파냐로 쫓겨나 톨레도를 수도로 해서 이 지역을 통치하고 있었다.

이로부터 200여 년이 지나 북아프리카를 평정한 이슬람 세력(우마이야왕조)이 이곳으로 진출했다. 에스파냐를 정복한 주인공은 무사와 타리크이다. 타리크는 베르베르족 출신으로 이프리키야 총독인 무사가 탕헤르 부총독으로 임명한 사람이었다. 이들은 에스파냐의 유대인을 통해 서고트왕국이 분열해 있다는 것을 알았다.

무사는 타리크에게 지브롤터해협을 건너 이베리아반도로 들어가 정찰하고 오라는 임무를 주었다. 그러나 타리크는 이 임무를 적극적으로 수행하기 위해 711년 봄 7,000명의 베르베르족 전사 등 대규모 군대를 이끌고 에스파냐로 들어갔다. 그는 과달레테강 인근에서 벌어진 전투에서 로데리크왕이 이끄는 서고트 군대에 승리했다. 로데리크 왕은 이 전투에서 사망했다. 이후 이슬람 군대는 코르도바와 서고트 왕국의 수도 톨레도 등을 점령했다. 무슬림 군대는 에스파냐에서 유대인들의 지원과 환영을 받았다. 무슬림은 기독교도와 달리 유대인을 박해하지 않고, 그들의 신앙을 허용해주었기 때문이다.

712년 6월에는 무사 자신이 직접 군대를 이끌고 에스파냐로 들어가 정복 활동을 펼쳤다. 타리크와 무사가 이끄는 이슬람 군대는 714년 가을 에스파냐 대부분을 정복했고, 이후 이 지역은 '알 안달루스'로 불리게 되었다.

알 안달루스는 고트족의 땅이라는 고트어 '란다 하울라츠'를 아랍식으로 읽은 것이다. 코르도바는 알 안달루스의 수도가 되었다.

이슬람제국에게 에스파냐는 콘스탄티노플보다 정복의 우선순위가 아니었다. 그러나 칼리프 무아위야와 술라이만의 콘스탄티노플 공략이 실패로 끝나면서 우마이야왕조의 칼리프들은 에스파냐의 지정학적 가치를 깨닫기 시작했다. 이들은 제2차 포에니 전쟁 시 한니발이 그랬던 것처럼 피레네산맥을 넘어 갈리아로 들어가 이탈리아를 거쳐 마케도니아와 그리스를 정복하고자 했다. 그러면 지중해는 무슬림의 바다가 되고 비잔티움제국은 자연스럽게 고사할 것이라 보았다.

칼리프 히샴(724~743) 재위 시 이슬람 군대는 피레네산맥을 넘어 골[159] 지방으로 들어갔다. 그러나 이 당시 골 지방은 카를 마르텔이 실권자로 있는 프랑크 왕국에 속해 있었다. 이렇게 해서 양측은 732년 대결하게 되는데 이것이 바로 푸아티에 전투다. 이 전투는 카알 마르텔이 이끄는 기독교 군대가 이슬람 침략군에게 승리해 서방의 기독교 세계를 구했다는 역사적 평가를 받고 있다.

이 전투 패배 후에도 우마이야왕조는 피레네산맥을 넘어 지하드를 계속했다. 지하드는 외부의 적에 대해서는 투쟁하고 내부적으로는 노력한다는 뜻이다.[160] 그러나 앞에서 언급한 바와 같이 740년 마그레브와 알 안달루스에서 베르베르족의 반란이 일어났다. 이 반란은 실패했지만 이프리키야

---

159 Gaul, 오늘날 서유럽에 해당.

160 데이비드 루버링 루이스 저, 이종인 역, 『신의 용광로』(책과함께, 2010), 116쪽.

서부(오늘날 모로코)가 우마이야왕조로부터 독립하는 부분적인 성과를 이루었다. 그리고 이슬람 군대의 주요 구성원이었던 베르베르족이 우마이야왕조로부터 멀어짐에 따라 피레네산맥 너머로의 지하드가 중단되었고, 우마이야왕조의 기반도 약화했다.

지금까지 설명한 것은 아바스 혁명에서 살아난 아브드 알 라흐만이 에스파냐로 와 후 우마이야왕조(756~1031)를 세우기 전 이슬람 군대의 에스파냐 정복 과정과 마그레브와 에스파냐의 정세였다.

라흐만은 750년 아바스 혁명대의 추격을 벗어나 이집트를 거쳐 마그레브로 왔다. 그의 어머니가 베르베르족 출신이어서 라흐만은 마그레브에서 생존할 수 있었고, 나아가 베르베르족의 지원을 받아 재기할 수 있었다.

그는 755년 베르베르인 기병 1,000명을 데리고 지브롤터해협을 건넜다. 에스파냐를 정복한 우마이야왕조의 이슬람 군대는 베르베르인, 예멘 출신 아랍인과 시리아 출신 아랍인이 혼재해 있었는데 특히 후자들은 서로 사이가 안 좋았다. 라흐만은 예멘 출신 아랍인들과 시리아 출신 아랍인 중에서도 우마이야왕조에 충성하는 사람들의 지지를 받았다. 756년 봄 라흐만은 코르도바 인근에서 벌어진 전투에서 유수프 알 피리 지사[161]에게 승리를 거두고 코르도바로 들어가 알 안달루스의 총독(756~788)임을 선포했다. 이렇게 하여 에스파냐에 후우마이야왕조가 수립되었다. 라흐만은 실질적으로는 바그다드로부터 독립된 알 안달루스의 칼리프였지만, 아바스왕조와

---

161 갈리아 남서부에서 무슬림 교두보의 역할을 한 나르본의 지사를 역임했으며, 732년 푸아티에 전투 패배 후에도 코르도바 총독과 함께 프랑크 왕국으로 지하드를 수행했다.

의 관계를 고려해 자신을 아미르[162]로 처신했다.

바그다드의 아바스왕조는 그럼에도 라흐만을 인정하지 않았다. 아바스왕조의 칼리프 알 만수르(754~775, 초대 칼리프 아불 아바스와 형제)는 763년 봄 예멘 출신인 알 무기트를 알 안달루스의 총독으로 임명해 파견했고, 라흐만과 알 무기트는 세비야 인근에 있는 카르모나 성채에서 전투를 벌였다. 이 전투에서 라흐만이 승리하고 포로로 잡힌 알 무기트는 참수되어 그의 머리는 바그다드로 보내졌다. 라흐만은 764년에는 톨레도에서 저항하는 유수프 알 피리 지사의 가문 사람들을 제압하고 에스파냐 대부분을 자신의 통치하에 두었다.

777년 사라고사, 바르셀로나 등 아바스왕조의 칼리프가 임명한 지역의 지사들은 후 우마이야왕조에 정복될 것을 두려워해 프랑크 왕국의 샤를마뉴 대제를 찾아가 동맹을 제안했다. 샤를마뉴가 군대를 이끌고 에스파냐로 와 후 우마이야왕조를 공격하면 지원하겠다고 한 것이다. 샤를마뉴는 이교도에 정복된 에스파냐의 기독교도들을 구한다는 명분으로 대규모 군대를 조직해 778년 여름 피레네산맥을 넘었다. 그러나 사라고사 지사가 배반해 사라고사의 성문을 열지 않자, 샤를마뉴 군대가 곤경에 빠졌다. 또한 때마침 색슨족[163]이 반란을 일으켜 이를 진압하기 위해 샤를마뉴는 프랑크 왕국으로 되돌아가야 했다. 이렇게 해서 프랑크 왕국의 에스파냐 침공

---

162 아랍어로 총독, 사령관을 의미.

163 독일 북서 지역 북해 연안에 살던 게르만족의 일파로, 독일어로는 작센족이라 한다. 이들 중 일부가 5세기 중엽 브리튼 섬으로 이주해 역시 게르만족의 일파인 앵글족과 앵글로·색슨 왕국을 세웠다. 북해 연안에 남아 있던 색슨족은 804년 샤를마뉴에게 완전히 정복됐다.

은 실패했다. 이후에도 양 진영은 소규모 충돌을 벌였지만, 9세기 초부터는 큰 충돌 없이 피레네산맥을 사이에 두고 공존했다.

9세기 중반부터 아바스왕조가 약화하고, 10세기 초 북아프리카에 들어선 파티마왕조의 군주들이 칼리프 호칭을 취함에 따라 후 우마이야왕조도 912년 아브드 알 라흐만 3세 때부터 칼리프 호칭을 사용하기 시작했다.

후 우마이야왕조의 칼리프들은 유대인과 기독교인들에게 개종을 강요하지 않고, 콘비벤시아라는 관용과 상호의존의 문명을 만들어 냈다. 그러나 이 왕조는 756년 아브드 알 라흐만이 건국한 때로부터 300여 년이 지나 내부 반란의 여파로 1031년 사라지고, 톨레도, 세비야, 그라나다, 사라고사 등지에 타이파(도시국가 또는 공국)가 등장했다.

아라곤, 카스티야, 레온 등 에스파냐 북부에 자리 잡고 있던 기독교 왕국들은 이들 타이파를 몰아내려 했다. 그러나 타이파들은 마그레브의 알모라비드왕조(Almoravid Dynasty, 1040-1147)[164]와 알모하드왕조(Almohad Dynasty, 1121-1269)[165] 등 베르베르족계 이슬람왕조의 지원을 받아 기독교 왕국과 대결했다. 유수프 이븐 타슈핀이 이끄는 알모라비드 왕국의 군대는 이베리아반도로 넘어와 1086년 사그라하스(Sagrajas) 전투에서 가톨릭

---

[164] 모리타니아와 서사하라 일대에 거주하던 베르베르족계 유목 부족들이 연맹체를 구성하여 건국한 왕조이다. 알모라비드는 아랍어 알 무라비툰에서 유래했으며, 이는 요새화된 수도원에 사는 사람들이라는 뜻이다. 이 왕조는 사치와 타락을 경계하고 엄격한 이슬람 율법을 따랐다. 1062년 모로코에 마라케시를 건설해 수도로 삼고 서사하라, 모로코, 알 안달루스 일대를 통치하다가, 1147년 알모하드왕조에 의해 마라케시가 함락되며 역사에서 사라졌다.

[165] 베르베르인들이 알모라비드왕조를 무너뜨리고 세운 왕조로 영토가 알모라비드 영토에서 동쪽으로 리비아까지 확장되었다. 1269년 마린왕조에 의해 망했으며, 이후 북아프리카는 모로코의 마린왕조, 알제리의 자얀왕조, 튀니지의 하프스왕조로 나뉘었다.

군대에 대승을 거두었다. 그러나 알모라비드를 멸하고 들어선 알모하드왕조는 1212년 라스 나바스 데 톨로사 전투[166]에서 가톨릭 군대에 패했다.

알모라비드와 알모하드 영향력 아래 연대했던 타이파들은 라스 나바스 데 톨로사 전투 패배 후 다시 분열되었다. 하엔(에스파냐 남중부에 위치) 지방의 무함마드 1세(1232~1273)가 주변 무슬림들을 통합해 그라나다를 수도로 하는 나스르(Nasrid dynasty)왕조(1232~1492)를 열었으나, 이 왕조도 기독교 세력의 공격에 시달리다가 1492년 그라나다가 정복되며 사라졌다. 에스파냐의 마지막 이슬람왕조가 없어진 후 이베리아반도에서 가톨릭으로 개종하지 않은 유대인과 무슬림들은 추방되었다. 이렇게 해서 기독교 세계는 지중해를 사이에 두고 이슬람 세계와 완전히 분리되었다.

파티마왕조

파티마왕조(Fatmid Caliphate, 909~1171)는 시아파에 속하는 이스마일파(일곱이맘 시아파)가 튀니지에 중심을 둔 아글라브왕조(Aghlabid dynasty,

---

166 이 전투에 이슬람 측에는 10여만 명의 튀니지인, 알제리인, 모로코인, 모리타니아인, 세네갈인들이 참여했으며, 이 전투의 패배로 이슬람은 에스파냐와 서부 아프리카에서 몰락하게 된다.

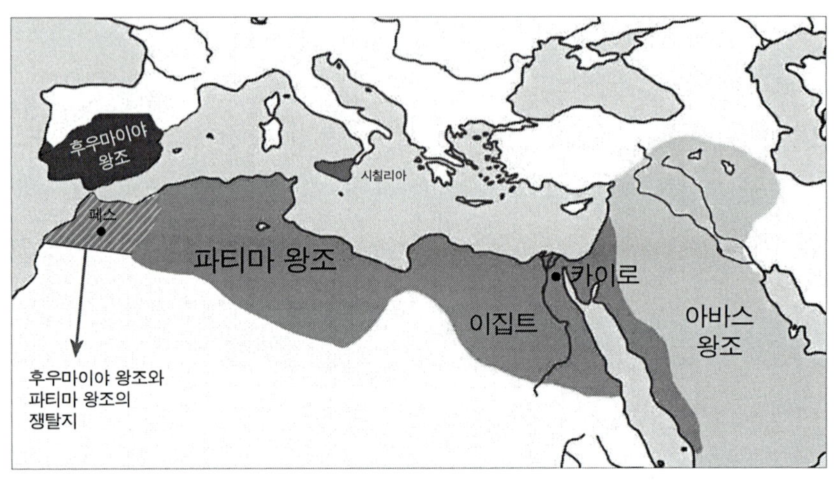

960년대 파티마왕조의 영토

800~909)[167]를 쿠타마 베르베르족[168]과 함께 909년 정복하고 세운 왕조다.

이스마일은 시아인들이 추앙하는 인물로 제6대 이맘[169]의 아들이었다. 그러나 제6대 이맘[170]이 사망하자 후계자 문제가 발생했다. 아버지 생존 시 이스마일이 후계자로 내정되었으나 아버지보다 먼저 사망했기 때문이다. 이에 신자들은 제7대 이맘으로 이스마일의 아들 무함마드와 이스마일의

---

167 아바스왕조의 칼리프 하룬 알 라시드(786~809)가 이브라힘 1세 이븐 알 아글라브 장군을 이프리키야의 아미르로 임명한 것이 왕조의 시작이다. 이브라힘의 부친은 아랍계 호라산 출신의 장군으로 아바스 혁명에 참여했고, 이프리키야의 총독을 역임했었다. 이 왕조는 비잔티움제국의 영향력 아래에 있던 시칠리아의 대부분과 이탈리아 남부를 두고 비잔티움과 전쟁을 했는데, 이는 1,000여 년 전 카르타고와 로마가 시칠리아와 이탈리아반도에서 전쟁한 것과 유사했다.

168 알제리 북부에 살았던 사람들로 파티마 군대의 핵심을 이루었음.

169 일반적으로 종교 지도자라는 의미나, 시아파에서는 파티마와 알리의 후손으로서 시아파의 최고 지도자라는 뜻으로 사용되기도 한다.

170 알리의 아들 후사인의 증손자인 자파르 알 사디크.

동생 무사를 지지하는 그룹으로 나뉘었다. 여기서 이스마일파와 열두 이맘 시아파[171]가 생겨났다. 이스마일파는 이란 남서부의 쿠지스탄과 시리아에서 출발해 아라비아 동부와 마그레브에서 선교활동을 했다.

파티마왕조의 이름은 예언자 무함마드의 딸인 파티마에서 유래했다. 이 왕조의 초대 칼리프는 알리와 파티마의 후손임을 주장하는 우바이드 알라(Ubayd Allah al-Mahdi Billah, 909~934)였다.

시아파는 우마이야왕조와 아바스왕조의 칼리프들을 정권의 찬탈자로 여기고, 자신들만이 이슬람 공동체의 합법적인 지도자들이라 주장했다. 이에 따라 파티마왕조의 군주들은 칼리프 호칭을 취하고 아바스왕조의 타도를 목표로 세웠다. 이 왕조는 921년 이드리스왕조(Idrisid dynasty, 788~974)[172] 가 통치하는 모로코, 969년 이집트[173]를 정복하고, 아글라브왕조가 827년

---

[171] 무사를 지지한 시아파의 다수파로 이란이 이 파를 따르고 있다.

[172] 모로코는 740년 마그레브와 에스파냐에서 일어난 베르베르족의 반란 결과 우마이야왕조의 지배에서 벗어났고, 이 상황은 아바스왕조 시대에도 이어졌다. 이후, 이 지역에 여러 공국이 들어선 가운데 8세기 말 알리의 증손자인 이드리스가 메카에서 모로코로 와 현지 베르베르족들로부터 이맘으로 추대되어 이드리스왕조를 세우고 모로코를 통치했다. 921년 파티마 군대가 수도 페스를 점령했으나, 곧이어 후 우마이야왕조에 의해 쫓겨났다. 이드리스왕조는 이렇게 파티마왕조와 후 우마이야의 침략을 번갈아 받다가 974년 후 우마이야왕조의 공격을 받고 왕과 왕자들이 코르도바로 끌려가며 종말을 고했다.

[173] 641년 칼리프 우마르 시대에 정복된 이래 우마이야왕조를 거쳐 아바스왕조의 지배를 받았다. 아바스왕조는 이곳을 총독령으로 해서 중앙아시아 출신의 투르크인을 총독으로 파견했다. 파티마왕조에 정복될 당시 이집트는 투르크인 총독이 세운 툴룬왕조(868~905)를 거쳐 이크시드왕조(Ikhshidid dynasty, 935~969)의 지배 아래 있었다. 이크시드왕조는 아바스왕조의 칼리프가 이집트 총독으로 임명한 투르크 맘룩 무함마드 이븐 투그즈 알 이크시드에 의해 개창되었고, 이집트와 예루살렘을 포함한 팔레스타인의 일부를 영토로 두었다.

시작한 시칠리아[174]에 대한 정복 사업도 967년 완료했다. 972년 왕국의 중심지를 튀니지에서 이집트로 옮겼다. 파티마왕조는 푸스타트[175] 북쪽에 알까히라라는 수도를 새로 건설했는데, 이곳이 오늘날 이집트의 수도인 카이로가 되었다.

이집트를 차지한 파티마왕조의 다음 목표는 시리아였다. 파티마왕조는 983년 다마스쿠스를 정복하고 시리아 북부의 알렙포로 향했다. 이 시기에 알렙포와 이라크 북부는 아바스왕조의 칼리프 권위 아래 함단왕조(Hamdanid Dynasty, 905~1004)가 통치하고 있었다. 그런데 동로마가 7세기 중반 칼리프 우마르에게 빼앗긴 예루살렘과 시리아를 되찾기 위해 10세기 이 지역을 여러 번 공략했다. 함단왕조는 동로마의 메소포타미아 진출을 저지하던 중 결국 파티마왕조의 세력 팽창에 굴복하고 흡수당했다.

북아프리카, 시칠리아, 이집트, 메소포타미아, 히자즈(메카 및 메디나 일대) 일대를 지배했던 파티마왕조는 11세기 들어 다음과 같은 요인들로 약화하기 시작했다.

첫 번째는 파티마왕조 군대 내부의 분열이다. 파티마 군대는 쿠타마 베르베르인을 주축으로 나중에 수단의 흑인과 투르크인이 충원되었는데, 11세기에 들어서면서 이들 군대 구성원 간의 대립과 알력이 일어나기 시작했다.

두 번째는 정복지의 상실이다. 파티마왕조가 972년 중심지를 이프리키야

에서 이집트로 옮기면서 이프리키야를 총독령으로 했다. 이곳의 총독이었던 불루긴 이븐 지리는 베르베르족계에 속하는 지리왕조(Zirid dynasty, 973~1148)[176]를 세우고 한동안은 파티마왕조에게 복속했다. 그러나 지리왕조가 1040년대 수니파 이슬람을 받아들이고, 아바스왕조의 칼리프를 인정하며 파티마왕조로부터 독립함에 따라 파티마왕조는 북아프리카를 상실했다. 시칠리아는 1061년 노르만족의 침략을 받고 빼앗겼다.

세 번째는 셀주크 투르크족의 진출이다. 이들은 11세기 중반 페르시아를 정복하고, 메소포타미아와 아나톨리아로 진출했는데, 이는 메소포타미아에서 파티마왕조와의 충돌을 일으켰다. 아울러 수니파 이슬람을 받아들인 셀주크 투르크족은 시아파인 파티마왕조에 적대적이었다. 파티마왕조는 팔레스타인에서 일어난 아랍 부족의 반란을 진압하기 위해 투르크멘 족장 아트시즈(Atsiz)를 용병으로 고용했으나, 그는 배반하고 오히려 예루살렘(1073년)과 다마스쿠스(1076년)를 빼앗았다.

아트시즈는 카이로까지 진격하다가 파티마왕조의 반격을 받고 패하자, 셀주크왕조의 술탄 말릭 샤(1072~1092)[177]에게 도움을 청했다. 술탄은 1078년 군대와 함께 동생 투투쉬를 파견했다. 아트시즈는 투투쉬에게 정복지를 양도했으나 살해되고 만다. 이렇게 해서 투투쉬는 다마스쿠스에 시리아 셀주크왕조를 건설하고, 1086년에는 알레포 인근에서 벌어진 전투에서 숙부 술레이만 이븐 쿠툴미쉬에게 승리하며 알레포도 차지했다.

---

176 카이라완, 마디야 등을 수도로 하고 오늘날의 튀니지, 알제리 동부, 리비아 서부 지역을 통치했다. 수니파 이슬람을 받아들이며 파티마왕조와 멀어지자, 이에 대한 복수로 파티마왕조는 바누 힐랄 아랍족으로 하여금 지리왕조를 침략하도록 했다. 이 결과 지리왕조는 쇠락하다가 1148년 노르만족의 침략을 받고 사라졌다.

177 셀주크왕조의 제3대 술탄.

파티마왕조는 1098년 시리아 셀주크왕조로부터 예루살렘을 일시 되찾았다. 그러나 그다음 해인 1099년 제1차 십자군에게 예루살렘을 빼앗기고 영토가 이집트로 축소됐다.

이렇게 셀주크 투르크와 십자군이 파티마왕조의 세력권을 잠식하는 가운데 파티마왕조는 와지르(Vizer)라는 재상 자리를 놓고 권력투쟁이 일어나며 혼란에 빠졌다. 당시 파티마왕조 내에서는 칼리프는 상징적인 존재에 불과하고, 권력이 와지르에게 집중돼 와지르 자리를 두고 권력투쟁이 심했다. 1163년 권력투쟁에서 밀려난 샤와르라는 와지르가 자신의 복귀를 위해 장기왕조(Zengid Dynasty, 1127~1222)[178]의 군주 누르 앗 딘(1146~1174)에게 도움을 청했다. 장기왕조의 건국자 장기의 아들인 누르 앗 딘은 이에 응해 쉬르쿠라는 장군을 이집트에 파견했다. 이는 십자군이 1099년 예루살렘을 수복하고 세운 예루살렘 왕국이 이집트에 눈독을 들이는 것을 견제하려는 목적도 있었다.

그런데 쉬르크의 지원을 받아 와지르에 복귀한 샤와르는 카이로에 주둔하고 있는 쉬르크 군대에 두려움을 갖고 쉬르크에게 철수를 요구하고, 예루살렘 왕 아말릭에게도 도움을 요청했다. 파티마왕조는 이렇게 해서 장기왕조와 예루살렘 왕국이 개입한 복잡한 상황에 빠져들었다. 최종적으로 예루살렘 왕국이 1168년 11월 카이로에 대한 포위 공격에 나서자, 파티마왕조는 장기왕조에 도움을 요청했다. 누루 앗 딘은 쉬르쿠를 다시 파견했

고, 쉬르크를 배반했던 샤와르는 피살되었다. 샤와르가 제거됨에 따라 칼리프는 쉬르쿠를 1169년 파티마왕조의 와지르로 임명했다. 그러나 쉬르쿠가 2달 만에 사망하자, 그를 따라 이집트에 왔던 조카 살라딘[179]이 삼촌의 자리를 승계하고 수니파 아유브왕조(Ayyubid Dynasty, 1169~1260)를 열었다.

아유브왕조는 누루 앗 딘이 사망(1174년)한 후 장기왕조로부터 독립했으며, 파티마왕조는 마지막 칼리프 알 아디드(1160~1171)가 1171년 사망하며 종말을 고했다. 아유브왕조의 영토는 이집트, 시리아, 예멘, 이라크, 메카, 히자즈 등에 달했으나, 1250년 맘룩왕조(Mamluk Sultanate, 1250~1517)[180]를 세운 맘룩 장군 아이박에 의해 무너졌다. 그러나 알레포의 아미르로 있던 안 나시르 유숩(살라딘의 증손자)이 맘룩왕조를 부정하고 1260년 몽골의 훌레구에 정복되기까지 아유브왕조를 이어 갔다.

---

179 십자군에게 빼앗겼던 예루살렘을 1187년 탈환하는 등 십자군과 벌인 지하드로 유명하다.

180 750년 아바스왕조 성립을 전후해 투르크인들이 노예군인으로 이슬람 세계에 수출되었는데 이들을 맘룩이라 한다. 이들은 십자군과 몽골 군대가 레반트 지역 침공 시 이집트에서 용병으로 활동하다가 당시 이집트를 지배하던 아유브왕조를 멸하고 1250년 왕조를 세웠는데 이를 맘룩왕조라 한다. 몽골군이 1258년 바그다드, 1260년에는 시리아 정복을 마치자 훌레구는 맘룩왕조에 사신을 보내 항복할 것을 요구했다. 그러나 맘룩왕조의 술탄 쿠투즈는 사신을 살해하고 항전 의지를 불태웠다. 결국 맘룩 군대와 훌레구 군대는 1260년 7월 아인 잘루트에서 격돌했는데 훌레구 군대가 패했다. 이 전투의 승리로 맘룩왕조는 몽골 군대에 최초로 패배를 안기며 중동의 이슬람 세계를 구했다. 이 왕조는 또한 몽골에 의해 사라진 아바스왕조의 후손을 카이로에서 칼리프로 옹립하며 아바스왕조의 후원자 역할을 했다. 맘룩왕조는 이슬람 세계와 레반트 지역 패권을 두고 오스만제국과 경쟁하다가 1517년 오스만제국의 술탄 셀림 1세에게 패하고 사라졌다.

투르크족과 이슬람

투르크족

투르크족은 유라시아 일대에 거주하던 유목민이었다. 이들은 오늘날 튀르키예(터키), 카자흐스탄, 우즈베키스탄, 투르크메니스탄, 키르기스 등의 국가를 세우고, 신장 위구르 및 캅카스 일대에 퍼져 살고 있다.

『집사』[181]를 저술한 일 칸국의 재상 라시드 앗 딘은 이 책의『부족지』편에서 이슬람의 역사서에 근거해 투르크족의 조상을 노아의 아들인 야벳에

---

[181] 몽골제국의 역사를 포함해 세계 각 민족의 역사와 지역의 지리를 서술한 역사책이다. 일 칸국의 가잔 칸(칭기즈칸의 5대 손자)은 세월이 지남에 따라 칭기즈칸의 후손들이 조상의 뿌리를 잊고 서로 자주 반목하게 되자 조상의 뿌리를 알려서 몽골인의 통합을 도모하기 위해 재상 라시드 앗 딘에게 '몽골제국사'를 만들도록 명했다. 그러나 1304년 5월 가잔 칸이 사망할 때까지 이 역사서가 완성되지 않자, 가잔의 후계자인 울제이투는 기존의 '몽골제국사'에 세계 각 민족의 역사와 각 지역의 지리적 특징을 추가하라고 명했고 이렇게 해서『집사』가 탄생했다.『집사』는 제1부 몽골제국의 흥기(일명 가잔사), 제2부 세계 각 민족들의 역사, 제3부 세계 각 지역의 경역·도로·하천 등으로 구성되어 있다. 제1부가 김호동 교수에 의해 제1권 『부족지』, 제2권『칭기즈칸기』, 제3권『칸의 후예들』의 형태로 번역, 출간되었다. 전승민,『유라시아의 중심국 카자흐스탄 이야기』(들녘, 2022), 66쪽.

두었다. 기독교에서는 야벳을 유럽인의 조상으로 보는 데, 동일한 인물 야벳을 기독교권과 이슬람권이 다르게 해석하고 있다.

투르크족과 관련된 단어로 튀르크, 터키, 투르크 3가지가 있다. 모두 투르크족을 뜻하지만 혼동을 피하기 위해 튀르크는 6세기에서 8세기 사이에 유라시아 초원에 등장했던 돌궐제국을, 터키는 아나톨리아에 있는 현재의 투르크 국가를, 투르크는 투르크족과 이들이 세운 왕조나 언어를 지칭할 때 사용한다.[182] 터키 국명의 영문 표기는 터키 정부가 2022년 6월 1일 유엔에 변경 요청을 하고, 유엔이 승인함에 따라 Turkey(터키)에서 '튀르크인의 땅'이라는 의미를 지니는 Türkiye(튀르키예)로 변경됐다. 변경 이유는 Turkey가 칠면조를 뜻하고 겁쟁이라는 속어로 사용되어 국가 이미지에 안 좋았기 때문이다. 영문 표기에 맞추어 한글 표기 국가 이름도 터키에서 튀르키예로 바뀌었다.

중국 사서에 등장하는 철륵(鐵勒)과 돌궐(突厥)은 투르크의 한자 표기인데, 철륵은 투르크계 유목민의 총칭이고 돌궐은 토문이 552년 건설한 나라의 명칭으로 사용된다.[183]

투르크족의 원주지는 알타이산맥 인근으로 여겨지고 있다. 투르크족들이 세운 돌궐제국의 최대 영토는 동서로는 싱안링산맥에서 카스피해, 남북으로는 몽골고원에서 타림분지에 달했으며, 여기에는 트란스옥시아나와 박

---

182 크리스토퍼 벡위드 저, 이강한·류형식 역, 『중앙유라시아세계사』(소와당, 2014), 59쪽; 제임스 A. 밀워드 저, 김찬영·이광태 역, 『신장의 역사』(사계절, 2013), 76쪽.

183 고마츠 히사오 외 저, 이평래 역, 『중앙유라시아의 역사』(소나무, 2015), 78쪽.

트리아도 포함되었다. 투르크족들은 돌궐제국을 건설하며 카자흐스탄과 트란스옥시아나로 퍼져 나갔다.

이들이 트란스옥시아나로 이주하기 전 이 지역에는 소그드인들이 살고 있었다. 소그드인은 이란어계 종족에 속하는 사람들이다. 이란어계 종족은 트란스옥시아나뿐만 아니라 카자흐스탄 남부, 타림분지에 광범위하게 살고 있었다. 이란어계 종족이 우위였던 중앙아시아는 돌궐제국이 등장하며 서서히 투르크족의 우위로 바뀌게 시작한다.

투르크족들은 840년 위구르 왕국[184]의 붕괴를 계기로 또 한 번 타림분지와 카자흐스탄, 트란스옥시아나로 이동했다. 이 당시 트란스옥시아나는 아바스왕조의 후원을 받는 이란계 사만왕조의 통치 아래 있었다. 투르크족들은 사만왕조의 영향을 받아 적극적으로 이슬람으로 개종하고, 코초 위구르왕조, 카라한왕조, 가즈나왕조, 셀주크왕조, 호라즘왕조 등 이슬람계 왕조를 세웠다.[185] 이들 투르크계 왕조가 들어서며 카자흐스탄, 트란스옥시아나, 타림분지는 투르크화가 완성되어 투르키스탄이라 불리게 됐다. 투르키스탄은 페르시아어로 투르크족이 사는 지역이라는 뜻이다. 파미르고원을 중심으로 서쪽을 서투르키스탄, 동쪽을 동투르키스탄이라고 한다.

---

[184] 투르크족 위구르가 카를룩 및 바스밀 투르크족과 돌궐을 무너뜨리고 744년 몽골고원에 세운 왕국이나, 840년 또 다른 투르크족인 키르기스의 침입을 받고 망했다.

[185] 이들 투르크계 이슬람왕조에 대해서는 전승민, 『유라시아의 중심국 카자흐스탄 이야기』(들녘, 2022), 93~106쪽 참조.

투르크족의 이슬람으로의 개종

투르크인들은 651년 사산왕조가 무너지고 페르시아가 이슬람화되며 이슬람을 접하기 시작했다. 페르시아를 무너뜨린 우마이야왕조가 트란스옥시아나로 진출해 이 지역에 진출해 있던 투르크인들을 개종하기 시작한 것이다. 투르크인들이 이슬람을 받아들인 가장 큰 배경은 이들이 다신교를 믿었다는 점이다. 다신교 사회는 다른 종족이 믿는 신에 대해 배타적이지 않다.

이슬람을 받아들이기 전 투르크인들의 주된 신은 텡그리였다. 텡그리는 하늘 또는 신을 의미한다. 텡그리는 하늘의 가장 높은 단계에 있는 초월적인 존재로 하늘과 땅이 그에게 복종했다. 이 신앙은 하늘에 있는 초월적인 신을 믿기에 일신교와 비슷한 점이 있지만, 일신교는 아니다. 일신교와 같은 경전이나 성직자가 없고, 구체적인 교리 체계가 잡혀있지 않기 때문이다. 텡그리 이외에 애니미즘이나 토테미즘, 네스토리우스파 그리스도교[186] 도 퍼져 있어, 투르크족 사회는 다신교 사회였다.

텡그리 관념(신앙)은 투르크-몽골의 샤머니즘을 기반으로 하나 고래의 우주관에서 차용된 것이라 보는 견해가 있다.[187] 테무진이 1206년 몽골고원

---

186 콘스탄티노플의 대주교인 네스토리우스가 만든 기독교의 일파로, 그는 예수와 마리아에게 인성이 있다 주장하며 예수의 본성에 관한 정통 교리인 삼위일체를 부정했다. 이 교파는 431년 에페수스 공의회에서 이단이라 규정되었고, 이에 따라 네스토리우스교 신자들은 박해를 피해 로마제국을 떠나 5세기 후반 이후 메소포타미아, 시리아, 이란, 중앙아시아, 몽골, 중국으로 퍼져 나갔으며 중국에서는 '경교'로 불리기도 했다. 전승민, 『유라시아의 중심국 카자흐스탄 이야기』(들녘, 2022), 122쪽.

187 르네 그루쎄 저, 김호동·유원수·정재훈 역, 『유라시아 유목제국사』(사계절 출판사, 2012), 147쪽.

을 평정하고 최고 지도자가 되었을 때 칭기즈칸이라는 칭호를 받았다. 이 칭호를 준 인물은 쿠쿠추라는 주술사였는데, 그의 별명은 텝 텡그리(드높은 천신)였다. 이는 몽골 사회에서 텡그리와 샤머니즘이 긴밀하게 연결되어 있음을 보여준다.

유목국가 군주들은 자신들의 권위를 높이기 위해 텡그리에 의지하기도 했다. 흉노의 선우(왕)는 '탱리고도선우(撐犂孤塗單于)'라 했는데, 탱리(텡그리의 음차)는 하늘, 고도는 아들을 의미하기에 흉노의 왕은 '하늘의 아들'이라는 의미이다. 돌궐 카간(왕)들의 비문에도 텡그리가 나오는데 이것도 하늘로부터 권위를 위임받은 왕이라는 것을 강조하기 위해서 사용됐다.

투르크족과 아랍인과의 우호적 관계도 투르크인들이 이슬람을 수용하는 데 영향을 미쳤을 것이다. 알타이산맥 인근을 주거지로 삼던 투르크족들은 552년 돌궐제국이 건설되며 카자흐스탄과 트란스옥시아나에도 서서히 등장했다. 이 당시는 이슬람의 창시자 무함마드도 생존해 있었다. 무함마드가 투르크족을 어떻게 생각했는지 그 단면이 하디스에 나온다.

> "투르크족들이 너희를 건드리지 않는 한, 너희도 결코 투르크족들을 건드리지 마라. 동쪽에 투르크라는 우리의 군대가 있다."[188]

무함마드가 어떻게 투르크인에 대해 호의적인 인식을 갖게 되었는지 구체적으로 알려진 것은 없지만, 이 감정은 페르시아의 사산왕조를 사이에

---

188 이희수, 『터키사』(대한교과서, 2005), 271쪽.

두고 서돌궐과의 연대감에서 나왔을지도 모른다. 트란스옥시아나를 지배하며 페르시아와 이웃하고 있던 서돌궐은 비단길 교역을 놓고 페르시아와 분쟁 관계에 있었고, 이슬람으로 무장한 아랍인은 조로아스터교를 믿는 페르시아인과 전통적으로 사이가 안 좋았다.

투르크족들은 750년 아바스 혁명의 성공과 751년 탈라스 전투에서 아바스왕조가 당나라에 승리하는 데 이바지했다. 탈라스 전투의 승리로 트란스옥시아나가 이슬람제국에 떨어지며, 이 지역은 이슬람화하기 시작했다. 이슬람으로 개종한 투르크인들은 아바스왕조의 근위병이 되기도 했다.

9세기 중반에 들어서며 근위병들의 세력이 확대되며 아바스왕조의 칼리프 권위가 약화하기 시작했다. 10세기 초에는 북아프리카와 이집트를 영역으로 하는 시아파 파티마 왕조가 들어서며 수니파인 바그다드의 아바스왕조와 대립했다. 에스파냐의 후 우마이야왕조의 아미르는 칼리프 칭호를 사용하기 시작했다. 호라산 지역에도 지방 왕조들이 등장하기 시작했다.

트란스옥시아나를 중심으로 들어선 사만왕조(875~999)는 이러한 지방 왕조 중 하나였다. 이 왕조는 페르시아계 이슬람왕조였으며, 트란스옥시아나 북방의 투르크인들을 이슬람으로 개종시키는 데 큰 역할을 했다. 사만왕조의 눈에는 텡그리를 믿는 북방의 투르크인들은 우상숭배자였다. 사만왕조는 트란스옥시아나의 이슬람 세계를 보호하는 한편, 893년 이래 카자흐스탄 남부에 위치한 탈라스에 원정해 그곳에 있던 네스토리우스파 교회를 모스크로 바꾸며 투르크인들을 개종시켰다.[189] 투르크인들 또한 트란스옥

---

189 전승민, 『유라시아의 중심국 카자흐스탄 이야기』(들녘, 2022), 133쪽.

시아나의 공동체 성원이 되기 위해 집단으로 이슬람으로 개종하거나 용병으로 참여했고, 이 중에서 뛰어난 사람은 지휘관이나 지방 총독으로 임명되기도 했다. 이들 중에는 840년 위구르제국 붕괴 후 몽골고원과 알타이산맥 일대에서 카자흐스탄과 트란스옥시아나로 이주한 투르크인들이 많았다.

사산왕조 붕괴 후 8세기 초경부터 이슬람으로 개종하기 시작한 투르크인들은 셀주크왕조와 몽골제국을 거쳐 오스만제국에 이르러 아랍인을 대신해 이슬람 세계의 주역이 되었다.

셀주크왕조

셀주크왕조(1038~1194)와 오스만제국을 건설한 사람들은 오구즈계 투르크인들이다. 라시드 앗 딘은 그의 저서 『부족지』에서 오구즈는 노아의 아들인 야벳의 손자라 했다. 그리고 오구즈는 6명의 아들과 이들 각 아들에게서 태어난 4명의 아들들을 군대의 우익과 좌익에 절반씩 나누어 배치했으며, 이렇게 해서 우익 12지파, 좌익 12지파 등 총 24개의 오구즈계 지파가 형성되었다고 했다. 그리고 위구르, 카를룩, 킵차크, 캉글리 등의 투르크족들은 오구즈와 연합한 형제와 사촌들이라 했다.[190]

---

190 이들 투르크족에 대해서는 전승민 저, 『유라시아의 중심국 카자흐스탄 이야기』(들녘, 2022), 93~106쪽 참조

오구즈족 전설에 따르면 셀주크왕조를 세운 셀주크와 오스만제국의 모태가 된 오스만 공국을 세운 오스만은 오구즈 24개 지파 중 키닉 지파와 카이 지파에 각각 속했다. 오구즈는 9세기경 야브구[191]왕조를 세우고 시르다리야[192] 중류에서 아랄해 인근 지역을 지배했다.

오구즈를 비잔티움 사가들은 우조이(Ouzoi), 러시아 사람들은 토르크(Tork), 아랍 사람들은 구즈(Ghuzz)로 불렀다.[193] 구즈인은 칭기즈칸 시대 이후로는 투르크멘(투르코만)이라는 이름으로 알려졌다.[194]

셀주크의 아버지 두칵은 오구즈 야브구왕조의 장군이었다. 셀주크는 야브구와 이유를 알 수 없는 불화로 헤어진 후 부족민을 이끌고 960년경 트란스옥시아나로 이주했다. 이후 셀주크와 부족민들은 이슬람으로 개종하고 카라한왕조, 가즈나왕조 등에서 용병으로 복무하며 세력을 키웠다.

셀주크와 그의 아들이 사망한 후 셀주크의 손자 토그릴과 차그리가 셀주크족을 이끌었다. 토그릴(1038~1063)이 1038년 호란산의 니샤프르에서 셀주크왕조(Seljuk dynasty)를 열고 초대 술탄에 올랐다. 토그릴은 1040년 단다나칸 전투에서 가즈나왕조를 물리치고 호라산의 패자가 되고, 1055년에는 아바스왕조의 중심지인 바그다드로 가 이 지역을 실질적으로 지배하던 부이왕조(Buyid Dynasty, 934~1062)를 몰아냈다. 토그릴은 이 공로로 칼리프로

---

191 카간의 권위 아래 왕국의 일부를 다스리는 지역 군주로 이 당시 카간은 위구르 왕국의 왕이었다.

192 천산산맥에서 발원해 키르기스스탄, 우즈베키스탄을 거쳐 카자흐스탄 관할의 아랄해로 흘러들어가는 길이 2,212㎞의 강이다. 고대 그리스에서는 약사르테스(Jaxartes)강이라 불렀다.

193 르네 그루쎄 저, 김호동·유원수·정재훈 역, 『유라시아 유목제국사』(사계절 출판사, 2012), 276쪽.

194 르네 그루쎄 저, 김호동·유원수·정재훈 역, 『유라시아 유목제국사』(사계절 출판사, 2012), 229쪽.

부터 '동방과 서방의 왕'이라는 칭호를 받고 아바스왕조의 보호자 역할을 했다. 이는 프랑크 왕국이 로마 교황을 보호하는 관계와 비슷했다.

셀주크왕조의 2대 술탄인 알프 아르슬란(1063~1072, 차그리아들) 1071년 만지케르트 전투에서 동로마 황제 로마누스 디오게네스(1068~1071)를 포로로 잡고 승리하며 아나톨리아의 상당 부분을 차지했다. 이는 이 지역을 투르크화하는 토대가 되었다. 이슬람을 믿는 셀주크족의 아나톨리아 진출은 20여 년 후 십자군 전쟁이 발발하는 계기가 되었다. 3대 술탄 말릭 샤(1072~1092, 알프 아르슬란 아들)는 트란스옥시아나의 카라한왕조를 정복했다. 이렇게 해서 이 왕조의 정복지는 트란스옥시아나에서 페르시아, 메소포타미아, 아나톨리아에 달했다.

말리 샤 치세에 일족에게 영토가 분배되어 이란에 대셀주크왕조(페르시아 술탄국, 1038~1194), 다마스쿠스를 중심으로 하는 시리아 셀주크왕조(1078~1128), 니케아(이즈니크)를 중심으로 하는 아나톨리아 셀주크왕조(룸 셀주크왕조, 1077~1308)가 들어섰다.

셀주크 왕국은 1092년 말릭 샤가 사망한 후 일족 간에 계승권 분쟁이 일어나며 결속력이 약화되었다. 결국 시리아 셀주크왕조는 1128년 아타벡[195]이 세운 장기왕조, 대셀주크왕조는 1194년 호라즘왕조에 각각 망했다. 아나톨리아 셀주크왕조는 1243년 쾨세다으 전투에서 몽골에 패하고 속국으로 있다가 1308년 최종적으로 역사에서 사라졌다. 아나톨리아 셀주크왕조가 사라지고 오스만제국이 등장하게 된다.

---

195 지방의 군사적 세습 봉건 군주로 어린 왕자를 교육하고 보호하는 임무도 수행했다.

십자군 전쟁

제1차 십자군 원정 후 동지중해 연안에 세워진 십자군 왕국

십자군 전쟁은 유럽의 기독교 국가(신성로마제국, 프랑스, 영국, 베네치아 등)들이 성지 예루살렘을 탈환하고 기독교 세계를 보호하기 위해 십자군을 조직해 레반트에서 이슬람 세계와 벌인 전쟁이다. 유럽 국가들은 중간중간 중단된 기간을 포함해 11세기 말(1096년)부터 13세기 말(1281년)까지 200여 년간 총 8차례의 십자군 원정을 했다.

십자군 전쟁이 시작될 무렵 지중해 주변의 지역은 에스파냐를 제외하고 지중해를 중심으로 기독교권과 이슬람권으로 양분되어 있었다. 기독교권은 지중해 북부의 유럽 지역이다. 이 지역에는 프랑크 왕국이 가톨릭을 받아들이고, 8세기 피레네산맥 동쪽의 유럽 지역 대부분을 통일한 후 독일, 프랑스, 도시국가 베네치아, 영국 등이 들어서 있었다. 반면 이슬람권은 에스파냐 남부에서 시작해 북아프리카와 중동을 거쳐 중앙아시아 지역에 달했다.

십자군 전쟁이 일어나기 전후에도 기독교 진영과 이슬람 진영 간 전쟁이 있었다. 그러나 십자군 전쟁은 로마 교황의 주창 아래 성지 탈환과 기독교도 보호라는 목표를 세우고 유럽의 여러 나라가 군대를 동원했다는 점에서 이전의 전쟁과 차이를 보인다.

예루살렘은 기원전 63년 폼페이우스가 정복하며 로마에 속했다. 로마제국이 395년 동로마와 서로마로 갈라진 후에는 동로마에 속했다. 그러나 638년 칼리프 우마르가 이곳을 정복한 후 십자군 전쟁이 일어나기 전까지는 이슬람 진영에 속했다. 예루살렘은 유대인의 성전이 있고, 예수가 부활한 곳이다. 무슬림들은 예언자 무함마드가 예루살렘에 있는 신전산에서 승천했다고 믿는다. 이러한 배경으로 예루살렘은 이들 3개 종교에 모두 중요한 곳이었다.

이슬람 세계는 파티마왕조가 들어서며 바그다드의 아바스왕조, 에스파냐의 후 우마이야왕조 등 3개 권역으로 나뉘어 있었다. 파티마왕조가 시아파나 다른 두 왕조는 수니파, 그리고 아바스왕조는 우마이야왕조를 멸했기에 세 왕조는 서로 사이가 안 좋았다. 제1차 십자군이 결성될 당시 예루살렘은 이집트를 통치하는 파티마왕조에 속했다.

이슬람왕조가 이렇게 분열해 있을 때 셀주크족이 이슬람 세계로 진입했다. 앞서 설명했듯이 이들은 바그다드 칼리프의 보호자 역할을 하다가, 1071년 만지케르트 전투에서 동로마 군대에 승리하고 동로마 영역인 아나톨리아에 본격적으로 진출했다. 아나톨리아는 기원전 63년경 로마제국의 품으로 들어간 이래 페르시아나 이슬람 진영이 결코 차지하지를 못했다. 셀주크족은 사산왕조나 이슬람왕조가 정복하지 못했던 아나톨리아를 정복하려 했다.

만지케르트 전투의 패배로 위협을 느낀 비잔틴 황제 알렉시우스 1세 콤네누스(1081~1118)는 로마교황 우르바누스 2세(1088~1099)에게 도움을 요청했다. 이에 로마 교황은 1095년 클레르몽에서 공의회를 열고, 동로마를 지원해 성지를 탈환할 군대 파견을 호소했다. 이렇게 해서 제1차 십자군(1096~1099)이 조직됐다. 십자군은 3년간의 원정을 통해 1099년 파티마왕조로부터 예루살렘을 탈환하고, 지중해 동부에 4개의 기독교 국가(에데사 백국, 안티오크 공국, 트리폴리 백국, 예루살렘 왕국)를 세웠다.

이후 이슬람권의 반격이 있었다. 아유브왕조를 세운 살라딘(1169~1193)이 1187년 예루살렘을 되찾았다. 기독교권 국가는 이에 대응해 다시 십자군을 조직했으나, 예루살렘 탈환에 실패했다. 기독교권은 이후에도 성지 탈환과 기독교권 보호라는 명분으로 십자군을 6차례 더 조직했다. 그러나 제4차 십자군(1202년~1204년)은 예외였다. 이 십자군의 명분도 애초에는 이집트를 정복해 아유브왕조로부터 예루살렘을 수복하려는 것이었다. 그러나 실제로는 공격 목표를 바꾸어 동로마를 점령하고 약탈했다. 이는 기독교 진영이 다른 기독교 진영을 무자비하게 약탈한 기독교의 흑역사였다. 십자군은 비잔티움제국을 정복하고 라틴 국가를 세웠으나, 60여 년 만에 니케아에 피신해 있던 동로마 황실에 의해 쫓겨났다. 동로마제국이 다시 비잔티움에 들어섰지만, 국력이 약화해 오스만 투르크가 아나톨리아에서 주도 세력으로 등장하게 된다. 또한 로마 가톨릭교회와 동방 정교회의 분열이 심화했다.

레반트에서의 십자군 전쟁은 1291년 동부 지중해 연안에서 기독교 진영의 최후 보루였던 아크레가 맘룩왕조에 의해 함락되며 막을 내린다. 2세기간 지속되었지만, 예루살렘을 탈환하지 못하고 아나톨리아에서 이슬람 세력을 막아내지도 못한 십자군 전쟁은 기독교권의 실패였다. 이는 무엇보다 로마 교황의 권위가 약화하는 결과를 가져왔다. 반면에 황제권은 강화되어 유럽에서 절대왕정이 등장하게 되었다.

동지중해와 아나톨리아에서 기독교권이 이슬람권에 밀려났으나, 에스파냐에서는 반대의 결과가 나타났다. 이 지역에서는 1031년 후 우마이야왕조가 사라지고 톨레도, 세비야, 코르도바, 그라나다, 사라고사 등지에 타이파가 등장했다. 에스파냐 북부의 기독교 왕국은 이들 이슬람 세력을 이베리아반도에서 축출하기 위해 레콩키스타[196]를 펼쳤다. 레콩키스타는 성지 탈환 목적이 아니어서 레반트에서 일어난 십자군 전쟁과는 별개이다. 그러나 이슬람 세력을 축출하려는 대의명분은 비슷하다.

카스티야 왕국의 알폰소 6세가 1085년 톨레도를 접수했다. 이에 위협을

---

196 재정복을 뜻하는 스페인어로 이베리아반도에서 이슬람 세력을 축출해 영토를 회복하려는 과정.

느낀 타이파들은 마그레브에 있는 알모라비드 왕국에 지원을 요청했다. 그러나 '후 우마이야왕조'에서 언급했듯이 1212년 카스티야, 나바라, 아라곤 등 에스파냐 북부의 기독교 왕국은 교황 인노켄티우스 3세(1198~1216)의 지원을 받아 라스 나바스 데 톨로사 전투에서 승리하며 에스파냐 남부에 있던 이슬람 세력에 결정타를 날렸다. 이후 그라나다에 남아 있던 마지막 이슬람 세력(나스르왕조)이 1492년 쫓겨나며 이베리아반도 전체가 기독교권 품으로 돌아왔다.

몽골제국과 이슬람

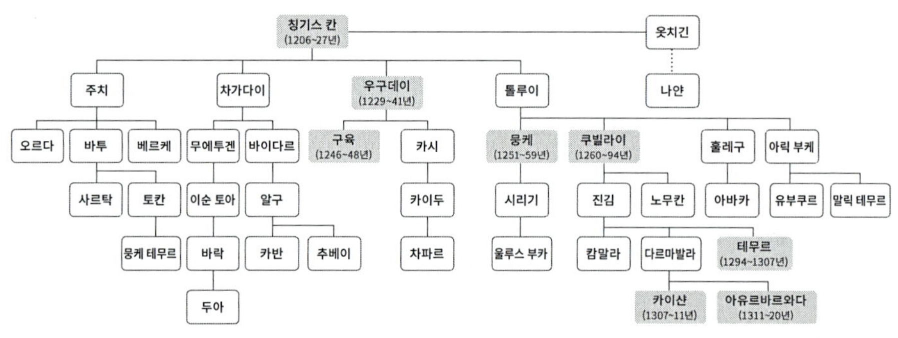

칭기즈칸의 약식 가계도

칭기즈칸의 중앙아시아 원정: 이슬람 세계 침공

몽골제국은 칭기즈칸이 몽골고원과 알타이산맥 일대에 거주하는 타타르, 나이만, 케레이트 등 여러 몽골족과 투르크족을 평정하고 1206년 최고 지도자로 선출되며 세운 왕국이다. 몽골족과 투르크족은 유라시아 초원의 주인공들이었다. 이들을 구분하는 종족, 언어, 거주 지역, 상호 관계 등 정체성에 대해 명확하게 알려진 것이 많지 않지만, 라시드 앗 딘은 그의 저서

『부족지』에서 몽골족은 투르크족의 한 부류고 외모와 언어도 비슷하다고 했다.

칭기즈칸이 몽골고원과 알타이산맥 일대를 평정하자 타림분지의 위구르족, 카자흐스탄 발하슈호 인근에 있던 카를룩족의 군주들이 칭기즈칸에게 자발적으로 복속했다.

칭기즈칸이 몽골고원을 평정했을 때 중국은 탕구트,[197] 금나라, 송나라로 3분되어 있었다. 칭기즈칸은 1205년부터 몇 차례 탕구트를 원정해 복속시키고, 1211년부터는 금나라도 압박해 중국 북부 지역의 상당 부분을 차지했다.

이렇게 칭기즈칸이 세력을 확장하고 있을 때 투르크계 이슬람왕조인 호라즘왕조(1077~1220)[198]가 트란스옥시아나에서 페르시아에 걸쳐 세력을 형성하고 있었다. 두 왕국은 대략 카자흐스탄 동남부 지역에서 대치하는 형국이었다.

칭기즈칸은 호라즘왕조와 무역 거래를 하기 위해 1218년 여름 사신과

---

197 티베트계 강족(羌族)의 일파인 탕구트족이 11세기 초에 세운 왕국으로 서하(西夏)라고도 불렸다. 오늘날의 닝샤후이족자치구(宁夏回族自治区)를 기반으로 발전해 나갔으나, 1205년부터 몇 차례에 걸친 칭기즈칸의 침입을 받고 굴복했다. 그러나 탕구트는 칭기즈칸의 호라즘왕조 침공을 위한 병력 동원 요청을 거부했다가 1226년 칭기즈칸의 보복 공격을 받고 1227년 멸망했다.

198 호라즘은 아무다리야가 아랄해로 흘러 들어가는 삼각주 일대다. 이 지역은 전통적으로 페르시아계 주민이 거주했으나, 셀주크 투르크가 중앙아시아로 이주하면서 이곳을 차지했다. 1077년 셀주크왕조의 3대 술탄 말릭 샤가 투르크인 아누쉬 테긴을 이 지역의 총독으로 임명하며 왕국의 기초가 세워졌다. 이 왕조는 1194년 페르시아 셀주크 술탄국 정복, 1210년 트란스옥시아나에서 카라 키타이 축출, 1215년 아프가니스탄의 구르왕조 제압 등을 통해 영토가 페르시아, 아프가니스탄, 트란스옥시아나에 달했다.

상인단을 호라즘왕조의 샤(왕) 알라 앗 딘 무함마드에게 보냈다. 그러나 사신과 상인단이 오트라르(시르다리야 연안에 있던 실크로드 도시)에 도착했을 때 그곳의 지사 이날축이 상인들의 물건을 빼앗고 사신과 상인들을 살해했다. 간신히 살아남아 탈출한 상인 1명이 칭기즈칸에게 와서 이 참상을 보고했다. 칭기즈칸은 사신을 보내 사과와 배상을 요구했지만 호라즘 샤는 이를 거부했다. 분노한 칭기즈칸은 호라즘왕조를 정벌하기로 결심하고 1219년 봄 자신의 네 아들(주치, 차가타이, 우구데이, 톨루이)과 대군을 이끌고 출정했다. 이렇게 해서 칭기즈칸의 중앙아시아 원정이 시작됐다.

칭기즈칸의 중앙아시아 원정로

칭기즈칸 군대는 파죽지세로 오트라르, 부하라, 사마르칸트(호라즘왕조의 수도) 등 트란스옥시아나에 있는 실크로드 도시와 호라즘왕조의 옛 수도인 우르겐치를 함락시켰다. 칭기즈칸은 1220년 봄 사마르칸트를 점령한 후 제베와 수베에테이 장군에게 페르시아로 도망친 샤를 추적하라고 했다.

제베와 수베에테이는 발흐, 이스파한, 라이(테헤란) 등의 도시들을 약탈하며 샤를 추적했다. 샤는 두려움과 고통 속에 추격대를 피해 도망 다니다가 1220년 12월경 카스피해의 한 작은 섬에서 죽었다. 이렇게 해서 페르시아와 트란스옥시아나를 다스리던 투르크계 이슬람왕조는 종말을 고했다.

호라즘 샤의 사망 소식을 들은 칭기즈칸은 제베와 수베에테이에게 서부 페르시아와 아제르바이잔도 정복하라고 지시했다. 두 장수는 서부 페르시아를 약탈하고 아제르바이잔으로 가 타브리즈[199]를 점령했다. 타브리즈는 훗날 페르시아에 들어선 일 칸국의 수도가 된다.

제베와 수베에테이는 아제르바이잔을 정복한 후 캅카스산맥을 넘어 킵차크 초원[200]을 거쳐 칭기즈칸과 합류하려 했다. 이들이 캅카스산맥을 넘어갔을 때 킵차크인들이 키예프 루시[201]의 왕공들과 함께 공격해 왔다. 몽

---

199 오늘날 이란 북서부에 위치한 동아제르바이잔주의 주도이다. 일 칸국 이후에도 흑양왕조, 사파비왕조 등 여러 왕국이 이곳을 수도로 했다. 전통적으로 이 지역은 아제르바이잔에 속했으나, 1828년 투르크만차이 조약에 따라 아라즈강 이북은 러시아, 그 이남은 이란이 차지하며 이란에 속하게 되었다. 아제르바이잔 사람들은 이런 연유로 자신들이 세상에서 가장 큰 국토분단의 아픔을 겪고 있다고 생각한다.

200 이슬람 문헌에 투르크족 킵차크의 세력 범위를 Desht-i-Kipchak(킵착 평원)이라 했는데, 이는 오늘날 카자흐스탄의 초원 지대에 상응한다.

201 9세기 중엽 오늘날 우크라이나의 수도인 키예프에 동슬라브 사람들(또는 이들이 바이킹족과 함께)이 세운 키예프 공국을 비롯한 여러 공국의 연합체.

골의 장수들은 1222년 5월 아조프해로 흘러드는 칼카강 전투에서 키예프 루시에 속한 갈리치 공국과 킵차크 연합 군대를 격파했다. 이들은 이어서 볼가강을 건너 불가르인과 캉글리인을 격파하고 1224년 이르티시강 인근에 체류하고 있던 칭기즈칸과 합류했다.

칼카강 전투의 승리와 불가르인 제압은 훗날 바투가 유럽 원정전을 통해 남러시아 초원을 정복하는 토대가 되었다.

칭기즈칸은 사마르칸트를 정복한 후, 막내아들 톨루이와 호라산으로 갔다. 발흐, 메르브, 헤라트 등 호라산의 주요 도시들이 몽골 군대에 정복되었다. 칭기즈칸은 아프가니스탄의 탈리칸을 정복하고 그곳에서 휴식을 취한 후 1222년 가을 아무다리야와 이르티시강을 건너 1225년 봄 몽골고원으로 돌아왔다.

잠시 휴식을 취한 칭기즈칸은 탕구트가 호라즘왕조 원정 시 군사 지원을 하지 않았을 뿐만 아니라 반란을 기도하고 있어 이를 징벌하기 위해 1226년 가을 출정했다. 그러나 탕구트 정복을 목전에 두고 칭기즈칸은 1227년 여름 병으로 사망했다.

그의 사후 정복지는 아들들에게 다음과 같이 분봉되었다.[202]

첫째 주치에게는 이르티시강에서 서쪽으로 몽골의 말발굽이 닿는 곳까지와 호라즘 본토가 주어졌다. 주치가 칭기즈칸보다 먼저 사망해 이 정복지는 주치의 차남 바투와 장남 오르다가 승계했고 킵차크 칸국이라 불렀다. 둘째 차가타이는 천산 북방의 일리와 카쉬가리아(타림분지 서부지역), 카

---

202 전승민, 『유라시아의 중심국 카자흐스탄 이야기』(들녘, 2022), 202~203쪽.

자흐스탄의 동남부(제티수) 지역과 트란스옥시아나를 영지로 받았고, 이 영지는 그의 이름을 따 차가타이 칸국이라 불렸다. 셋째 우구데이는 발하슈 호 동부와 알타이산맥 사이를 영지로 받고 칭기즈칸의 후계자가 되었다. 이 지역에는 에밀, 타르바가타이,[203] 카라 이르티시강[204] 등이 자리 잡고 있다. 넷째 톨루이에게는 몽골 본토가 주어졌다.

우구데이 가문은 톨루이 가문의 뭉케(톨루이의 장자)가 대칸이 되었을 때 불만을 품고 반란을 꾸미다가 적발되어 주모자가 살해되고 대부분 영지가 뭉케의 지지자들에게 분배되었다. 우구데이의 손자 카이두는 살아남아 에밀을 중심으로 영지를 유지했다. 그러나 그는 얼마 지나지 않아 가문의 부흥을 위해 대칸에 도전했고, 1301년 알타이산맥 남부에서 벌어진 전투에서 카이샨(대칸 테무르의 조카)에 패하고 후퇴하다가 사망했다. 그리고 그의 후계자이자 아들인 차파르도 차가타이 칸국에 의해 축출됨으로써 우구데이 가문은 종말을 고했다. 이런 연유로 우구데이 가문은 다른 형제들 가문과 달리 독자적인 칸국을 세우지 못했다.

칭기즈칸이 사망한 후에도 정복 전쟁은 이어졌다. 2대 대칸 우구데이

---

203 타르바가타이는 산맥 이름 또는 그 인근 지역을 뜻하는 의미로 사용되고 있으며, 지역을 뜻할 경우 일부는 카자흐스탄 내 동카자흐스탄주에 있는 타르바가타이현, 다른 일부는 신장위구르자치구 내의 일리카자흐자치주에 속하는 타르바가타이현을 말한다. 전승민, 『유라시아의 중심국 카자흐스탄 이야기』(들녘, 2022), 203쪽.

204 알타이산맥에서 발원한 이르티시강이 자이산호로 흘러 들어가는 부분.

(1229~1241)는 유럽원정전[205]을 실시해 남러시아 초원을 정복하고, 러시아 공국들을 조공국으로 만들었다.

4대 대칸 뭉케(1251~1259, 톨루이의 장자)는 제베와 수베에테이가 호레즘 샤를 추적하며 휩쓸고 지나간 후 무정부 상태가 된 페르시아에 동생 훌레구를 총독으로 임명했다. 훌레구(1259~1265)는 1258년 바그다드 아바스왕조의 칼리프를 살해하고 일 칸국(1259~1336)을 세웠다.

뭉케의 또 다른 동생 쿠빌라이(1260~1294)는 1271년 중국에 원나라를 세우고, 1279년 남송을 정복해 북방 유목 세력으로서는 최초로 전 중국을 정복했다.

몽골계 이슬람왕조

칭기즈칸의 중앙아시아 원정은 십자군 전쟁과 같은 종교 전쟁이 아니었다. 몽골은 텡그리를 중심으로 한 다신교 사회여서 다른 종교에 대해 그리 배타적이지 않았다. 불교 신자뿐만 아니라 네스토리우스파 기독교 신자들

---

[205] 우구데이의 명령에 의해 바투를 최고 지도자로 해서 칭기즈칸 가문의 왕자들이 1236~1242년간 볼가 불가르, 남러시아, 러시아 공국, 동유럽 등지를 원정한 전쟁이다. 칭기즈칸은 생전에 주치에게 북방 지역(볼가 불가르, 시비르 등), 남러시아 초원, 러시아, 헝가리 등의 지역을 정복하라 했지만, 주치는 이 임무를 완수하지 못했다. 우구데이의 유럽 원정전은 칭기즈칸의 꿈을 실현하기 위한 것이기도 했다. 이 원정전 결과 볼가 불가르 칸국, 남러시아 초원이 킵차크 칸국에 편입되었으며 러시아 공국들은 킵차크 칸국의 조공국이 되었다. 전승민, 『유라시아의 중심국 카자흐스탄 이야기』(들녘, 2022), 75쪽.

몽골제국의 4대 왕국

도 있었다. 호라산과 페르시아에서 많은 무슬림들이 살해되고 도시들이 파
괴된 것은 종교적 이유보다 이들이 항복하지 않고 강력하게 저항했기 때문
이다.

칭기즈칸이 정복한 지역은 중국만 제외하고 모두 이슬람이 자리 잡은 지
역이었다. 이와 같은 연유로 분봉지에 들어선 3개(킵차크 칸국, 차가타이 칸국,
일 칸국) 칸국의 왕들은 시간이 지나며 모두 이슬람을 신봉하게 되었다. 그
리고 중국에 세워진 원나라가 불교를 숭상하고 대칸으로서 나머지 3개 칸
국에 대해 우월적 지위에 있었지만, 종교적 갈등은 일어나지 않았다.

킵차크 칸국

킵차크 칸국(1227?~1502)에서 이슬람을 국교로 받아들인 군주는 베르케 (1257~1266)다. 베르케는 아버지 주치 대신 킵차크 초원을 물려받은 바투 (1227~1255)와 오르다(1227~1257?)의 형제였다. 바투가 다스리는 지역(우랄산 맥에서 흑해 북부 초원)을 금장 칸국, 오르다가 다스리는 지역(이르티시강에서 우랄산맥 사이)을 백장 칸국이라 하고, 이 전체를 킵차크 칸국이라 했는데 금장 칸국의 칸이 킵차크 칸국을 대표했다.

바투가 사망했을 때 아들 사르탁이 후계자가 되었으나 갑자기 죽었다. 사르탁의 아들(또는 동생) 울락치가 뒤를 이었으나 그도 사망해 독실한 이 슬람 신자인 베르케가 칸에 즉위했다. 그러나 사르탁이 네스토리우스파 신 자였기에 그가 사망하지 않고 군주가 되었다면 킵차크 칸국의 이슬람 경도 에 변화가 일어났을지도 모른다.

베르케는 사촌이자 일 칸국의 칸인 훌레구와 적대관계에 있었다. 베르케 는 무엇보다 훌레구가 일족과 협의 없이 1258년 아바스왕조의 칼리프를 살 해한 것에 대해 분노했다. 또한 두 칸국은 캅카스 지역에서 국경을 맞대고 있었는데 이곳에서 영토 분쟁이 있었다. 아울러 1259년 대칸 뭉케가 사망 한 후 그의 아우들인 쿠빌라이와 아릭 부케 간 계승권 전쟁이 일어났을 때, 훌레구가 쿠빌라이를 지지했으나 베르케는 아릭 부케를 지지했다.

훌레구는 1260년 초 시리아를 정복하고 다음 목표인 이집트로 진격하려 할 때 이와 같은 사정으로 페르시아로 돌아가야만 했다.

훌레구가 베르케에 선공했다. 그는 1262년 11월 캅카스산맥을 넘어 킵차 크 영토를 침범했으나 격퇴당했다. 이때 킵차크 칸국과 맘룩왕조가 일 칸국에 대항하기 위해 1263년 동맹을 맺었다. 훌레구가 시리아를 침략하며 맘룩왕조를 위협했기에 맘룩왕조도 동맹 세력이 필요했던 것이다. 일 칸국은 서남쪽의 맘룩왕조와 서북쪽의 킵차크 칸국을 동시에 대응하는 데 한계가 있었다. 이러한 가운데 가잔 칸(1284~1291) 치세에 일 칸국이 공식적으로 이슬람왕조가 되며 킵차크 칸국과 일 칸국의 적대관계는 완화되어 갔다.

1368년 원나라가 명나라에 의해 중국 본토에서 쫓겨나며 붕괴하고, 이어진 티무르의 등장은 다른 칸국들을 약화시켰다. 킵차크 칸국은 티무르의 침입을 받고 붕괴되어 크림·카잔·아스트라한·시비르·노가이 등 여러 칸국[206]으로 분열되었다. 사라이에서 명맥을 유지하던 금장 칸국이 1502년 크림 칸국의 공격을 받고 무너짐에 따라 킵차크 칸국도 종말을 고했다.

백장 칸국 지역에는 카자흐 칸국이 통일 세력으로 등장해 오늘날 카자흐스탄 공화국의 모태가 되었다. 금장 칸국 지역에 등장한 칸국들은 1475년 오스만제국의 술탄 메흐메드 2세에게 정복당한 크림 칸국만 제외하고 16세기에 모두 러시아에 복속되었다. 13세기 바투의 유럽원정전을 통해 몽골의 조공국이 되었던 러시아가 3세기 만에 전세를 역전시킨 것이다. 크림 칸국은 오스만제국의 보호 덕분에 한동안 러시아의 정복을 피했지만, 오스만제국이 18세기 유럽 열강에 연달아 패하며 약화한 가운데 결국 1783년 러시아에 병합되었다.

---

206 이들 칸국에 대해서는 전승민, 『유라시아의 중심국 카자흐스탄 이야기』(들녘, 2022), 221~231쪽 참조.

차가타이 칸국

차가타이 칸국(서차가타이 칸국: 1227?~1370, 모굴 칸국: 1347~1680)은 칭기즈 칸의 둘째 아들 차가타이가 물려받은 속령이다. 칭기즈칸은 생전에 유언을 통해 셋째 아들 우구데이를 후계자, 차남 차가타이를 야삭[207]의 감독자로 지명했다. 칭기즈칸의 장자 주치가 칭기즈칸보다 먼저 죽었기에 차가타이 가 후계자가 될 수도 있었으나, 차가타이는 동생 우구데이가 후계자가 된 것에 대해 불만을 표시하지 않았다.

차가타이 왕국의 영역은 다른 왕국들과 차이를 보인다. 중국에 들어선 원나라와 페르시아에 들어선 일 칸국이 문명을 갖춘 정주 지역이나, 차가 타이 칸국의 영역은 문명 지역과 유목민 지역의 혼합이었다. 이는 킵차크 칸국의 대부분이 유목 지역인 것과 또한 구분된다. 차가타이 칸국의 정주 지역은 트란스옥시아나와 카쉬가리아(타림분지 서부 지역)이고, 일리를 중심 으로 하는 천산 북방은 유목 지역이었다. 그리고 사마르칸트, 부하라 등 정주 지역의 도시들이 확고하게 이슬람화되었으나, 천산 북방에는 이슬람 과 이교가 혼재해 있었다.

차가타이 칸국은 앞에서 이야기한 바와 같이 카이두가 사망한 후 그의 아들 차파르를 축출해 중앙아시아에서 우구데이 가문에 종말을 가했다.

차가타이 칸국은 우구데이 가문을 몰아내고 에밀 등 이들의 영지를 차 지하며 영토가 알타이산맥에서 카쉬가리아, 트란스옥시아나에 이르는 거

---

207 칭기즈칸이 만든 성문법이나 원문은 전해지지 않는다.

대 왕국이 되었다. 그러나 트란스옥시아나에서는 이슬람을 믿는 토착 투르크계 귀족들이 실권을 차지하고 있었다. 이 중의 한 명인 카즈칸은 1347년 카잔 칸(1343~1347)을 살해하고 차가타이 가문 사람을 명목적인 칸으로 내세웠다. 이에 천산 북방의 유력 부족인 두글라트는 투글룩 티무르(1347~1363)라는 차가타이 후손을 새로운 왕으로 옹립했다. 그러나 투글룩 티무르를 트란스옥시아나의 귀족들이 인정하지 않았다. 이렇게 해서 차가타이 칸국은 모굴리스탄[208] 및 카쉬가리아를 차지한 동차가타이 칸국과 트란스옥시아나(서투르키스탄)를 중심으로 하는 서차가타이 칸국으로 갈라졌다. 동차가타이 칸국은 몽골제국의 전통을 계승했다고 해서 모굴 칸국이라고도 불렸다. 모굴 칸국이 몽골의 전통을 계승했지만, 투글룩 티무르는 백성들과 이슬람으로 개종했다.

서차가타이 칸국의 유력자 카즈간이 1357년 암살당하고, 그 아들도 다른 투르크계 유력자에게 살해되어 이 지역이 혼란에 빠졌다. 이 기회를 이용해 투글룩 티무르는 차가타이 칸국을 통일하기 위해 1360년부터 몇 차례 서차가타이 칸국을 원정했다. 이 원정을 통해 그는 유력 투르크 부족들을 제압하고 아들 일리아스 호자를 서차가타이 지역의 총독으로 임명했다. 그는 아울러 훗날 티무르제국을 건설하게 되는 티무르를 아들의 고문으로 임명했다.

---

208 페르시아어로 몽골인이 사는 땅을 의미하며, 모굴 칸국 등장 시 그 범위는 대략 제티수(카자흐스탄 동남부)에서 천산 북방의 초원 지역이었다. 모굴리스탄에 들어선 모굴(Moghul) 칸국과 인도에 들어선 무굴(Mughal)제국에서의 Moghul과 Mughal은 모두 Mongol(몽골)에 대한 페르시아식 표기다. 무굴제국의 건설자인 바부르는 칭기즈칸과 티무르의 후손이어서 무굴제국도 몽골과 관계가 있다. 전승민, 『유라시아의 중심국 카자흐스탄 이야기』(들녘, 2022), 147쪽.

투글룩 티무르에 의해 잠시 통합되었던 서차가타이 지역은 티무르가 1370년 발흐에서 군주로 등극하며 티무르의 영역이 되고, 서차가타이 칸국은 이때 실질적으로 소멸했다.

모굴 칸국은 티무르의 후예로부터 과거 서차가타이 칸국 영토의 일부(타슈켄트)를 수복하기도 했지만 1508년 우즈벡 칸국의 샤니바니(1500~1510)[209]에게 패하고 서투르키스탄에서 세력을 완전히 상실했다. 모굴 칸국은 16세기 중반경에는 카자흐 칸국에게 천산 북방도 빼앗기며 영토가 타림분지로 축소되었다. 이즈음 모굴 칸국에서 이슬람 낙쉬반디 교단[210]의 호자(장로)들이 몽골 군주들을 개종시키며 이슬람을 공고히 했다. 그리고 이들은 흑산당과 백산당[211]이라는 파벌을 만들며 세속적 권력 다툼을 했다. 이러한 갈등을 이용해 준가르제국(1600 초~1757)[212]이 1680년 모굴 칸국을 침략해

---

209 칭기즈칸의 후손인 아불 하이르가 백장 칸국의 혼란 시기에 우즈벡 칸국을 세웠으나, 1468년 카자흐 칸국과의 전투에서 사망하고 우즈벡 칸국도 사라졌다. 샤이바니는 아불하이르의 손자로, 트란스옥시아나와 호라산에서 티무르의 후예를, 타쉬켄트에서는 모굴 칸국을 몰아내고 우즈벡 칸국을 재건했으나, 1510년 메르브에서 벌어진 사파비왕조의 샤 이스마일과의 전투에서 패하고 살해되었다.

210 이슬람 수피 교단의 하나로 후술하는 사파비왕조의 건국자도 시아파 수피 교단의 수장이었다.

211 16세기 말 호자 아흐마드 카사니의 아들 호자 이스학과 또 다른 아들 무함마드 아민 그리고 그의 아들인 유스프가 카쉬가리아로 와서 포교 활동을 했는데 이들은 점차 파벌을 만들며 대립과 경쟁을 하게 되었다. 호자 이스학을 따르는 집단을 흑산당, 호자 유스프와 그의 아들 아팍크를 따르는 집단을 백산당이라 했다. 이들은 포교뿐만 아니라 추종 세력들을 규합해 킹메이커 역할을 하며 세속 권력도 가지고 있었다. 김호동, 『아틀라스』(사계절 출판사, 2016), 189쪽.

212 몽골제국이 몰락한 후 17세기 초 서몽골이 주축이 되어 세운 마지막 유목국가다. 천산 북방과 외몽골을 통일하고, 내몽골을 수복하려다가 청나라에 패하고 역사에서 사라졌다.

속국으로 만들었다. 그러나 준가르가 1757년 청나라에 망하면서 타림분지가 청나라에 떨어졌다. 이렇게 해서 청나라는 천산 북방과 타림분지를 정복하게 되었으며, 이 지역이 오늘날 신장위구르 자치구가 되었다.

일 칸국

일 칸국(1259~1336)을 건설한 훌레구의 모친 소르칵타니 베키는 몽골고원의 케레이트 부족 출신이었다. 이 부족의 수령 왕 칸은 칭기즈칸의 부친 이수게이와 의형제 관계였기에 칭기즈칸은 왕 칸을 아버지처럼 대했다. 그러나 몽골고원 패권을 두고 두 사람은 사이가 나빠졌고, 결국 1203년 전쟁이 일어나 왕 칸이 패하며 케레이트 왕국은 망하게 된다. 이때 칭기즈칸은 왕 칸의 동생 자아 감보의 딸 중 한 명을 막내 아들 톨루이에게 주었는데, 이 여자가 소르칵타니 베키였다.

톨루이와 소르칵타니 베키에게서 4명이 아들이 태어났다. 이 중 2명(뭉케와 쿠빌라이)은 대칸이 되었고, 1명(훌레구)은 일 칸국의 칸이 되었다. 소르칵타니 베키는 네스토리우스교 신자여서 기독교 교육을 받고 자랐으며, 이러한 것이 자식들에게도 영향을 미쳤다.

훌레구는 4대 대칸인 형 뭉케에 위해 페르시아 총독으로 임명되었다. 뭉케는 훌레구에게 "아무다리야에서 이집트 땅끝까지 칭기즈칸의 관례와 관습을 확립하라."라는 명령을 내렸다.[213] 그는 1256년 1월 아무다리야를 건

---

213 르네 그루쎄 저, 김호동·유원수·정재훈 역, 『유라시아 유목제국사』(사계절, 2012), 501쪽.

너 호라산을 거쳐 페르시아로 갔다. 그는 1258년 바그다드를 점령했다. 이때 칼리프 알 무스타으심을 비롯한 많은 무슬림이 살해되었지만, 기독교도들은 목숨을 구하고 재산도 지켰다. 훌레구의 기독교도에 대한 호의는 네스토리우스파 기독교 신자인 어머니와 부인 도쿠즈 칸툰의 영향과 무관하지 않을 것이다.

훌레구는 바그다드 대신 타브리즈를 수도로 하는 일 칸국을 세우고, 시리아와 이집트 정복에 나섰다. 당시 시리아의 육지는 아유브왕조, 해안 지대는 안티오크 등 기독교 공국들이 차지하고 있었다. 이집트는 맘룩왕조가 통치하고 있었다.

훌레구는 기독교 왕국인 아르메니아 왕 헤툼 1세에게 예루살렘을 이슬람의 지배로부터 회복시켜 줄테니 시리아 공격에 협조할 것을 요청했다. 헤툼 1세는 자신의 사위인 안티오크 공국의 왕자 겸 트리폴리 백국의 백작인 보헤문트(보에몽) 6세를 설득해 훌레구 편에 함께 섰다. 훌레구는 아르메니아 등 기독교 왕국의 협조를 받아 1260년 초 시리아 전 지역을 정복했다. 그러나 그는 다음 목표인 이집트로 진격하려 할 때 앞에서 이야기한 바와 같이 베르케의 위협을 받고 페르시아로 돌아가야만 했다. 훌레구가 떠나간 후 이집트의 맘룩왕조는 1260년 9월 아인 잘루트 전투에서 키트 부카[214]가 이끄는 몽골 군대를 격파하고 시리아를 수복했다. 훌레구는 아인 잘루트 전투의 패배를 복수하기 위해 다시 군대를 시리아로 보냈지만 실패했다. 이러한 가운데 맘룩왕조는 킵차크 칸국과 동맹을 맺고 일 칸국의 시리아 진출을 확고하게 저지했다.

---

214 훌레구가 페르시아로 떠나며 남겨둔 몽골 장군으로 네스토리우스파 기독교 신자였다.

홀레구에서 시작된 일 칸국의 기독교도에 대한 호의는 시간이 지나면서 바뀌어 갔다. 아흐마드 칸(1282~1284, 홀레구의 아들)은 이슬람으로 개종하고 전통적인 친 기독교 정책을 수정했다. 그러나 아흐마드 칸은 이에 대한 반동으로 살해됐다. 이러한 진통을 겪으며 가잔 칸(1295~1304, 홀레구의 증손자) 재위 시 왕실에서 이슬람이 본격적으로 자리 잡아 갔다. 그는 교회, 유대교 회당, 조로아스터교 사원, 불교사원 등을 파괴하라 명령하고 이슬람 이외의 종교를 부정했다.

이슬람왕조로 자리를 잡아가던 일 칸국은 9대 칸인 아부 사이드(1316~1335, 홀레구의 고손자)가 1335년 사망하면서 혼란에 빠진다. 몽골 귀족들은 후계자를 홀레구 가문이 아닌 아릭 부케(홀레구의 동생) 가문에서 뽑았는데 그는 반란을 일으킨 총독에 의해 1336년 살해되었다. 이렇게 해서 일 칸국이 종말을 고하고, 잘라이르왕조(1336~1432),[215] 흑양(카라코윤루)왕

---

[215] 잘라이르 하산이 1336년 세운 왕조로 그는 1340년 바그다드에서 독립 군주임을 선포했다. 그의 아들 우와이스는 1358년 타브리즈에서 킵차크 군대를 몰아내고 서부 페르시아를 통치했다. 훗날, 이 왕조는 바그다드 및 타브리즈를 놓고 티무르와 싸우게 되는데 당시 군주인 아흐마드 잘라이르는 티무르의 공격을 받고 수차례 이집트의 맘룩왕조 술탄 바르쿡에게 망명했다. 아흐마드는 1410년 8월 30일 아제르바이잔의 패권을 놓고 흑양왕조의 카라 유숩과 타브리즈에서 전투했으나 패하고 암살되었다. 이후 잘라이르 왕조는 흑양왕조에게 바그다드를 빼앗기고 이라크 남부로 쫓겨갔다가 1432년 최종적으로 멸망했다. 전승민, 『유라시아의 중심국 카자흐스탄 이야기』(들녘, 2022), 153쪽.

조[216] 등이 등장하게 된다. 이 두 왕조는 서로 대립하다가 티무르의 공격을
받았다.

<hr>

216 일 칸국 붕괴 후 14세기 후반경 투르크멘(오구즈 투르크족)이 튀르키예 동부에 있는 반 호수의
주변을 세력권으로 해 세운 왕조로 서부 페르시아에 진출하는 티무르에 대항했다. 이 왕조
의 카라 유숩은 티무르의 셋째 아들로 부친 사후 아제르바이잔과 서부 페르시아를 영지로
받은 미란샤를 1408년, 잘라이르왕조의 군주 아흐마드 잘라이르를 1410년 타브리즈 근처에
서 각각 제압하고, 타브리즈를 수도로 아나톨리아 동부에서 서부 페르시아에 이르는 지역
(오늘날의 아제르바이잔, 아르메니아, 이란 북서부, 튀르키예 동부, 이라크 대부분)을 통치했다. 1467년
이 왕조의 군주 자한 샤가 경쟁자인 백양(아크코윤루)왕조의 수령 우준 하산을 제거하러 디
야르바크르로 갔다가 오히려 역습을 받고 살해되며 왕조가 멸망했다. 전승민, 『유라시아의
중심국 카자흐스탄 이야기』(들녘, 2022), 250쪽.

티무르와 이슬람

티무르

티무르는 1336년 사마르칸트 인근의 케쉬에서 태어났다. 전투에서 오른발을 부상해 절름발이로 살았고 그래서 '절름발이 티무르'라는 별칭으로 불리기도 했다. 이 별칭은 페르시아어로 티무르-랑이고 여기서 서양에서 부르는 '타멀레인'이라는 이름이 나왔다.

티무르는 바를라스 부족의 귀족 집안에서 태어났다. 바를라스는 칭기즈칸의 7대조인 툼비나 칸의 후손이다. 툼비나 칸에게는 아홉 명의 자식이 있었는데, 칭기즈칸은 여섯째 아들(카불 칸), 바를라스는 셋째 아들(카출리)의 후손이었다. 바를라스 부족은 칭기즈칸의 중앙아시아 원정 시 따라왔다가 트란스옥시아나에 정착해 투르크족들과 섞이며 동화되었다. 또한 트란스옥시아나는 완전히 이슬람화한 지역이어서 티무르는 이슬람 환경 속에서 살았다.

티무르가 태어날 당시 칭기즈칸의 후예 또는 몽골계 사람들이 중앙아시

아를 지배하고 있었다. 그가 태어난 지방은 차가타이 칸국에 속했으나, 11
년이 지나 이 왕국은 동, 서로 나뉘고, 일 칸국은 붕괴되어 잘라이르왕조
등 지방 왕조가 난립해 있었다. 킵차크 칸국에서는 1370년대 들어 칭기즈
칸의 후예들이 왕권 경쟁을 하고 있었다.

티무르가 두각을 나타내기 시작한 것은 1360년 투글룩 티무르가 서차가
타이 칸국을 통합하기 위해 트란스옥시아나를 원정했을 때다. 티무르는 이
때 투글룩 티무르에 충성 서약을 하고 이에 대한 보상으로 삼촌(핫지 바를
라스)을 대신해 가문의 영주가 된다. 그는 또한 투글룩 티무르가 트란스옥
시아나의 총독으로 임명한 아들 일리아스 호자의 고문이 되기도 했으나,
결국은 일리아스 호자와 결별한다. 티무르는 처남 미르 후세인[217]과 협력
해 일리아스 호자를 트란스옥시아나에서 축출했다. 그러나 티무르는 얼마
지나지 않아 처남도 몰아내고 1370년 발흐에서 군주 자리에 올랐다.

군주에 오른 후 그는 활발한 정복 전쟁을 펼쳤다. 그가 원정한 지역은 러
시아와 조지아의 기독교권, 인도의 힌두교권 등 이슬람권이 아닌 지역도
있었지만, 대부분은 페르시아, 시리아, 아나톨리아 등 이슬람권이어서 그
의 원정은 온전한 성전의 성격은 아니었다. 칭기즈칸과 같은 조상을 두고
있어 칭기즈칸제국을 재건하려는 동기도 있었지만, 시리아, 아나톨리아 등
에서 전쟁에 승리하고도 체계적으로 관리하지 않은 점에 비추어 이 동기도
확고한 것 같지는 않았다.

어쨌든 원정 결과 그는 트란스옥시아나, 호라즘, 페르시아, 아프가니스탄

을 아우르는 티무르제국을 건설했다. 아울러 킵차크 칸국, 인도의 델리 술탄국,[218] 맘룩왕조 지배하에 있던 시리아, 아나톨리아의 오스만제국을 원정해 이들을 굴복시켰다.

티무르는 킵차크 칸국의 우루스[219]와 톡타미쉬가 킵차크 초원을 놓고 왕권 경쟁을 벌일 때 톡타미쉬를 지원해 킵차크 칸국(금장 칸국)의 주인이 되도록 했다. 그러나 톡타미쉬는 칭기즈칸의 후예인 자신이 티무르의 가신으로 있을 수 없다고 생각하고 티무르에게 도전하다가 패한다. 이후 킵차크 칸국은 망하고 크림 칸국, 카자흐 칸국, 우즈벡 칸국 등 여러 칸국이 등장한다.

티무르는 1402년 7월 앙카라 전투에서 오스만제국의 술탄 바예지드 1세(1389~1402)에게 승리하고 1404년 사마르칸드로 돌아왔다. 그리고 그는 중국(명나라)을 이슬람으로 개종시키기 위한 성전을 준비하던 중 오트라르에서 병으로 사망했다. 그의 제국은 아들들에게 분할되었고, 1507년 티무르의 후예가 다스리던 티무르제국의 마지막 수도 헤라트가 우즈벡 칸국의 샤니바니에게 정복되며 티무르제국은 종말을 고했다.

---

218 인도의 델리를 중심으로 13세기 초부터 16세기 초까지 인도의 북부 지역을 차례로 통치했던 5개의 이슬람왕조를 말한다. 델리술탄국은 차가타이 칸국과 티무르제국의 약탈 대상이 되다가 티무르의 후손인 바부르가 1526년 무굴제국을 세우면서 소멸했다. 전승민, 『유라시아의 중심국 카자흐스탄 이야기』(들녘, 2022), 98쪽.

219 주치의 첫째 아들인 오르다의 후손으로 1360년경 시르다리야 연안의 실크도시 시그낙에서 백장 칸국의 칸으로 즉위했고, 1372년경 금장 칸국의 수도 사라이를 점령하며 금장 칸국의 칸임을 선언했다. 그러나 그는 주치가의 일족으로 자신이 데리고 있던 톡타미쉬로부터 도전을 받았는데, 톡타미쉬는 이 도전에서 패하자 1376년 티무르에게 가 도움을 요청했다.

오스만제국과의 전쟁

오스만제국과 티무르제국은 같은 이슬람왕조였지만 전쟁하게 되는데, 그 배경은 동부 아나톨리아에 대한 패권 다툼이었다. 오스만제국의 술탄 바예지드 1세는 1390년대 초 카라만 공국(1256~1475)[220] 등 아나톨리아 중동부의 투르크계 공국들을 정복하고 타우루스산맥까지 영토를 넓혔다. 이즈음 티무르도 서부 페르시아를 평정하고 아나톨리아 동부 지역으로 진출하고 있었다. 양측의 경계는 대략 아르메니아 고원지대였다.

이 시기에 아나톨리아 동부와 서부 페르시아에 있던 투르크계 공국들은 오스만제국과 티무르제국 사이에서 생존을 위해 두 제국 중 어느 한편에 섰다. 당시 에르진잔과 에르주름의 군주였던 타헤르텐은 티무르에 복속하고 있었는데, 바예지드 1세는 타헤르텐에 대해 종주권을 행사하려 했다. 바예지드 1세는 또한 티무르에 대항했던 흑양(카라코윤루)왕조의 군주 카라 유숩이 티무르에게 패하자 그를 받아들이고 망명처를 제공했다. 티무르는 이에 바예지드 1세를 조롱하는 편지를 보내며 도전을 유도했고, 바예지드는 분개해 티무르에게 도전했다.

바예지드 1세의 도전을 접한 티무르는 1400년 8월 아나톨리아로 진군했

---

[220] 오스만 공국과 마찬가지로 아나톨리아 셀주크왕조가 1243년 쾨세다으 전투에서 몽골 군대에 패한 후 혼란 시기에 아나톨리아에 들어선 여러 공국 중의 하나다. 코냐를 중심으로 아나톨리아 중남부에 있었으며 셀주크왕조의 계승자임을 자처했다. 1390년 바예지드 1세에게 정복되었으나, 오스만제국이 발칸반도를 공략할 때 오스만제국의 후방을 공격하며 괴롭히다가 1397년 바예지드 1세에게 다시 정복되었다. 티무르가 1402년 오스만제국에 승리한 후 다시 독립을 얻었으나 발칸의 기독교 국가 및 백양(아크코윤루)왕조와 연대해 오스만제국에 대항하다가 1475년 오스만제국에 병합되었다.

다. 그는 타헤르텐으로부터 충성 서약을 다시 받고 오스만제국의 도시 시바스를 함락시켰다. 그러나 그는 오스만제국의 영토로 본격적으로 들어가기 전에 후방의 위협을 제거하기로 했다. 후방의 위협은 잘라이르왕조와 맘룩왕조였다. 맘룩왕조는 1260년 아인잘루트 전투에서 몽골 군대를 격파한 막강한 왕조로 이집트뿐만 아니라 시리아도 지배하고 있었다. 1393년 티무르의 바그다드 침공 시 맘룩왕조로 피난했던 잘라이르왕조의 아흐마드 잘라이르는 티무르가 떠나간 후 1394년 바그다드로 돌아와 술탄으로 있었다. 티무르는 1400년 10월과 12월 알렙포와 다마스쿠스를 각각 함락시켰다. 그리고 1401년 8월에는 바그다드를 함락시키고 아흐마드 잘라이르를 쫓아냈다.

후방의 위협을 제거한 티무르는 1402년 6월 본격적으로 오스만제국 원정에 나섰다. 티무르 군대와 바예지드 1세가 이끄는 오스만 군대는 1402년 7월 앙카라 인근의 주북에서 대결전을 펼쳤다. 이 전투에서 바예지드 1세가 패하고 포로로 잡혔다. 그는 절망과 모멸감 속에 1403년 3월 사망했다.

전투 승리 후 티무르의 전위부대는 오스만제국의 수도였던 부르사를 약탈하고, 티무르 자신은 1402년 12월 아나톨리아에 마지막으로 남아 있던 비잔티움제국의 도시 스미르나(이즈미르)를 함락시켰다.

티무르의 승리는 동로마제국의 생명을 반세기 연장했다. 동로마제국은 발칸에서 콘스탄티노플과 주위 일부만 제외하고 모두 오스만제국의 영토가 되어 함락이 시간문제였다. 그러나 오스만제국이 티무르에 패배하고 다시 국력을 회복하기까지 생명을 연장했다.

티무르는 오스만제국에 승리하고도 아나톨리아와 발칸을 접수할 시도를 하지 않았다. 단지 그는 바예지드 1세가 파괴했던 카라만 공국 등을 복원만 했다. 만약 그가 아나톨리아를 자신의 정복지로 직접 관리했다면 아시아, 유럽, 아프리카 3개 대륙에 영토를 구축한 오스만제국은 탄생하지 않았을지도 모른다. 그러면 이후의 세계는 오늘날과 다른 모습이 되었을 것이다.

제6장

오스만 제국

건국과 발전

오스만제국(1299~1922)의 건국 시조는 오스만(1299~1326)이다. 앞서 이야기했듯이 그가 속하는 카이 씨족과 셀주크가 속하는 키닉 씨족은 오구즈족에 속한다. 이들 씨족은 아랄해 인근에서 10세기 중반경 트란스옥시아나로 이주해 셀주크왕조를 세우고 페르시아를 정복했다.

이후 이들은 1071년 만지케르트 전투에서 동로마에 승리하며 아나톨리아에 본격적으로 진출했다. 그리고 이들은 아나톨리아에 셀주크왕조의 방계라 볼 수 있는 아나톨리아 셀주크왕조(룸 셀주크왕조)를 세웠다.

오스만의 아버지 에르토그룰은 칭기즈칸 군대의 페르시아 침략 시기에 호라즘왕조의 왕자 잘랄 앗 딘(호라즘의 왕 알라 앗 딘 무함마드의 아들)을 위해 몽골 군대와 싸웠다. 그러나 1231년 잘랄 앗 딘이 디야르바크르 산중에서 죽자 에르토그룰은 부족민을 이끌고 아나톨리아로 갔다.[221] 에르토그

---

221 전승민 저, 『유라시아의 중심국 카자흐스탄 이야기』 (들녘, 2022), 197쪽 각주 11 참조.

룰은 아나톨리아 셀주크왕조의 술탄[222]으로부터 임무를 받고 비잔티움과의 국경지대를 방위하던 중 아나톨리아 북서부에 있는 비잔티움의 작은 마을 쇠위트를 정복했다. 술탄은 이에 대한 보상으로 쇠위트를 에르토그룰에게 하사하고 부족민들이 이곳에 정착하는 것을 허락했다.[223]

아나톨리아 셀주크왕조가 1243년 쾨세다으 전투(Battle of Köse Dağ)에서 몽골 군대에 패하고 페르시아에 들어선 일 칸국 의 속국이 되었다. 마지막 왕 마수드 2세가 1308년 병사한 후 일 칸국이 왕을 임명하지 않자, 아나톨리아 셀주크왕조는 소멸했다. 일 칸국도 마지막 칸인 아부 사이드가 사망한 후 지방 영주들이 독립 왕조를 세우자 망하게 된다. 이렇게 해서 아나톨리아에 주인이 없어지고 혼란스러워지자 여러 공국이 등장했다. 아버지가 사망한 후 부족을 이끌던 아들 오스만도 1299년 쇠위트에서 오스만 공국을 세웠다. 그는 1204년 제4차 십자군(1202년~1204년)의 침공을 받고 콘스탄티노플이 점령당하기도 했던 비잔티움의 허약함을 이용해 국경지대에 있는 비잔티움제국의 영주들을 제압하며 공국을 발전시켜 나갔다. 그의 이름 오스만(영어식으로는 오토만)이 제국의 명칭이 되었으며, 오스만제국은 오스만 투르크(튀르키에)라 부르기도 한다.

오스만이 사망한 후 아들 오르한(1326~1362)이 아버지를 승계했다. 그는 1326년 비잔티움제국의 상업 도시 부르사를 점령하고 1335년 그곳을 수도로 했다. 그는 또한 니케아(이즈니크), 니코메디아(이즈미트) 등 동로마제국의

---

222 페르시아의 샤, 몽골의 칸과 같이 최고 통치자를 뜻하는 칭호로 이슬람 세계에서 칼리프가 세속 군주에게 하사했다.

223 이희철, 『튀르크인 이야기』(도서출판 리수, 2017), 219~220쪽.

도시들도 정복했다. 1352년 동로마 황제(요한네스 6세 칸타쿠제누스)의 사위 요한네스 5세 팔라이올로구스[224]가 황제의 아들 마타이우스와의 영역 다툼으로 마타이우스가 통치하는 도시 아드리아노플(에디르네, 콘스탄티노플에서 서쪽으로 250㎞ 위치)을 포위했다. 이에 요한네스 6세 황제는 아들을 돕기 위해 오르한에게 병력 지원을 요청했다. 오르한도 1346년 요한네스 6세의 딸과 결혼했기에 그의 사위였다. 이렇게 해서 오스만 군대가 용병으로 헬레스폰토스해협을 건너 트라키아로 들어가게 되었다.

오스만 군대는 도시를 구한 다음에도 돌아가지 않고 황제의 사위(요한네스 5세 팔라이올라구스)를 지원하는 세르비아-불가리아 연합군과 전투하거나 도시를 약탈하며 트라키아에 머물렀다. 때마침 1354년 3월 트라키아에서 지진이 일어나 주민 대다수가 갈리폴리(유럽 튀르키예에 속하는 헬레스폰토스해협 연안에 위치)를 떠나자, 오스만 병사들은 버려진 도시에 들어와 쉽게 터전을 잡았다. 이후 이곳은 오스만 군대가 발칸 지역을 정복하는 전략적 거점이 됐다.

오르한을 계승한 아들 무라드 1세(1362~1389)는 1362년 아드리아노플을 정복하고 이곳을 새로운 수도로 했다. 그는 콘스탄티노플에 다가섰지만, 정복은 아직 무리라 보고 마케도니아로 향했다. 이때 정교 국가 세르비아[225]

---

224 황제 안드로니쿠스 3세 팔라이올로구스 아들로 아버지가 사망한 후 요한네스 6세 칸타쿠제누스와 공동 황제가 되고 그의 딸과 결혼했다.

225 6세기경 슬라브족이 세운 나라로 스테판 두산 왕(1331~1355) 재위 시 영토가 도나우강에서 그리스 코린트만에 이르는 대제국이었다. 두산이 1355년 병으로 사망한 후 그의 제국은 약화하기 시작했다. 1371년 마리차강 전투와 1389년 코소보 전투에서 오스만제국에 패해 제국이 와해해 겨우 명맥을 유지하다가 1459년 수도 스메데레보가 오스만제국에 함락되며 공식적으로 멸망했다.

의 왕 부카신(1365~1371)[226]과 세레스(마케도니아에 소재)의 왕 요한 우글레샤(부카신의 형제)가 오스만 군대에 맞섰다. 양측은 1371년 아드리아노플 인근의 마리차강에서 격돌했으나, 부카신과 요한 우글레샤가 패사하며 세르비아가 참패했다. 세르비아제국은 모라비아 세르비아 공국 등 여러 공국으로 나뉘고, 부카신의 영토는 오스만제국에 속하게 되었다.

마리차강 전투에서의 패배 후 모라비아 세르비아 공국의 라자르 왕이 오스만제국에 대항했다. 이는 1389년 코소보 전투로 이어졌다. 그러나 세르비아가 또 패했고, 라자르 왕은 사망했다. 이 전투에 직접 참전한 술탄 무라드 1세도 세르비아 귀족 출신의 자객에 의해 살해되었다. 이후 무라드 1세의 뒤를 이은 아들 바예지드 1세는 라자르의 딸과 결혼하고, 라자르의 아들 스테판 라자레비치는 오스만제국 편에 섰다.

바예지드 1세는 부친의 발칸 공략 시 세르비아와 연대해 오스만제국의 후방을 위협하던 카라만 공국을 1390년 및 1397년 두 차례 원정해 정복하고, 1393년에는 불가리아의 수도 투르노보를 함락했다. 1394년에는 콘스탄티노플을 포위했다. 이 포위는 느슨했지만 바예지드 1세가 1402년 티무르에 패할 때까지 이어졌다.

바예지드 1세는 발칸 북부로 눈을 돌려 헝가리의 가신국인 왈라키아 공국[227]을 1395년 제압하고, 헝가리를 다음 정복 목표로 했다. 헝가리가 이에 위협을 느끼고 유럽의 군주들에게 오스만제국을 발칸에서 축출하기

---

226 마케도니아와 그리스 방면의 영토를 갖고, 스테판 두샨 왕의 아들 스테판 우로시 5세와 세르비아 왕국의 공동 왕이었다.

227 14세기 초반경 오늘날 루마니아의 남부에 있던 공국.

위한 십자군 결성을 호소했다. 이렇게 해서 헝가리, 폴란드, 신성로마제국, 프랑스의 부르고뉴 공국, 에스파냐, 베네치아공화국 등이 십자군을 결성해 오스만 술탄과 처음으로 대결했다. 그러나 십자군은 1396년 불가리아의 니코폴리스에서 벌어진 전투에서 바예지드 1세 군대에 패했다. 이 전투에서 모라비아 세르비아 공국의 스테판 라자레비치가 바예지드 1세를 위해 싸웠다.

이렇게 해서 오스만제국은 콘스탄티노플을 제외한 발칸 대부분을 지배하게 되었다. 그리고 이 전공에 힘입어 바예지드 1세는 카이로에 망명해 있던 아바스왕조의 칼리프로부터 술탄 칭호를 받았다. 그러나 바예지드 1세는 앞서 이야기했듯이 아나톨리아 동부 지역으로 진출하려는 티무르와 1402년 앙카라 인근에서 싸우다 패하고 포로로 잡혔다가 사망하고 만다.

바예지드 1세가 사망한 후 아들들 간 제위 다툼이 일어났다. 11년간의 술탄 공백 끝에 부르사를 근거로 아나톨리아에 있던 메흐메드 1세(1413~1421)가 아드리아노플에서 트라키아를 지배하던 동생 무사를 제압하고 1413년 술탄에 올랐다. 그가 무사와 제위 다툼을 할 때 비잔티움 황제(마누엘 팔라이올로구스)가 도움을 주어 잠시나마 오스만제국과 비잔티움제국은 우호적인 기간을 보냈다.

1421년 메흐메드 1세가 갑자기 죽자, 아들 무라드 2세(1421~1444, 1446~1451)가 제위를 물려받았다. 그는 큰아버지 무스타파[228]의 반란을

---

228 아버지 바예지드 1세와 함께 티무르에게 포로로 잡혔다가 1405년 티무르의 아들 샤 루흐에 의해 석방되어 아나톨리아로 와 비잔티움의 지원을 받으며 제위권을 주장했다.

1422년 진압하고 술탄 위를 공고히 했다. 그는 무스타파의 반란을 지원한 비잔티움을 응징하기 위해 같은 해 테살로니카[229]와 콘스탄티노플을 공략했다. 그러나 또다시 콘스탄티노플이 무라드 2세의 동생 퀴칙 무스타파에게 반란을 부추기자 이를 진압하기 위해 콘스탄티노플 공격을 중단해야 했다.

한편, 포위된 테살로니카를 방어할 능력이 없던 비잔티움은 1423년 테살로니카의 방어와 보호를 조건으로 베네치아공화국(697~1797)에 양도했다. 그러나 결국 이 도시는 1430년 오스만제국의 수중에 떨어졌다.

무라드 2세가 콘스탄티노플을 위협하고, 트란실바니아[230]를 거쳐 헝가리까지 침공하려 하자 서방 가톨릭 국가는 또 십자군을 조직했다. 때마침 1439년 피렌체 공의회에서 동, 서교회 간의 교리 차이[231]가 해소된 점도 십자군 결성에 도움을 주었다. 헝가리, 세르비아, 부르고뉴 공국, 베네치아 등이 십자군에 참여했다. 십자군이 1443년 세르비아 남부의 니시에서 오스만 군대에 승리하는 등 성과를 거두었다. 위기감을 느낀 무라드 2세는 헝가리 및 세르비아와 아드리아노플에서 10년간의 강화 조약을 맺었다. 그리고 아들 메흐메드 2세에게 제위를 물려주고 퇴위했다.

---

229 그리스 마케도니아주의 주도.

230 헝가리 동부 겸 루마니아 중서부 지역으로, 헝가리와 오스만제국의 지배를 번갈아 받다가 20세기 루마니아에 통합되었다.

231 가장 큰 차이는 성령에 관한 필리오쿠에였다. 로마 가톨릭은 성령은 성부와 성자로부터 발현된다고 인식하나, 비잔티움 정교는 성령은 성자를 통해 성부로부터 발현되는 것으로 보고 있었다. 이 공의회에서 비잔티움 대표들은 두 가지 견해가 같다고 합의해 주었으나, 1441년에는 이를 철회한다고 발표했다.

그러나 발칸에서 오스만제국을 완전히 축출하려는 교황은 이 강화 조약
에 불만을 품고 헝가리의 왕 라슬로(폴란드어로는 브와디스와프)에게 원정을
계속하라고 했다. 라슬로는 이 명령에 따라 십자군을 이끌고 흑해의 바르
나 부근까지 진격했다. 퇴위 후 아나톨리아의 마니사에 머물고 있던 무라
드 2세는 마르마라해협을 건너 1444년 11월 바르나에서 십자군을 격파했
다. 이 전투에서 라슬로는 사망했다. 무라드 2세는 십자군을 물리치고 마
니사로 다시 돌아갔다. 그러나 메흐메드 2세가 나이가 어려 국정운영이 원
만하지 못하자, 재상의 요청을 받고 1446년 술탄에 다시 복귀했다. 헝가리
가 1448년 여름 코소보(1389년 세르비아가 패한 장소)에서 다시 무라드 2세에
맞섰으나 패하고 말았다. 이렇게 해서 헝가리는 직접적으로 오스만제국의
사정권 안에 들어서게 되었다.

14세기 중반 아나톨리아와 발칸

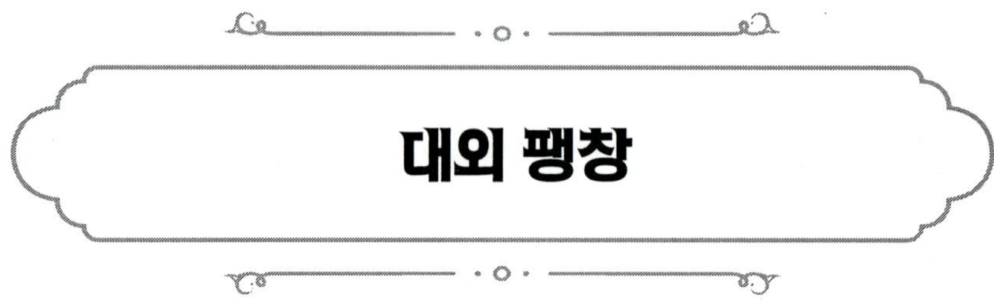

무라드 2세가 1451년 병사하자 아들 메흐메드 2세(1444~1446, 1451~1481)가 술탄에 복귀했다. 그는 1453년 콘스탄티노플을 함락시키고 동로마제국을 무너뜨렸다. 콘스탄티노플 점령은 예언자 무함마드의 언행록인 하디스에도 나와 있는 것으로 무슬림들이 종교적 사명감을 완수하는 의미도 있었다. 콘스탄티노플을 점령한 메흐메드 2세는 정복왕이라 불렸고, 콘스탄티노플은 이스탄불로 개명되어 오스만제국의 새로운 수도가 되었다.

그는 1460년 모레아,[232] 1461년에는 아나톨리아 동북부 해안에 있던 트라브존 왕국[233]을 정복하고 아나톨리아에 있는 비잔티움 황족의 마지막 세력을 없앴다.

---

232 중세와 근세 초까지 펠로폰네소스반도를 칭했던 명칭으로 1204년 제4차 십자군 원정 시 십자군에 정복되기도 했다. 비잔티움은 황족을 파견해 이곳을 통치했다.

233 1204년 제4차 십자군에 의해 콘스탄티노플이 함락되기 몇 주 전 동로마 황제 안드로니코스 1세의 손자인 알렉시오스 콤니노스가 아나톨리아 동북부 흑해 연안의 트라브존에 세운 왕국으로 베네치아 및 제노바와 교역을 하고, 조지아 및 아르메니아와 긴밀히 교류했다.

오스만제국이 동로마를 무너뜨리고 동지중해와 흑해에서 세력이 강해지자, 해상 강국인 베네치아공화국(697~1797)[234]은 헝가리와 동맹을 맺고, 백양(아크코윤루)왕조,[235] 카라만 공국 및 크림 칸국과 연대해 오스만제국에 대항했다. 이렇게 해서 오스만-베네치아 전쟁(1463~1479)이 발발했다.

양측은 1466년까지 모레아와 에게해의 여러 섬을 두고 공방했다. 몇 년간의 교착상태를 거친 후 오스만 함대는 1473년 베네치아의 교역 거점인 에우보이아섬을 정복하고, 같은 해 메흐메드 2세는 오틀루크벨리 전투에서 백양왕조의 군주 우준 하산을 물리쳤다. 메흐메드 2세는 또한 1475년 카라만 공국을 병합하고, 같은 해 재상 아흐마드 파샤를 파견해 크림 칸국을 정복하며 흑해를 오스만제국의 호수로 만들었다. 오스만제국은 또한 베네치아의 지원을 받으며 오스만제국에 저항하는 알바니아를 공격해, 1478

---

234 774년 롬바르드 왕국이 프랑크 왕국에 정복된 후 중세 동안 이탈리아의 여러 도시는 명목상으로는 신성로마제국의 영토였으나, 사실상 독립적인 해양 도시국가로 발전했다. 베네치아, 아말피, 피사, 제노바 등이 대표적인 해양 도시 국가였다. 북이탈리아 아드리아해 연안에 있는 베네치아는 4~5세기 고트족과 훈족 등이 이탈리아를 침략할 때 주민들이 이 지역으로 피난해 마을을 형성한 것에 기원한다. 7세기 비잔티움 황제로부터 인정을 받아 자치를 시작했다. 자치 지도자를 도제라 하는데, 최초의 도제는 697년 선출되었다. 콘스탄티노플을 침공한 제4차 십자군 원정에 주도적으로 참여했고, 아드리아해는 물론 동지중해에 무역 거점 도시를 세우고 무역 강국으로 발전했다. 1453년 동로마제국이 멸망한 후 베네치아는 오스만제국과 경쟁하는 한편, 르네상스의 주역이 되었다. 그러나 키프로스, 크레타 등을 오스만제국에 빼앗기며 쇠락하다가 1797년 나폴레옹에게 망했다.

235 일 칸국이 붕괴된 후 14세기 후반경 투르크멘(오구즈 투르크족)이 아나톨리아 동부에 세운 왕국이다. 티무르가 바예지드 1세를 물리친 앙카라 전투에서 공을 세워 티무르로부터 디야르바크르를 할당받고, 아나톨리아 동남부를 정복하며 세력을 키웠다. 이 왕조의 군주 우준 하산은 1467년 자신을 공격하러 온 흑양왕조의 군주 자한 샤를 역습해 살해하고, 1469년에는 티무르왕조의 아부 사이드를 카라바흐 인근에서 생포해 처형시키며 페르시아와 아나톨리아 동부의 주인이 되었다. 그러나 카라만 공국 및 베네치아공화국과 연대해 오스만제국에 대항하다 1473년 8월 오틀루크벨리 전투에서 메흐메드 2세에게 패한 후 세력이 위축된 가운데 1501년 사파비왕조의 샤 이스마일에 의해 망했다.

년 베네치아로 통하는 알바니아의 항구 도시 슈코더르를 정복했다.

오스만-베네치아 전쟁은 1479년 이스탄불 평화 조약을 맺으며 종료되었다. 알바니아와 에게해 대부분의 섬은 오스만제국의 소유가 되었다. 베네치아는 오스만제국에 조공을 바치는 대신 오스만제국과 상업할 수 있는 권리를 얻고, 상주 대사를 파견할 수 있었다.

메흐메드 2세의 다음 목표는 이탈리아의 교황령이었다. 그는 1480년 알바니아 맞은편에 있는 이탈리아의 오트란토에 상륙해 브린디시와 타란토를 정복했다. 한니발 이후 처음으로 지중해 남부 세력이 이탈리아반도를 밟은 것이다. 그러나 보급 문제로 알바니아에 돌아온 그는 역사적인 로마 원정을 앞두고 1481년 5월 사망하고 말았다.

메흐메드 2세가 사망한 후 아들 바예지드 2세(1481~1512)가 술탄이 되었다. 그는 1504년 몰다비아 공국[236]을 복속해 장차 루마니아 지역을 오스만제국에 병합하는 발판을 마련했다. 바예지드 2세는 또한 1492년 에스파냐의 마지막 이슬람 공국(나스르왕조)의 수도인 그라나다가 함락되며 무슬림과 유대인들이 이베리아반도에서 쫓겨날 때, 이들이 오스만제국에 거주하도록 도와주었다. 이들 무슬림과 유대인들은 새로운 학문과 신기술로 오스만제국의 국력 강화에 기여했다.

셀림 1세(1512~1520)가 아버지 바예지드 2세의 뒤를 이었다. 그는 후술하

---

[236] 14세기 중반경 헝가리에 종속하며 왈라키아 북동부에 들어섰다. 오늘날 이 공국의 서부는 루마니아, 동부는 몰도바 공화국을 이루고 있다. 15세기 초부터 오스만제국의 속국이었던 왈라키아 공국과 1859년 동군연합을 이루고, 1861년에는 국호를 루마니아로 바꾸었다. 루마니아는 1878년 오스만제국으로부터 독립했다.

듯이 1514년 찰디란 전투에서 사파비왕조의 샤 이스마일에게 승리하고 이 왕조의 수도 타브리즈까지 점령했다.

셀림 1세는 1516년 사파비왕조와 연합했던 맘룩왕조를 원정해, 마르즈 다비크 전투(Battle of Marj Dabiq)에서 승리하며 시리아를 차지했다. 이 전투에서 맘룩 술탄 칸수 가브리가 사망했다. 맘룩왕조의 남은 세력은 카이로로 후퇴해 토만바이를 술탄으로 옹립하고 항전했다. 그러나 셀림 1세는 1517년 카이로 외곽에 있는 리다니야(Ridaniya)에서 벌어진 전투에서 승리하며 맘룩왕조를 멸망시켰다. 맘룩왕조의 통치 아래에 있던 이슬람의 성지 메카와 메디나는 오스만에 귀속되었다. 이 승리로 오스만제국의 술탄은 이슬람 세계의 지도자인 칼리프 자리도 차지했다. 1258년 바그다드 아바스왕조의 칼리프가 훌레구가 이끄는 몽골 군대에 살해당한 후, 아바스왕조의 후손들은 맘룩왕조로 피신해 아바스왕조의 칼리프직을 유지하고 있었다. 그러나 맘룩왕조가 망하자, 이집트 아바스왕조의 마지막 칼리프 알 무타와킬 3세(1508~1516)가 칼리프 직위를 셀림 1세에게 이양한 것이다. 이렇게 해서 투르크인이 아랍인에 이어 이슬람 세계의 지도자가 되었다.

셀림 1세의 아들이자 계승자인 술레이만 1세(1520~1566)는 오스만제국의 영토를 최대로 넓힌 술탄이다. 그는 즉위하기 전 카파[237]의 총독으로 통치 경험을 쌓았다.

그는 1521년 헝가리가 차지하고 있는 베오그라드를 원정해 함락했다. 이 도시는 세르비아에 속했으나 1389년 코소보 전투에서 세르비아가 오스만

---

[237] 크림반도에 있는 제노바 식민 도시.

제국에 패하자, 헝가리가 세르비아 북부 지역으로 내려와 베오그라드를 점령했다. 이후 베오그라드는 오스만제국의 기독교 세계 침략을 막는 중요한 전초기지 역할을 했다. 정복왕 메흐메드 2세도 이 도시를 정복하려다 실패했었다. 술레이만 1세는 로도스섬도 1522년 원정해 점령했다. 이 섬은 요한기사단[238]의 본거지로 이들은 동지중해를 항해하는 이슬람 상선에 대한 약탈을 자행하고 있었다. 요한기사단은 로도스섬에서 쫓겨나 떠돌아다니다가 1530년 몰타로 이주했다. 몰타는 프랑스와 영국의 지배를 거쳐, 1964년 영국으로부터 독립하고 영국연방에 가입했다.

술레이만은 1526년 8월 헝가리를 원정했다. 오스만제국 군대와 헝가리왕 러요시 2세(1516~1526)가 이끄는 헝가리 군대는 헝가리 남부에 있는 모하치에서 격돌했다. 이 전투에서 헝가리는 러요시 2세가 사망하며 패했고, 술레이만은 당시 헝가리의 수도 부다에 입성했다. 술레이만은 헝가리를 직접 통치하지 않고 오스만제국에 우호적인 트란실바니아의 지배자이자 헝가리 귀족 출신인 자포여 야노시(1526~1540)에게 위임했다. 그러나 신성로마제국을 대표하는 오스트리아[239]가 이에 반발하며 1527년 헝가리를 침략해 부다를 점령했다. 오스트리아의 지배를 싫어했던 자포여 야노시 등 헝가

---

238 11세기 중엽 병사자를 구호하는 종교기사단으로 시작해 1099년 기독교 세력이 예루살렘을 정복하고 예루살렘 왕국이 세워지자, 군사적인 기사단 조직으로 개편되었다. 1187년 예루살렘이 함락된 후에도 기사단은 트리폴리와 아르케에서 활동했지만, 1291년 마지막 기독교 세력의 근거지인 아르케가 무슬림들에 의해 함락되자 키프로스섬, 로도스섬 등으로 본거지를 옮겼다.

239 당시 오스트리아는 합스부르크가 출신인 페르디난트 대공(1556~1564)이 통치했는데, 그는 신성로마제국 황제 카를 5세의 동생이었다. 러요시 2세가 대를 이을 자식이 없고, 페르디난트의 여동생이 러요시 2세의 부인이어서 그는 자신이 헝가리 왕이 돼야 한다고 주장했다.

리 귀족들은 술레이만 술탄에게 지원을 요청했다. 이렇게 해서 술레이만은 다시 헝가리를 원정해 1529년 부다를 탈환하고 자포여 야노시를 헝가리 왕으로 임명했다.

술레이만은 부다를 탈환한 해에 오스트리아를 원정해 수도 빈을 포위 공격했다. 그러나 이 포위 공격은 실패했다. 양측은 1533년 이스탄불 조약을 맺고, 헝가리를 오스트리아 지배 지역과 자포여 야노시 지배 지역으로 분할했다.

1540년 자포여 야노시가 사망하자 술레이만은 헝가리를 재차 원정해 오스트리아 군대를 격퇴했다. 이 결과 헝가리는 오스트리아 통치 지역(서부), 오스만제국 직접 통치 지역(중남부), 트란실바니아로 3분할 되었다. 헝가리는 모하치 전투 패배 후 이렇게 나라가 없어졌다가 1918년 헝가리 공화국으로 재탄생한다.

술레이만은 해상에서도 오스만제국의 지배력을 확대했다. 그는 1516년 알제리를 정복한 하이레딘 바르바로사(Hayreddin Barbarossa)[240]을 1533년

---

240 레스보스섬 출신으로 형 우르지와 함께 지중해 일대에서 해적 활동을 하던 중 1516년 알제리로 갔다. 살림 알 투미라는 알제리 통치자가 바르바로사 형제에게 1510년부터 알제리 해안가에 위치한 페논섬을 점령하고 있는 에스파냐 점령군을 쫓아내 달라고 요청했기 때문이다. 바르바로사 형제가 병력을 이끌고 알제리에 왔으나, 살림이 마음이 바뀌어 페논의 에스파냐 군대와 음모해 바르바로사 형제를 몰아내려 했다. 바르바로사 형제가 이를 알아차려 살림을 살해하고 형 우르지가 알제리 통치자가 되었다. 우르지가 1518년 에스파냐 군대와의 틀렘센(알제리 서북부 도시) 전투에서 사망하자 하이레딘 바르바로사가 형의 자리를 계승했다. 바르바로사는 에스파냐의 위협에 대항하기 위해 알제리를 오스만제국의 술탄에게 속주로 받아줄 것을 제안하고, 군사 지원을 요청했다. 이에 셀림 1세가 바르바로사를 알제리 총독으로 임명하고 군대를 보내주었다. 바르바로사는 1529년 술레이만 1세의 지원을 받아 페논섬의 에스파냐 기지를 무너뜨렸다. 이후 신성로마제국 황제이자 에스파냐의 왕인 카를 5세는 알제리를 정복하기 위해 몇 차례 원정대를 보냈지만 실패하고, 알제리는 1830년 프랑스의 침입을 받을 때까지 오스만제국의 보호 아래 있었다.

오스만 해군의 총사령관으로 임명했다. 바르바로사는 1534에 튀니스(1535년 합스부르크가에 빼앗겼다가 1574년 재탈환함)를 정복하고, 1538년 9월에는 프레베자 해전에서 교황, 에스파냐, 베네치아와 제노바가 결성한 유럽기독교 함대를 격파했다. 이렇게 해서 오스만제국은 한동안 지중해 제해권을 장악했다. 바르바로사가 1546년 사망한 후 그 후임자인 투르구트 레이스는 1551년 리비아의 트리폴리를 점령했다.

이렇게 해서 술레이만이 통치하는 오스만제국은 건국 후 150여 년 만에 아시아(아나톨리아 및 메소포타미아), 유럽(발칸), 아프리카(모로코를 제외한 이집트와 아프리카 북안) 3대륙에 영토를 구축한 대제국이 되었다. 흑해는 오스만제국의 내해가 되었고, 지중해의 많은 섬을 차지한 오스만제국은 지중해에서도 그리스도교 진영에 대해 우위를 점했다.

사파비왕조와의 대결

사파비왕조

오스만제국이 동로마제국을 무너뜨리고 몇 년 지나지 않아, 페르시아에 사파비왕조(1501~1736)가 들어섰다. 사파비왕조는 샤 이스마일(1501~1524)이 1501년 백양(아크코윤루)왕조를 정복하고 타브리즈를 수도로 세운 왕조다. 그는 오늘날 이란 아르다빌주의 주도인 아르다빌에 근거를 둔 시아파 수피 종단의 지도자였다. 샤 이스마일은 백양왕조의 군주 우준 하산의 누이와 결혼한 종단 수장 세이크 주나이드의 손자이기도 했다. 사파비 왕조명은 이 종단의 이름인 사파비야에서 유래했다.

세이크 주나이드가 당시 흑양왕조에 속했던 아르다빌에서 세속적 권력도 추구하자, 흑양왕조는 그를 경계해 추방했다. 이에 세이크 주나이드는 흑양왕조와 경쟁 관계에 있는 백양왕조의 우준 하산에게 망명하고, 그의 누이와 결혼했다. 세이크 주나이드는 이후 흑양왕조의 영토를 공략하다 사망했다. 그러나 우준 하산이 1487년 흑양왕조에 승리하고 아르다빌을 세이크 주나이드의 아들이자 자신의 조카인 셰이크 하이다르에게 주었다. 하이다르는 우준 하산의 딸과 결혼했기에 우준 하산의 사위이기도 했다. 우준 하산의 부인은 트라브존 왕국의 공주였다. 트라브존 왕국은 오스만제국의 위협으로부터 보호받기 위해 공주를 우준 하산에게 시집보냈다. 하이다르가 세력을 키워나가자 우준 하산의 아들이자 후계자인 야쿱이 하이다르를 살해했다. 하이다르의 장남 알리가 뒤를 이었지만, 그도 백양왕조의 군대에 의해 살해되고, 그의 동생 샤 이스마일이 뒤를 이었다. 샤 이스마일은 몇 년간의 은둔 후 아르다빌로 돌아와 크즐바시[241]의 지원을 받아 1501년 백양왕조를 멸망시켰다.

이 왕조는 이란어계 쿠르드어를 사용하는 사람, 아제르바이잔인, 투르크멘, 조지아인, 흑해의 그리스인 등 다양한 종족으로 구성되었지만, 역대 왕들은 페르시아 왕들이 사용한 군주 호칭인 '샤'를 사용함으로써 페르시아 왕조의 전통을 이었음을 천명했다. 이렇게 해서 651년 아케메네스제국이 우마이야왕조에 의해 멸망한 후 900년 만에 페르시아계 독립 왕조가 들어서게 되었다. 사파비왕조는 또한 시아파 12이맘파를 국교로 선포해 오늘날 이란이 시아파 국가로 자리 잡는 데 큰 영향을 미쳤다.

사파비왕조의 토대가 된 사파비야 수피 종단은 수피들이 활동하는 곳이다. 수피는 명상과 기도를 통해 신(알라)과의 영적합일을 추구하는 신비주의자로, 이들이 만든 교리를 수피즘이라 한다. 수피즘은 아랍어를 모국어로 사용하지 않는 무슬림들이 좀 더 쉽게 신에게 다가가는 방법이기도 했

---

241 빨간 머리 군인이라는 뜻으로, 이는 군인들이 머리에 빨간 두건을 둘렀기에 붙여진 이름이다. 이들은 주로 투르크멘으로 구성되었다.

다. 그 방법은 명상과 기도 이외에 종교적 낭송, 춤과 음악이었다. 수피즘은 아랍어로 쓰인 율법을 몰라도 신에게 다가가는 현실적인 방법이었기에 중앙아시아와 동남아시아로 수니파, 시아파를 불문하고 신속히 퍼져 나갔다. 차가타이 칸국에서 설명했듯이 수피 교단의 하나인 낙쉬반디는 모굴 칸국에서 몽골 군주들을 이슬람으로 개종하는 데 큰 역할을 했다. 기독교에서 성상은 우상이라는 논쟁이 있었지만, 게르만족 등 야만인에게 신의 모습이라는 것을 보여주어 이들을 개종하는 데 역할을 했다. 이슬람에서는 기독교와 달리 성상(聖像)이 없기에 수피즘은 기독교의 성상과 비슷하게 비아랍인을 무슬림으로 개종하는 데 일조한 것으로 보인다.

이 왕조는 과거 페르시아제국의 영토를 회복하기 위해 서부의 메소포타미아와 아나톨리아에서는 오스만제국, 동부의 호라산과 트란스옥시아나에서는 우즈벡 칸국과 대결했다. 동부 지역에서는 1510년 메르브에서 벌어진 전투에서 칭기즈칸의 후손인 샤니바니가 세운 우즈벡 칸국에 승리했다. 이 결과 호라산을 차지하며 고토를 회복했으나, 서부 지역에서는 오스만제국에 막혀 성과를 내지 못했다.

18세기 들어 무능한 군주들이 등장한 가운데 사파비왕조는 새로운 적인 러시아[242]와 무굴제국(1526~1857)[243]의 침략을 받고, 왕국 내 수니파 공국들

---

242 러시아는 이반 4세(1533~1584) 때인 1556년 킵차크 칸국 붕괴 후 등장한 아스트라 칸국을 정복하며 캅카스 방면으로 남하했는데 이는 아제르바이잔과 조지아에 세력을 두고 있는 사파비왕조와 충돌을 일으켰다.

243 모계로는 칭기즈칸, 부계로는 티무르의 피를 물려받은 바부르가 우즈벡인들에 의해 트란스옥시아나에서 쫓겨나 카불로 갔다가 그곳에서 1526년 인도에 침입해 델리술탄국을 멸하고 세운 왕국으로 전성기 때의 영토는 카불에서 데칸고원 전역에 달했다. 이 왕국은 18세기 중반 영국의 식민지 지배가 본격화하며 망하게 된다.

의 반란에 휘말리게 된다. 사파비왕조의 수도 이스파한이 1722년 아프가니스탄의 칸다하르에 중심을 호타키왕조의 침입을 받고 점령되기도 했다. 호라산의 투르크계 아프샤르족 출신의 나디르 샤(Nader Shah)가 1729년 호타키왕조를 페르시아에서 몰아내고 이스파한을 되찾았으나, 1736년 그가 아프샤르왕조(1736~1796)를 열자 사파비왕조는 사라지게 된다.

오스만제국과 사파비왕조의 대결

수니파인 오스만제국은 시아파인 사파비왕조가 자신들의 동부 국경지대(아나톨리아 동부)에 들어서자 긴장했다. 신생국인 사파비왕조가 오스만제국에 대항하기 위해 이집트의 맘룩왕조와 연대하고, 시아파 이슬람을 전파하며 오스만제국에 대한 저항을 유도했기 때문이다. 오스만제국의 바예지드 2세(1481~1512)는 시아파 이슬람의 확산을 막기 위해 아나톨리아 동부에 있는 시아파 사람들을 국경 밖으로 쫓아냈다.

양측의 종교적 갈등은 영토 경쟁과 맞물려 전쟁으로 이어졌다. 셀림 1세가 이끄는 오스만 군대와 샤 이스마일이 이끄는 사파비 군대는 1514년 찰디란(타브리즈 인근에 있는 도시)에서 격돌했다. 이 전투는 서구식 총포로 무장한 오스만 군대의 승리로 끝났다. 오스만제국은 이 전투의 승리로 아나톨리아 동부와 메소포타미아 북부를 차지했다. 오스만 군대는 사파비왕조의 수도 타브리즈를 일시 점령하고 약탈도 했다. 샤 이스마일은 전투 패배

후 영웅적 면모를 잃어버리고 실의에 빠져 있다가 1524년 사망했다. 오스만 제국은 찰디란 전투 후 맘룩왕조를 공격해 무너뜨리고 1517년 병합했다.

아버지 셀림 1세를 계승한 술레이만 1세는 사파비왕조에 더욱 공세적으로 나갔다. 그는 여러 번의 사파비왕조 원정을 통해 메소포타미아 대부분을 장악하고, 예레반(오늘날 아르메니아의 수도)과 나흐츠반[244]까지 점령했다. 그러나 동방으로 원정 가면 발칸에서 소요가 일어나 군대를 발칸으로 보내야 했기에 효과적으로 사파비왕조를 제압할 수 없었다. 사파비왕조도 계속 점령지를 빼앗겨 위기감을 느끼고 있었다. 양측은 이러한 사정으로 1555년 아마시아 평화 협정을 체결했다. 이 조약을 통해 오스만제국은 바그다드, 아르메니아와 조지아 서부를 가졌고, 사파비왕조는 아제르바이잔과 캅카스를 지켰다. 이렇게 해서 오스만제국은 이집트에서 시리아, 바그다드로 이어지는 초승달 지역을 차지했다. 아마시아 조약을 맺은 해에 사파비왕조의 왕 타흐마스프 1세(1524~1576, 샤 이스마일의 아들)는 오스만제국의 국경과 멀어지기 위해 수도를 타브리즈에서 카즈빈으로 옮겼다.

아마시아 협정 체결 후 양측은 비교적 20여 년간 평온하게 보냈다. 그러나 타흐마스프 1세가 사망한 후 왕권 다툼이 일어나며 사파비왕조는 혼란에 빠졌다. 이를 이용해 오스만 군대는 1578년 아마시아 협정을 깨고 사파비왕조의 캅카스 영토를 침략했고, 1585년에는 옛 수도 타브리즈를 함락했다. 사파비왕조는 또한 우즈벡 칸국의 압둘라 2세(1583~1598)[245]에게 호라

---

244 오늘날 아제르바이잔 서부에 있는 자치 공화국.

245 1510년 메르브 전투에서 사파비왕조에 패한 후 부하라, 사마르칸드, 타쉬켄트 등으로 분열해 있던 우즈벡 칸국을 통합하며 왕국의 전성기를 이끌었다.

산도 빼앗겼다.

　이러한 혼란의 시기에 호라산 총독이었던 아바스 1세(1588~1629)가 왕으로 즉위했다. 그는 우선 파벌을 조성해 분란을 부추긴 크즐바시의 위상을 축소하기 위해 굴람[246]을 주력 상비군으로 양성했다. 아바스 1세는 아울러 찰디란 전투에서 총포로 무장한 오스만 군대에 패한 경험을 살려 총포 부대도 창설했다. 그는 개혁한 군대를 이끌고 동부로 가 우즈벡 칸국에 빼앗긴 호라산을 1598년 되찾고, 수도도 카즈빈에서 이란 중부에 있는 이스파한으로 옮겼다.

　동부 지역을 안정시킨 아바스는 서부의 오스만제국으로 눈을 돌렸다. 1603년 아바스는 오스만 군대에 승리하며 아제르바이잔과 타브리즈를 탈환했고, 1623년에는 이라크도 되찾았다. 그러나 오스만제국이 1638년 이라크를 다시 회복하고, 사파비왕조와 1639년 주하브 조약을 체결했다. 이 조약은 1555년 아마시아 조약을 재확인하는 것으로 오늘날 튀르키예(터키) 남동부와 이란 북동부 간의 국경선의 토대가 되었다.

　1722년 사파비왕조가 아프가니스탄의 호타키왕조에게 수도 이스파한을 점령당하며 혼란에 빠진 기회를 이용해 오스만제국과 러시아가 이란의 영토를 침략했다. 두 나라는 공략지가 겹치는 이란 북서부 지역의 영토 분할

---

246 타흐마스프 1세가 캅카스를 원정해 그리스도 교도인 아르메니아인, 조지아인 등을 포로로 잡아 이란으로 데려왔다. 이들은 노예란 뜻인 굴람으로 불렸으며, 타흐마스프는 이들을 이슬람으로 개종시킨 후 군인으로 만들었다. 노예 군인이라는 뜻에서 굴람은 이집트 맘룩왕조 군대의 맘룩과 비슷하다.

을 위해 1724년 콘스탄티노플 조약을 맺었다. 이에 따라 오스만제국은 아르메니아와 조지아의 대부분과 타브리즈를, 러시아는 다게스탄과 바쿠(아제르바이잔의 수도) 등을 취했다. 그러나 앞서 이야기했듯이 페르시아의 나폴레옹이라 평가받기도 하는 나디르 샤가 등장해 위기를 수습했다. 그는 1729년 호타키왕조를 이스파한에서 몰아내고, 러시아와 1732년 레스트 조약, 1735년에는 간자 조약을 맺고 러시아가 취했던 영토도 모두 돌려받았다. 러시아가 나디르 샤에게 영토를 돌려준 것은 후술하듯이 흑해에서 크림 칸국 및 오스만제국과의 전쟁을 앞두고 페르시아를 자극하지 않으려는 목적도 있었다.

나디르 샤는 오스만제국으로부터는 오스만-이란 전쟁(1730~1735)을 통해 실지를 회복했다. 그는 꼭두각시로 내세웠던 사파비왕조의 왕을 폐하고 1736년 아프샤르왕조를 세웠으나, 1747년 서부 이란의 쿠르드족 반란을 진압하기 위해 출정했다가 부하에게 살해당했다.

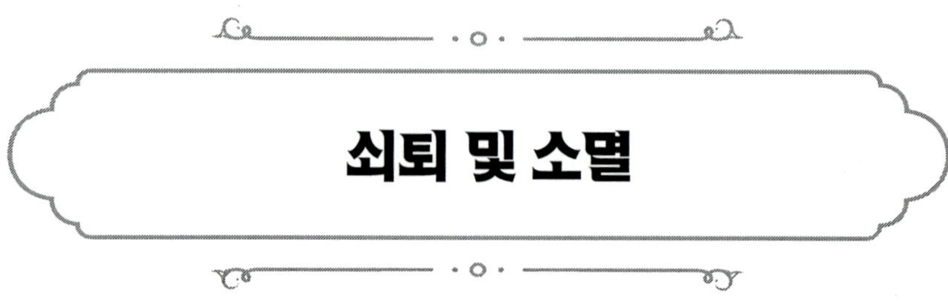

쇠퇴 배경

오스만제국은 비록 유목민인 투르크족이 세운 나라였지만, 이들의 조상들이 오래전(751년 탈라스 전투 전후) 이슬람으로 개종하고 정주 세계[247]에 안착했기에 그 후손들은 더 이상 유목민이 아니었다. 이들은 알라에 대한 굳건한 믿음과 정주 국가의 통치 시스템을 갖고 오스만제국을 600여 년 유지했다. 이 점이 흉노나 돌궐, 칭기즈칸이 세운 왕국과의 차이점이었다. 칭기즈칸 제국은 거대했지만, 제국을 운영하는 통치 시스템이 미비했다. 이런 연유로 맏형격인 원나라가 중국에서 1368년 쫓겨나며 몽골제국은 1227년 칭기즈칸 사후 140여 년 만에 실질적으로 붕괴했다.

---

[247] 우마이야왕조와 아바스왕조가 지배하던 페르시아 및 메소포타미아 일대와 동로마가 지배하던 아나톨리아.

오스만제국의 주요 통치 시스템은 관료제도,[248] 법률,[249] 예니체리,[250] 밀레트[251] 등을 들 수가 있다.

이러한 통치 시스템으로 오스만제국은 건국된 지 150여 년 만에 영토를 최대로 넓히며 전성기를 구가했다. 그러나 오스만제국은 17세기 이후 점차 쇠락하게 된다. 쇠락하게 된 근본적인 요인은 정교를 믿는 러시아와 가톨릭을 믿고 근대화를 이룬 서유럽 국가의 등장이다. 내부적 요인은 오스만제국의 개혁 실패다.

러시아의 대두

러시아인은 슬라브족이다. 슬라브족은 게르만족 및 라틴족과 함께 인도유럽어족의 큰 분파를 이룬다. 고고사학자들은 슬라브족의 원주지를 우크라이나 서부 지역으로 추정하고 있다. 슬라브족은 5세기에서 9세기 사이

---

248 관료들은 행정명령을 작성하고, 재산을 평가해 세금을 매겼으며, 군대와 정부의 최고 관리는 디완이라는 궁전 회의에 참가해 정책을 결정하고 규정을 작성하며 술탄을 보좌했다.

249 이슬람 세계에는 코란과 하디스에 근거를 둔 샤리아(아랍어로 길이라는 뜻)라는 법이 있었다. 그러나 이 법은 국가 운영에 필요한 행정, 세금 등과 같은 세부적인 세속적 사항을 포함하지 않고 있어 메흐메드 2세 때 카눈나메라는 법전이 편찬됐다. 입법자로 불리기도 했던 술탄 술레이만은 카눈나메에 형법, 물권법, 군법을 추가해 법전을 보완했다.

250 무라드 1세 때 그리스도교에서 이슬람으로 개종한 비투르크인으로 구성된 보병군대로 오스만제국 확장에 큰 역할을 했으나, 나중에는 기득권 세력이 되어 개혁의 걸림돌이 되다가 1826년 유럽식 신식 군대가 창설되며 해체되었다.

251 이슬람, 그리스도교, 유대교를 믿는 다양한 제국 신민들을 동일한 종교에 따라 구분하고 그들의 율법과 관습에 따른 자치를 허용하는 제도로, 이는 그리스도교와 유대교인들의 오스만제국 통치에 대한 저항을 완화하는 데 이바지했다.

이 지역에서 사방으로 퍼져 나갔다는 것이 언어학자들과 역사학자들의 일치된 의견이다.[252] 러시아 방면으로 이동한 사람들은 동슬라브족, 체코 등 중유럽으로 이동한 사람들은 서슬라브족, 발칸으로 이동한 사람들은 남슬라브족이라 한다. 이들은 4세기 후반 훈족의 침입을 받고 동유럽에서 서부 유럽과 남부 유럽으로 이동한 게르만족의 버려진 땅으로 이주했다.[253] 이들은 도나우강 하류에도 정착했는데, 이 지역이 오늘날 루마니아와 불가리아다. 슬라브족은 6세기경에는 발칸반도 서부인 크로아티아와 세르비아로도 대거 이주했다.

러시아에 최초로 들어선 왕국은 키예프 루시(882~1240)다. 이 왕국의 블라드미르 대공(980~1015)은 988년 비잔티움 정교를 국교로 받아들였다. 이반 3세(1462~1505)는 1240년 키예프 루시가 무너지며 타타르의 굴레[254]에 묶였던 러시아를 1480년 종주국인 킵차크 칸국에 조공 납부를 거부하며 해방시켰다. 그의 재위 시 키예프 루시는 '러시아'로 바뀌고, 제정러시아 시대인 1721년 표트르 1세에 의해 '러시아'가 정식 국가 이름이 되었다.

1453년 비잔티움제국이 오스만제국에 무너지자 이반 3세는 비잔티움제국의 마지막 황제인 콘스탄티누스 11세 팔라이올로구스(1449~1453)의 조카

---

252 라인하르트 쉬메겔 저, 김재명 외 5인 역, 『인도유럽인, 세상을 바꾼 쿠르간 유목민』(푸른역사, 2013), 659쪽.

253 라인하르트 쉬메겔 저, 김재명 외 5인 역, 『인도유럽인, 세상을 바꾼 쿠르간 유목민』(푸른역사, 2013), 662쪽.

254 약 240년간의 킵차크 칸국의 지배 시기를 말한다. 타타르는 몽골고원 동부의 부유르 호수 인근에 살았던 부족으로 훗날 칭기즈칸의 군대가 유럽에 진출하자 그의 군대와 종족들이 타타르라 불렸다. 이는 타타르족의 용맹함에 기인할 수도 있지만, 칭기즈칸 군대가 잔혹해 그리스 신화에서 지옥을 의미했던 타르타로스에 빗대어 그렇게 불렀을 수도 있다.

딸 소피아와 결혼하고, 비잔티움제국 황제의 계승자라고 했다. 그리고 모스크바를 '제2의 로마' 콘스탄티노플을 이은 '제3의 로마'라 선언했다.

서로마가 476년 게르만족에게 무너졌지만, 로마 교회와 교황은 프랑크 왕국의 보호를 받으며 발전했다. 프랑크 왕국은 에스파냐를 통해 그리스도교 세계를 침공하는 이슬람 군대를 732년 푸아티에 전투에서 물리치고 유럽의 그리스도교 사회를 구했다. 그리고 유럽 북부와 동부로 나아가 이 지역의 이교도들을 가톨릭으로 개종시켰다. 헝가리를 지배하던 아바르도 8세기 말 샤를마뉴에 의해 가톨릭으로 개종하며 헝가리가 가톨릭 국가가 되었다.

이와 반면 동로마는 발칸과 러시아에 정교를 전파했지만, 이슬람국가인 오스만제국에 망했다. 동로마는 자신을 보호해 줄 프랑크 왕국과 같은 강력한 국가가 없었다. 오스만제국 침공 시 러시아는 몽골(킵차크 칸국)의 지배를 받고 있었고, 발칸의 정교 왕조들은 오스만제국의 지배 아래에 있었기 때문이다.

비잔티움제국은 역사에서 사라졌지만, 러시아는 1480년 타타르의 굴레에서 벗어난 후 늦게나마 비잔티움 정교와 발칸의 슬라브족에 대한 수호자로 나섰다. 이는 오스만제국과 피할 수 없는 대결을 예고한 것이었다. 그러나 이슬람왕조인 오스만제국은 결국 정교 국가 러시아와 가톨릭 국가인 서방에 밀려 발칸과 흑해의 정복지를 대부분 상실하고 만다.

서방의 근대화 성공

서유럽은 프랑크 왕국에 의해 종교, 문화, 사회적으로 정체성이 확립된 지역이다. 이 왕국은 종교적으로는 가톨릭을 신봉하고, 문화·사회적으로는 그리스-로마 문명을 계승했다.

800년 로마 교황으로부터 서로마제국 황제의 왕관을 받고, 에스파냐와 동유럽을 제외하고 전 유럽을 영토로 둔 이 왕국의 샤를마뉴 대제는 왕국이 존속하려면, 법과 관료제도뿐만 아니라 교양과 학습의 문화를 굳히는 게 시급하다고 생각했다.[255] 이를 위해 그는 귀족 자제들을 대상으로 하는 궁정 학교를 설치했다. 이곳에서는 로마 시대의 일반 교양과목에 해당하는 3학과(문법·수사학·변증법)와 대학원 과정에 해당하는 4학과(산술·음악·기하·천문학)를 가르쳤다. 그는 또한 각 수도원에 학교를 두는 것을 법으로 정했다. 교육은 무상이었다. 여자들은 교육에서 배제되었지만, 모든 계급의 남자에게 개방되어 이는 이후 유럽의 큰 자산이 되었다.

이와 반면 이슬람 세계에서는 수학, 천문학 등 합리적인 과학은 공식적인 교과 과정을 벗어나 연구되고 가르쳐졌다.[256] 그리스도교 세계와 이슬람 세계의 이러한 교육제도의 차이는 수백 년의 세월이 흐르며 이슬람 세계가 유럽 세계에 뒤처지는 결과로 이어졌다.

샤를마뉴는 법으로 일부일처제도 강제했다.[257] 가부장적 권위는 여전했

---

255 데이비드 리버링 루이스 저, 이종인 역, 『신의 용광로』(책과함께, 2010), 441쪽.

256 엘버트 후라니 저, 김정명·홍미정 역, 『아랍인의 역사』(심산 출판사, 2010), 462쪽.

257 데이비드 리버링 루이스 저, 이종인 역, 『신의 용광로』(책과함께, 2010), 439쪽.

지만, 유럽 여자들은 일부다처제의 특징인 권력, 재산에 대한 경쟁에서 벗어나 점차 개인적 자유와 발전 잠재력을 얻게 되었다. 이는 4명까지 부인을 둘 수 있도록 한 이슬람의 코란과 비교해 볼 때 획기적인 사회 규범이었다.

이러한 문화적 토양을 가진 서유럽은 르네상스와 종교개혁을 거치며 근대화로 나아갔다. 르네상스는 14~16세기 동안 일어난 문화운동으로 고대 그리스와 로마 문명을 재평가하고 다시 받아들이는 과정이다. 이는 과학혁명에 기여하고, 종교개혁에도 영향을 주었다. 가톨릭이 지배하는 유럽 사회는 16~17세기에 걸쳐 진행된 종교개혁을 통해 불합리한 가톨릭의 교리를 수정해 개신교를 대두시켰다. 아울러 성직자의 부정, 부패를 고발해 불의를 타파하려고 했다.

포르투갈, 에스파냐는 15세기를 전후로 아메리카 신대륙을 발견하고, 아프리카 남단의 희망봉을 돌아 인도로 가는 항로를 개척했다. 유럽 국가들은 이후 신대륙에 식민지를 건설하고, 인도에는 동인도회사를 설치하며 자원을 수탈해 국가의 부를 축적해 나갔다. 이들 국가는 축적된 부와 신 과학기술을 통해 강력한 군대를 갖게 되었다.

유럽 국가들은 르네상스, 종교개혁, 신대륙 발견 등의 과정을 거치며 18세기 말 영국에서 시작된 산업혁명을 계기로 근대화를 완성하게 된다. 수천 년 지속돼 온 농업사회가 막을 내리고 도시화·산업화한 사회가 들어선 것이다.

오스만제국의 개혁 실패

서방 국가들이 이와 같이 수백 년에 걸쳐 근대화로 가는 과정을 밟아가고 있을 때 1453년 동로마제국을 무너뜨린 오스만제국은 이슬람의 우월성에 빠져 서방이 발전해 나가는 과정을 인식하지 못했다.

또한 이슬람 세계는 오스만제국의 수니파와 이란 사파비왕조의 시아파로 분열되어 있었다. 이들은 메소포타미아와 아나톨리아 동부 및 캅카스에서 영토 경쟁을 벌이며 서방 가톨릭 국가와 정교 국가 러시아가 이슬람 세계를 침략할 때 공동으로 대처하지 못했다.

오스만제국은 17~18세기 서유럽 국가 및 러시아와의 전쟁에 패하면서 늦게나마 서방 세계를 본받아 개혁을 시도했다. 가장 중점을 분야는 군대였다. 오스만제국의 근대화 시조로 불리는 셀림 3세(1789~1807)는 유럽식 군사 조직을 갖춘 니자미 제디드(신질서) 부대를 창설하고, 무기공장과 군사학교도 설립했다. 그러나 예니체리와 성직자 그룹의 반발로 신식 부대의 역할은 미미했고, 셀림 3세는 폐위되었다.

술탄 마흐무드 2세(1808~1839, 셀림 3세의 4촌) 재위 시 좀 더 강력한 개혁이 추진되었다. 예니체리 해체에 저항하는 자를 사형에 처하는 강공책을 구사하며 그는 1826년 개혁에 가장 큰 걸림돌인 예니체리를 해체했다.

마흐무드 2세 이후에는 탄지마트(재정비라는 뜻) 개혁이 시행되었다. 탄지마트는 마흐무드 2세의 뒤를 이은 두 아들 압둘 메지드(1839~1861)와 압둘 아지즈(1861~1876)시대에 공표된 일련의 대개혁이다. 압둘 메지드 술탄은 1839년 '귈하네(장미원)칙령'을 발표하며 개혁의 방향을 정했다. 이에 따라 사법, 교육, 경제 등 각 분야에서 근대적 개혁이 시도되었다. 압둘 아지즈

술탄은 1856년 종교와 관계없이 모든 국민에게 평등을 약속하는 '제국개혁
칙령'을 공표했다.

1876년에는 '미드하트 헌법'이라 통칭되는 오스만 헌법이 공포됐다. 술탄
의 권한은 여전히 막강했지만, 양원제 의회의 설립을 규정한 오스만제국의
최초 헌법이었다. 그러나 이 헌법은 이슬람 이념을 내세우며 보수로 회귀한
술탄 압둘 하미드 2세(1876~1909, 압둘 메지드의 아들)에 의해 1878년 효력이
정지되었다가, 1908년 청년튀르크당[258]의 혁명이 성공하며 부활했다. 나중
에 이 헌법에 기초해 튀르키예공화국(터키공화국)이 탄생하게 된다.

헌법 제정 등 의욕적인 개혁 조치에도 불구하고 뒤늦게 시작한 오스만제
국의 개혁에는 한계가 있었다. 서구 사회에서 수백 년에 걸쳐 진행된 근대
화를 단기간에 성취할 수는 없는 것이었다. 더구나 예니체리와 성직자 등
전통 보수주의자들은 개혁론자들을 이슬람의 정신과 기본 질서를 파괴하
는 위험한 인물로 보고, 개혁에 소극적인 태도를 보였다.

이슬람 세계는 서양의 종교개혁 같은 과정이 없었다. 그리스도교 세계는
8세기 말 샤를마뉴 대제가 법으로 일부일처를 규정하며 여성의 인권을 신
장시켰지만, 남자는 부인을 4명까지 둘 수 있다는 코란의 구절은 아직 유효
하다. 또한 무슬림 여자들은 외출 시 아직도 히잡이나 차도르를 착용해야
한다. 오스만제국을 비롯한 이슬람권이 근세를 거치면서 그리스도교 세계
에 무너졌음에도 불구하고 이슬람은 아직 건재하다. 비이슬람 세계 사람들

---

[258] 술탄의 전제를 비난하며 반체제운동을 전개했던 신식교육을 받은 젊은이와 젊은 장교들을
통칭해 부르는 명칭이다. 이들은 비밀로 활동하다가 1906년 공식적으로 연합진보위원회를
결성해 1908년 혁명을 성공적으로 이끌었다.

의 눈에는 여성의 인권과 발전 잠재력을 억압하는 것으로 보이는 코란의 구절들이 이슬람 지도자들에게는 그렇지 않은 것 같다.

근대화로 가는 개혁 실패로 오스만제국은 군사력 등 국력이 약화했다. 이로 인해 러시아, 영국, 프랑스 등에 정복지를 빼앗기고 이집트, 그리스, 발칸 국가 등이 독립했다. 이러한 가운데 오스만제국은 동맹국(독일 및 오스트리아-헝가리제국) 편에 서서 제1차 세계대전에 참전했다가 동맹국이 연합국(러시아, 영국, 프랑스, 미국 등)에 패하며 역사에서 사라지게 된다.

쇠퇴

발칸

그리스에서 헝가리와 루마니아에 이르는 발칸을 정복한 오스만제국은 17세기 말부터 서서히 쇠퇴하기 시작한다. 그 시작은 제2차 빈 공격의 실패였다. 오스만제국은 1529년(제1차 빈 공격) 술레이만 술탄이 점령하려다 실패한 오스트리아의 수도 빈을 1683년(제2차 빈 공격) 다시 공격했다. 오스만제국의 관할 지역인 헝가리 중부에 사는 사람들이 오스트리아의 침공을 받고 지원을 요청했기 때문이다. 가톨릭 국가인 오스트리아는 자신들이 점령하고 있는 헝가리 서부 지역에 사는 프로테스탄트들이 오스트리아가 종교 탄압을 한다며 반기를 들자 이를 진압하면서 헝가리 중부까지 침입한 것이었다.

카라 무스타파 재상이 이끄는 오스만 군대는 헝가리 서부를 거쳐 오스트리아로 들어가 빈을 포위했다. 오스트리아는 교황령, 베네치아, 폴란드-리투아니아 연방[259]과 결성한 신성동맹 연합군으로 오스만 군대를 물리쳤다.

오스만 군대를 격퇴한 후 자신감을 얻은 유럽 국가들은 오스만제국에 적극적으로 대항하기 위해 교황의 후원 아래 1684년 새로운 신성동맹을 결성했다. 기존의 동맹에 에스파냐가 추가로 참여했고, 러시아는 1686년 동맹에 가입했다. 이렇게 해서 러시아는 유럽의 동맹 체제에 처음으로 발을 들여놓게 되었다.

신성동맹 측과 오스만제국은 1684년부터 15년간 에게해, 헝가리, 흑해 북안 등에서 전쟁했다. 오스만 군대가 전반적으로 열세인 가운데 1697년 젠타(세르비아 남부) 전투에서 오스트리아 군대에 결정적으로 패하자, 오스만제국은 1699년 신성동맹과 카를로비츠 협약을 맺고 전쟁을 종결했다. 이 협약에 따라 헝가리, 트란실바니아, 크로아티아가 오스트리아에 귀속되고, 모레아와 크로아티아 일부 연안은 베네치아, 포돌리아(우크라이나 중서부와 남서부)와 우크라이나는 폴란드-리투아니아연방이 차지했다. 러시아는 1700년 별도로 오스만과 이스탄불 조약을 체결해 아조프해를 차지했다.

---

259 폴란드와 리투아니아 공국이 1569년 루블린 협약을 맺으며 결성한 연방체다. 리투아니아 공국은 몽골의 침략으로 키예프 루시가 붕괴한 후 발트해에 있던 리투아니아인이 서부 러시아로 내려와 세운 공국이다. 1385년 이 공국의 요가일라 왕이 폴란드 여왕과 결혼하며 폴란드 국왕을 겸했다. 리투아니아 공국은 15세기 후반 들어 모스크바 대공국과의 대결에서 밀리며 쇠퇴하다가 폴란드와 연방을 결성했다. 그러나 18세기 말 연방이 해체되며 대부분의 영토를 러시아, 독일, 오스트리아에 빼앗겼다.

모레아가 베네치아공화국으로 넘어간 후 오스만제국은 모레아 문제로 베네치아공화국 및 오스트리아와 전쟁을 하게 된다. 그리스 정교를 믿는 모레아 사람들이 가톨릭을 강요하는 베네치아에 반발해 오스만제국에 도움을 요청한 것이 발단이었다. 오스만제국이 1715년 베네치아에 승리하며 모레아를 탈환했지만, 신성동맹국인 오스트리아가 카를로비츠 협약 위반이라며 베네치아에 돌려주라고 요구했다. 오스만제국이 이를 거부하자 양측 간 전쟁이 일어났다. 전세는 오스트리아에 유리했지만, 에스파냐 왕위 계승 전쟁[260]으로 오스트리아가 에스파냐와 전쟁해야 하는 상황이 발생해 오스트리아가 평화 협상을 제안했다. 오스만제국이 이를 받아들여 1718년 파사로비치 협약을 체결하며 전쟁은 종료되었다. 이 결과 오스만제국은 모레아를 차지하고, 베오그라드와 세르비아 북부 지역을 오스트리아에 할양했다.

카를로비츠 협약과 파사로비치 협약으로 발칸 정복지를 상당 부분 상실한 오스만제국은 19세기 들어 나머지 복속 지역 주민들의 반란에 직면하게 된다. 이들은 서유럽에 등장한 계몽주의와 민족주의에 영향을 받아 오스만제국의 통치에 반발하며 독립을 주장했다.

그리스 민족주의자들이 1821년 독립운동을 일으켰다. 오스만제국은 이집트의 지원을 받아 이를 진압하려 했다. 그러나 오스만·이집트 연합함대

---

260 1700년 에스파냐 왕 카를로스 2세가 후사 없이 사망해, 프랑스 왕 루이 14세의 손자인 필리프 앙주공이 펠리페 5세로 즉위했다. 신대륙 해상 무역에서 에스파냐와 프랑스의 연대를 우려한 영국과 네덜란드, 그리고 왕위 계승권을 주장하는 오스트리아가 3국 동맹을 맺고 1701년 프랑스와 에스파냐에 선전포고했다. 전쟁은 위트레흐트 조약과 라슈타트 조약을 체결하며 1714년 종결되었다.

가 1827년 나바리노 해전에서 그리스의 독립을 지지하는 러시아·영국·프랑스 연합함대에 패했다.

오스만제국은 러시아가 나바리노 해전에 참전한 것에 대해 복수하기 위해 러시아 선박의 다르다넬스해협 통항을 금지했다. 러시아가 반발하자 1828년 러시아와 오스만제국 간 발칸과 캅카스 지역에서 전쟁이 일어났다. 전황이 불리한 오스만제국이 정전을 요청해 양측은 1829년 아드리아노플 조약을 체결했다. 이 조약으로 그리스는 독립을 획득하고, 세르비아는 자치국이 되었다. 러시아 군대는 오스만제국이 전쟁 배상금을 완불할 때까지 도나우 공국(왈라키아와 몰다비아 공국)에 주둔할 수 있었다. 그리고 모든 상선은 자유롭게 다르다넬스해협을 통과하게 되었다.

오스만제국은 또한 투르크만차이 조약[261]에서 보장된 러시아의 권리를 인정해야 했다.

---

261 러시아가 캅카스산맥을 넘어 페르시아의 영향권 아래에 있던 조지아, 아제르바이잔 지역을 침략하자, 나디르 샤 이후 페르시아에 들어선 카자르왕조(1794~1925)와 전쟁이 일어났다. 두 번의 전쟁에서 모두 패한 카자르왕조는 1813년 굴리스탄 조약, 1828년 투르크만차이 조약을 체결하고, 아라스강의 북쪽 지역을 러시아에 넘겨주었다. 아라스강이 오늘날 아제르바이잔과 이란의 국경선이 되었으며, 이 결과 아제르바이잔은 전통적으로 아제르바이잔계 사람들이 많이 거주하던 타브리즈 등 남부 지역의 영토를 상실했다.

흑해

흑해 북안은 러시아 남부 지역에 속하는 초원 지대다. 이 초원 지대는 카자흐스탄 초원을 거쳐 몽골고원까지 이어진다. 이러한 연유로 훈, 아바르,[262]

10세기경 흑해 북부 초원

---

262 6세기 중반 돌궐에 망한 에프탈 또는 유연의 남은 세력으로, 돌궐의 추격을 피해 유럽으로 갔다. 그들은 비잔티움 황제에게 토지와 조공을 요구했다. 비잔티움은 이 대가로 훈족의 잔여 세력을 퇴치해 달라고 요청했고, 아바르는 이를 수행했다. 아바르는 헝가리에 있는 게르만족인 게피대를 격퇴하고, 헝가리에 도읍을 두었다. 이렇게 해서 6세기 후반 아바르의 세력 범위는 볼가강에서 도나우강 어귀, 그리고 헝가리 평원에 달했다. 아바르는 6세기 후반부터 태도를 바꿔 비잔티움을 침략했다. 7세기 초 비잔티움과 사산왕조의 전쟁에서는 사산왕조 편에 서서 콘스탄티노플을 공략했다. 그러나 비잔티움제국의 효과적인 방어로 콘스탄티노플 공략이 실패하자 이들은 헝가리로 돌아갔다. 프랑크 왕국은 8세기 말 몇 차례 아바르를 원정해 복속시키고, 아바르 수령은 가톨릭으로 개종했다. 아바르는 등자를 유럽에 전해 주어 유럽 기사들의 전투력 향상에 이바지했다. 헝가리에서 나온 아바르의 청동 유물은 오르도스에서 발견된 흉노, 유연, 돌궐 시대의 것과 유사하다고 한다. 르네 그루쎄 저, 김호동·유원수·정재훈 역, 『유라시아 유목제국사』(사계절, 1998), 257~264쪽.

불가르,[263] 마자르,[264] 하자르,[265] 페체네크,[268] 오구즈, 킵차크, 몽골 등 많은 유목 세력이 이 지역에 등장했다.

---

263 453년 아틸라의 사망 후 남러시아 초원으로 쫓겨난 훈족과 관련이 있는 투르크족으로 7세기 중반경 부족의 지도자인 쿠브라트의 영도 하에 캅카스 서북방(쿠반 계곡과 아조프해 사이)에 강력한 세력을 구축했다. 그러나 쿠브라트가 사망(642년)한 후 하자르족의 침입을 받고 둘로 나뉘었다. 이 중 하나는 하자르족의 종주권을 인정하고 원래 지역에 있다가 훗날 볼가강 중류 쪽으로 이주해 볼가 불가르를 건설했으나, 13세기 중반 칭기즈칸 손자인 바투가 이끄는 몽골군에 정복당했다. 다른 하나는 679년 도나우강을 건너 모헤시아(오늘날의 세르비아와 불가리아에 해당)로 들어가 비잔티움을 침략했다. 그러나 이들은 9세기 중반 그리스 정교로 개종하고 먼저 이주해 왔던 다수 슬라브족과 융합하며 기독교권의 유럽에 통합됐다. 이 종족 이름에서 불가리아라는 국가 이름이 나왔다. 불가르족에 온오구르라는 소부족이 있었는데 헝가리라는 국가 이름은 이 부족의 이름에서 유래했다고 보는 견해가 있다. 르네 그루쎄 저, 김호동·유원수·정재훈 역, 『유라시아 유목제국사』(사계절, 1998), 265~266쪽.

264 알타이어계가 아니라 핀-우그르어계로 9세기 초반 하자르의 보호 아래 돈강과 드네프르강 사이에 살고 있었다. 이들은 9세기 중반 페체네크에 의해 쫓겨나 9세 말 도나우강 하류로 갔다. 이들은 이곳에서도 페체네크의 공격을 받고 트란실바니아로 들어갔다. 그때 게르마니아 왕 아르눌프(887~899)는 대모라비아(체코슬로바키아, 오스트리아, 서부 헝가리)의 군주 스뱌토폴크와 전쟁하고 있었다. 아르눌프는 마자르 족장 아르파드에게 지원을 요청했다. 아르파드가 이끄는 마자르가 이에 응해 9세기 말 대모라비아를 공격해 붕괴시키고 그 지역을 차지했다. 이 지역이 훗날 헝가리로 불리게 된다. 마자르는 원래 유력 부족 집단의 이름이나, 이들이 불가르의 주력 부족인 온오구르에 의해 정치적으로 조직되어 온오구르에서 헝가리란 말이 나왔다고 보는 견해가 있다. 헝가리인들은 이곳을 근거로 서유럽을 침공해 약탈했으나, 955년 게르마니아의 왕 오토 1세(962~973)가 아우그스부르그에서 이들을 제압했다. 헝가리는 이후 가톨릭으로 개종하고 13세기 몽골의 침입부터 17세기 오스만제국의 축출에 이르기까지 기독교권의 방패가 되었다. 르네 그루쎄 저, 김호동·유원수·정재훈 역, 『유라시아 유목제국사』(사계절, 1998), 266~268쪽.

265 볼가강 하류에서 다게스탄 일대에 거주하며 서돌궐에 복속해 있던 투르크계 왕조로 이틸(볼가강 하류)과 사르켈(돈강 만곡부)을 중심으로 한 중계무역으로 번성했다. 비잔티움제국과 사산왕조의 전쟁에서 아바르와 달리 비잔티움제국을 지원해 비잔티움제국이 승리하는 데 결정적으로 기여했다. 이후 두 나라는 왕실 간 혼인을 맺으며 더욱 긴밀한 관계로 발전했다. 하자르는 7세기 중반 불가리아를 제압하고 남러시아 초원을 장악했으나, 9세기 후반 이 지역에 진출한 페체네크의 위협에 노출되고 키예프 루시의 침략을 받으며 쇠퇴하다가 965년 키예프 루시와 오구즈 야브구왕조의 연합 공격을 받고 붕괴했다. 아제르바이잔에서는 카스피해를 '하자르해'라고 부르기도 하는데, 이는 한때 카스피해 서안 일대에서 강력한 세력을 떨쳤던 하자르와 무관하지 않을 것이다. 르네 그루쎄 저, 김호동·유원수·정재훈 역, 『유라시아 유목제국사』(사계절, 1998), 269~272쪽.

그리고 드네스트르강, 드네프르강, 돈강 등이 북부에서 흑해로 흘러 들어간다. 이러한 강들은 발트해와 흑해 및 비잔티움 간의 교역을 가능하게 해 주었다. 그러나 이 강들은 스칸디나비아의 바이킹(바랑기아인)들에게 러시아에 대한 침공 루트이기도 했다.[266]

노예를 뜻하는 Slave는 슬라브의 영어 명칭인 Slav에서 유래했다는 견해도 있다. 이는 많은 슬라브 사람이 바이킹이나 훈, 아바르 등 유목 세력의 침략을 받고 붙잡혀 노예로 팔려나간 사실을 알려준다. 1839년 러시아의 오렌부르크 총독인 페트로프스키가 히바 칸국[267]을 원정했는데, 원정 목적 중의 하나가 노예로 잡혀있는 러시아인을 구출하는 것이었다.

칭기즈칸의 손자인 바투의 유럽원정전(1236~1242) 결과, 남러시아초원에 킵차크 칸국이 들어서고 러시아(당시는 키예프 루시)는 킵차크 칸국의 조공국이 되었다. 15세기 중반 킵차크 칸국이 와해하며 카잔·크림·아스트라 칸국 등이 들어섰다. 1480년 타타르의 굴레에서 벗어난 러시아는 카잔 칸국(1552년)과 아스트라 칸국(1556년)을 정복하고 남러시아 초원의 상당 부분을 장악했다. 크림반도와 흑해 북부 지역에 자리를 잡고 있던 크림 칸국은

---

266 돌궐제국의 일원이었던 투르크족으로 9세기 후반 오구즈에게 쫓겨 아랄해와 남러시아 초원를 거쳐 동유럽으로 들어가 셀주크왕조와 함께 비잔티움제국을 공격했다. 1071년 만지케르트에서 벌어진 셀주크 투르크와 비잔티움제국의 전쟁 시에는 비잔티움제국의 용병이었으나, 비잔티움제국을 배반해 셀주크 투르크가 승리하는 데 이바지했다. 비잔티움제국은 킵차크족과 연합해 1091년 4월 레부니온산에서 페체네크를 격파했다. 페체네크는 불가리아 지역에서 세력을 유지하다가 1122년 비잔티움제국의 공격을 받고 소멸했다. 르네 그루쎄 저, 김호동·유원수·정재훈 역, 『유라시아 유목제국사』(사계절, 1998), 274~277쪽.

267 우즈벡 칸국의 건설자인 샤니바니계 지파의 수령 일바르스가 1512년 호라즘에 주둔하고 있는 사파비왕조의 군대를 몰아내고 세운 왕국으로 1920년 볼셰비키 군대에 의해 무너졌다.

1475년 오스만제국에 정복된 후 오스만제국의 보호를 받고 있어서 러시아의 정복을 피할 수 있었다.

그러나 크림 칸국도 결국에는 러시아에 합병되며, 오스만제국은 흑해에서도 쇠퇴하기 시작한다. 러시아는 1700년 베를린 협정으로 아조프해를 차지했으나, 1711년 몰다비아의 프루트강 전투[268]에서 패하며 오스만제국에 다시 빼앗겼다.

러시아는 아조프해를 다시 차지하기 위해 오스트리아와 동맹을 맺었다. 오스트리아도 오스만제국이 통치하고 있는 발칸 중부로 진출하기 위해 동맹이 필요했다. 그리고 앞서 이야기했듯이 러시아는 1735년 페르시아의 나디르 샤에게 아제르바이잔 등 코카서스 지역의 영토를 모두 돌려주고 우호 관계를 조성했다.

이러한 사전 조치 후 러시아는 1736년 오스만제국의 속국인 크림 칸국을 침략했다.[269] 오스트리아는 1737년 참전했으나 1739년 7월 베오그라드 인근의 그록카(Grocka)에서 벌어진 전투에서 오스만제국에 결정적으로 패했다. 양측은 오스만제국의 동맹국인 프랑스[270]의 중재하에 1739년 9월 베

---

268 발트해 제해권을 두고 일어난 북방 전쟁 기간(1700~1721) 중 스웨덴의 왕 카를 12세가 러시아의 표트르 1세에게 1709년 폴타바 전투에서 패하고 오스만제국으로 망명했다. 러시아가 카를 12세의 인도를 요구했으나 오스만제국이 이를 거부하자 프루트강 전투가 일어났다. 스웨덴은 신성동맹의 일원인 러시아를 견제하기 위해 오스만제국에 우호적이었다.

269 'Russo-Turkish War(1735~1739)' from Wikipedia.

270 신성로마제국의 황제를 배출하는 오스트리아의 합스부르크왕가에 대항하기 위한 프랑스의 이해와 오스트리아를 무너뜨려서 서유럽의 그리스도교 세계를 정복하려는 오스만제국의 이해가 맞아떨어져 양국은 1536년 동맹을 맺었다. 그러나 이 동맹은 1683년 제2차 빈 공격이 실패한 후 오스만제국의 위상이 흔들리며 약화하다가, 1798년 나폴레옹이 인도로 가는 해상로 경쟁에서 영국에 우위를 점하기 위해 오스만제국의 영토인 이집트를 침공함으로써 막을 내렸다.

오그라드 조약을 체결했다. 오스트리아는 파사로비치 협약을 통해 얻은 베오그라드 등을 오스만제국에 다시 돌려주었다.

1736년 크림 칸국 공격으로 아조프해를 점령했지만, 전염병 발발과 보급품 부족으로 철수했던 러시아는 1739년 9월 오스만제국에 속한 몰다비아 공국의 수도 야시(Iaşi)를 점령했다. 그러나 오스트리아가 오스만제국과 평화 조약을 맺자, 러시아도 부득이 역시 프랑스 중재로 오스만제국과 베오그라드 조약을 체결했다. 이 조약은 1739년 10월 니스 조약(Treaty of Niš)으로 최종 확정되었다. 러시아는 몰다비아를 오스만제국에 돌려주어야 했고, 아조프해에 요새를 건설하거나 함대를 배치할 수 없었다. 그러나 항구 건설은 허용되었는데 이는 러시아가 장차 흑해로 진출할 수 있는 실마리가 되었다.

베오그라드 조약과 니스 조약 체결 후 30여 년간 평화를 유지하던 오스만제국과 러시아는 폴란드-리투아니아연방에서 일어난 독립운동[271]을 계기로 다시 전쟁하게 된다. 러시아에 패한 폴란드의 독립운동 조직이 오스만제국의 영내로 들어오고, 러시아의 지원을 받는 코사크족(Cossacks)[272]이 이를 추적해 발타(Balta) 주민들을 살해했다. 오스만제국의 술탄 무스타파 3세(1757~1774)가 이를 응징하기 위해 1768년 러시아에 선전포고했고, 전쟁은 몰다비아 공국, 왈라키아 공국, 크림반도 등에서 다발적으로

---

271 러시아가 폴란드에 군대를 주둔시키고 폴란드 왕 선출에 관여하며 폴란드 내정에 간섭하자 폴란드는 바르동맹을 결성해 러시아에 대항했다.

272 우크라이나와 러시아 서남부에 살던 슬라브족으로 러시아가 16세기 후반부터 시베리아를 정복해 나갈 때 큰 역할을 했다.

일어났다. 그러나 오스만제국이 열세를 보이자, 러시아의 팽창을 우려한 오스트리아와 프로이센이 중재에 나섰다. 이렇게 해서 오스만제국과 러시아는 1774년 퀴췩 카이나르자 조약(Treaty of Küçük Kaynarca)을 체결하고 전쟁을 종결했다. 이 결과 오스만제국은 러시아에 크림반도에 있는 아조프항과 케르치항을 양도해야 했다. 아울러 오스만제국은 제국 내 정교도에 대한 러시아의 보호권을 인정해야 했다. 그리고 무엇보다 크림 칸국이 오스만제국으로부터 독립했는데, 이는 크림 칸국이 러시아에 병합되는 서곡이었다.

오스만제국으로부터 독립한 크림 칸국은 1777년 러시아의 예카테리나 2세에게 복속을 선언했다. 이에 불만을 품은 크림 칸국의 귀족들이 반란을 일으키자, 러시아는 1783년 군대를 동원해 크림 칸국을 합병했다. 오스만제국이 이에 반발해 러시아-오스만 전쟁(1787년~1792년)이 일어났다. 전황이 오스만제국에 불리한 가운데 두 나라는 1792년 야시 조약을 체결하고 전쟁을 종결했다. 이 조약에서 오스만제국은 퀴췩 카이나르자 조약을 모두 승인했다. 흑해 서안에서 두 나라의 경계는 부그강에서 드네스트르강으로 이동하면서 러시아는 몰다비아와 국경을 접하게 되었다. 퀴췩 카이나르자 조약과 야시 조약 결과 흑해는 더 이상 오스만제국의 호수가 아니었다.

유럽협조체제에 편입

크림 전쟁

발칸과 흑해에서 혁혁한 성과를 거두고 위세를 떨치던 러시아는 크림 전쟁(1853~1856)에서 영국, 프랑스, 오스만제국 등이 주축을 이룬 연합국에 패한다. 이 전쟁은 발칸, 캅카스 등 여러 지역에서 일어났지만, 주 무대가 크림반도여서 크림 전쟁이라 부른다.

전쟁의 직접적인 발단은 베들레헴에 있는 예수탄생교회의 관리권에 관한 분쟁이었다. 베들레헴은 오스만제국에 속했는데, 오스만제국은 이 교회의 관리를 베들레헴에 있는 가톨릭 성직자에게 주었다. 정교 국가인 러시아는 이에 반발해 관리권을 정교도에게 줄 것을 오스만제국의 술탄에게 요구했다. 사소한 성소 관리권 분쟁일 수도 있지만 종교적 측면에서 가톨릭은 서방, 정교는 러시아를 비롯한 슬라브족의 정체성을 규정하는 것이어서 간단히 볼 사안이 아니었다. 더구나 이 시기는 러시아가 슬라브족 보호를 명분으로 오스만제국을 압박해 발칸으로 남하하고 있었다. 반면, 영국과 프랑스는 러시아의 이러한 팽창을 우려하고 있었다.

오스만제국의 압둘 메지드 술탄(탄지마트 개혁 실시)이 예수탄생교회의 관리권을 달라는 러시아의 요구를 거부하자, 러시아는 오스만제국을 압박하기 위해 1853년 7월 도나우 공국을 점령했다. 그러나 오스만제국은 이에 굴하지 않았고, 영국과 프랑스는 러시아가 흑해와 발칸을 점령하는 것을 막기 위해 오스만제국을 지원했다. 이에 고무되어 오스만제국은 1853년 10월 도나우 공국 방면에서 러시아에 선전포고했다.

전쟁은 러시아가 연합국에 패하고, 파리 강화 조약을 맺으며 종결됐다. 흑해는 중립화되어 러시아와 오스만제국 등 연안국은 흑해 연안에 군사시설을 설치할 수 없었다. 흑해 중립화는 무엇보다 부동항을 찾아 남진하려던 러시아에 가장 큰 타격이었다. 그리고 파리 강화 조약은 조약 당사국중 특정 국가가 오스만제국과 분쟁할 경우, 나머지 조약 당사국들이 개입할 수 있다는 규정을 두었다. 이렇게 해서 오스만제국은 유럽협조체제(Concert of Europe)의 일원으로 인정받게 되었고, 동방문제는 공식적으로유럽 문제화되었다.[273] 동방문제는 19세기 말부터 20세기 초까지 오스만제국이 분해되면서 유럽 강국 사이에 일어난 전략적 경쟁으로, 그 핵심은 발칸 민족의 독립, 흑해 관할권, 투르크해협[274] 통과 등에 관한 것이었다. 오스만제국의 유럽협조체제 편입은 오스만제국이 공식적으로 유럽 국제사회의 일원이 되고, 러시아의 위협으로부터 유럽 국가들이 공동으로 보호해준다는 의미였다. 그러나 이는 오스만제국의 생명을 잠시 연장시킨 것에불과했다. 20여 년이 지나 발칸의 정교 국가들은 거의 모두 독립하고, 제1차 세계대전을 겪으며 오스만제국은 역사에서 사라지게 된다.

발칸 민족의 독립

19세기 후반(크림 전쟁 이후) 보스니아-헤르체고비나, 세르비아, 몬테네그

---

273 백준기, 『유라시아 제국의 탄생』(홍문관, 2014), 295쪽.

274 지중해와 흑해를 연결하는 다르다넬스해협, 마르마라해, 보스포루스해협.

로, 불가리아 등에서 반란이 일어났다. 반란의 원인은 오스만제국의 경제
적 수탈, 슬라브 민족주의의 확산, 열강의 개입 등이 복합적으로 작용한 결
과였다. 정교를 믿는 발칸의 슬라브족을 보호해야 한다는 사명감이 있던
러시아와 이 지역에 이해관계를 갖고 있던 유럽 국가들은 발칸의 슬라브족
국가에 자치권을 부여하도록 오스만제국에 압력을 가했다. 오스만제국이
이에 반발하자 범슬라브주의를 표방하고 있던 러시아는 1877년 4월 오스
만제국에 선전포고했다. 오스만제국이 패하고 두 나라는 1878년 3월 산스
테파노 조약을 체결했다. 이 조약에 따라 루마니아(도나우 공국의 후신), 세
르비아, 몬테네그로가 독립했다. 보스니아-헤르체고비나는 자치가 허용되
었으나, 러시아와 오스트리아-헝가리제국의 감독권이 허용되었다. 불가리
아는 러시아의 감독 아래 자치가 확대되었다.

그러나 영국과 오스트리아-헝가리제국[275]이 러시아에 유리하다며 이 조
약에 반대하자, 이를 조정하기 위해 영국, 러시아, 오스트리아, 독일 대표들
이 1878년 7월 베를린에 모여 산스테파노 조약을 수정한 베를린 협정을 맺
었다. 이 협정에 따라 보스니아-헤르체고비나는 오스트리아-헝가리제국이
차지했고, 불가리아는 당초 영역 중 마케도니아와 트라키아를 오스만제국
에 반환했다. 이렇게 해서 발칸에서 오스만제국의 영토는 마케도니아, 알바
니아, 트라키아로 축소되었다. 영국은 오스만제국과 비밀 협정을 맺고 키

---

[275] 오스만제국에 정복됐던 헝가리는 1699년 카를로비츠 협약에 따라 오스트리아에 귀속되었
다. 1848년 헝가리는 독립을 위해 저항했지만 실패했다. 그러나 1860년대 들어 오스트리
아가 이탈리아 독립 전쟁에 패하며 이탈리아 북부 지역을 상실하고, 프로이센과의 전쟁에
서도 패해 독일 연방에서 축출됐다. 이에 오스트리아는 세력을 유지하기 위해 1867년 헝가
리와 동군(同君)연합 형태의 오스트리아-헝가리제국을 수립했다. 그러나 이 제국은 독일과
제1차 세계대전을 일으켰다가 1918년 연합국에 패해 와해했다.

프로스를 차지했다.

그리스, 세르비아, 불가리아(1908년 독립), 몬테네그로는 1912년 발칸 동맹을 결성하고, 오스만제국을 발칸에서 축출하기 위해 1912년 10월 오스만제국에 선전포고했다(제1차 발칸 전쟁). 동맹국은 테살로니카와 아드리아노플을 점령하고 1913년 이스탄불 인근까지 진격했다. 전쟁은 1913년 5월 런던 조약을 맺으며 종결되었다. 이 결과 그리스, 세르비아, 불가리아, 몬테네그로, 알바니아(1912년 11월 독립 선언)가 발칸에 남아 있던 오스만의 영토를 대부분 차지했다. 그러나 마케도니아 분할을 두고 불가리아와 반불가리아(세르비아, 그리스, 루마니아 등)가 대립했다. 불가리아가 1913년 6월 세르비아와 그리스를 공격했으나(제2차 발칸 전쟁) 불가리아가 패했고, 관련국들은 같은 해 8월 부크레슈티(루마니아 수도) 조약을 체결했다. 이 결과 불가리아는 제1차 발칸 전쟁에서 획득한 대부분의 영토를 상실했다. 오스만제국은 동맹국의 불화를 이용해 불가리아로부터 아드리아노플을 다시 수복했다.

제2차 발칸 전쟁에서 쓰라린 패배를 당한 불가리아는 세르비아와 관계가 악화하고 러시아와도 멀어졌다. 이는 제1차 세계대전에서 불가리아가 독일제국과 오스트리아-헝가리제국, 오스만제국 편에 서는 배경이 되었다.

투르크해협

투르크해협은 고대부터 지중해와 흑해를 연결하며 두 바다 간 교역에 중요한 역할을 했다. 기원전 13세기 그리스와 트로이 간에 일어난 트로이 전쟁도 이 지역에서의 교역 주도권을 차지하기 위한 것이었다. 아테네는 기원 전 7세기 전후 이 해협을 통해 흑해로 진출해 연안 곳곳에 식민도시를 건 설했다. 이 해협은 오스만제국이 비잔티움제국의 수도 콘스탄티노플을 함 락하기 위해 치열하게 싸웠던 곳이기도 하다.

근대에 들어서며 군함이 등장함에 따라 이 해협의 중요성은 더욱 커졌다. 1783년 크림 칸국을 정복한 러시아는 이 해협을 통해 지중해로 진입하려 했고, 유럽 열강은 이를 유럽 안보에 대한 위협으로 보았다. 이런 연유로 군함의 투르크해협 통항에 관한 문제가 열강 사이에 대두되었다. 일반 상선에 대해서는 그리스 독립 전쟁을 종결한 1829년의 아드리아노플조약이 모든 상선의 자유로운 투르크해협의 통항을 규정한 바 있었다. 러시아가 먼저 선수를 쳤다. 러시아는 제1차 이집트-오스만 전쟁(1831~1833)[276] 시 오스만제국을 지원했다. 이러한 우호 관계에 힘입어 두 제국은 1833년 운키아르 스켈레시 조약(Treaty of Unkiar-Skelessi)을 체결했다. 이 조약은 두 나라의 동맹 관계를 규정하고, 아울러 비밀 조항을 통해 러시아가 요청할 경우, 오스만제국은 외국 군함이 통항하지 못하도록 다르다넬스해협을 봉쇄해야 했다.

영국과 프랑스가 운키아르 스켈레시 조약을 우려하는 가운데 제2차 이

---

276 오스만제국의 이집트 총독인 무하마드 알리가 그리스 독립 전쟁 시 오스만제국을 지원한 대가로 시리아를 요구하며 오스만제국에 일으킨 전쟁이다. 이집트 군대가 이스탄불까지 진격해 오스만제국이 위험에 빠졌으나 러시아 함대가 오스만제국을 돕기 위해 보스포루스해안에 도착하며 위기에서 벗어났다. 이러한 우호적 상황 속에 오스만제국과 이집트는 강화 조약을 맺었다. 시리아 지역은 이집트에 넘어가고, 무함마드 알리의 아들인 이브라힘이 시리아 총독이 됐다. 그러나 이집트는 여전히 명목적으로는 오스만제국의 가신국으로 남았다.

집트-오스만 전쟁(1839~1840)[277]이 일어났다. 전쟁은 1840년 런던 협약(Convention of London)을 체결하며 종료됐다. 이 협약은 이집트와 오스만제국의 강화 조건과 다르다넬스해협 관리를 규정했다. 프랑스의 지원을 받는 이집트는 시리아의 반환에 불만을 품고 협약을 거부했다가 나중에 서명했다. 이 결과 오스만제국 이외의 타국 군선의 다르다넬스해협 통과가 금지되었고, 운키아르 스켈레시 조약의 비밀 조항으로 보장한 러시아의 특권이 사라졌다.

런던 협약 당사자(오스만제국, 영국, 러시아, 오스트리아, 프러시아)들은 이 협약에 가입하지 않은 프랑스를 설득해 1841년 런던해협 협약(London Straits Convention)을 체결했다. 이 협약은 다르다넬스해협뿐만 아니라 보스포루스해협에 대한 외국 군함의 통항을 금지했다. 이렇게 해서 지중해는 영국과 프랑스, 흑해는 러시아가 차지하는 형국이 되었다. 그러나 이는 군함의 지중해 진출이 금지된 러시아에 불리한 조약이었다.

크림 전쟁 종결 후 체결한 파리 강화 조약은 외국 군함의 투르크해협 통항을 금지하는 원칙을 재확인했다. 투르크해협은 오늘날 영국, 프랑스, 소련, 오스만 튀르키예 등 9개국이 1936년 체결한 몽트뢰 조약(Montreux Convention)에 의해 관리된다. 모든 상선은 자유롭게 통항할 수 있으나, 군함은 제약이 따른다. 해협의 관리 주체는 오스만 튀르키예 정부다.

---

[277] 오스만제국은 제1차 이집트-오스만 전쟁에서 이집트에 빼앗긴 시리아를 되찾기 위해 전쟁을 일으켰으나 패했다. 영국, 러시아, 오스트리아, 프러시아 등이 개입해 강화를 주선했다. 이 결과, 시리아는 다시 오스만제국으로 넘어갔고, 대신 이집트는 독립국이 되었다.

제1차 세계대전과 오스만제국의 소멸

발칸과 흑해 북안에서 정복지를 상실한 오스만제국은 북아프리카, 동부 지중해, 중동 지역에서도 쇠퇴하기 시작한다. 발칸과 흑해에서 오스만의 주요 적대 세력이 러시아였다면, 북아프리카와 중동에 이르는 지역에서는 영국과 프랑스였다.

프랑스는 1830년 알제리, 1881년 튀니지, 영국은 1882년 이집트를 점령했다. 이집트는 1517년 오스만에 정복됐다가 1840년 독립했으나, 42년 만에 다시 영국에 정복된 것이다. 리비아는 1911년 이탈리아에 넘어갔다.

지중해 동부에서는 앞서 이야기했듯이 영국이 오스만제국과 비밀 협정을 맺고 1878년 키프로스[278]를 차지했다. 크레타[279]는 열강의 도움으로 1898년 오스만제국으로부터 자치권을 부여받고, 1913년 그리스에 공식적으로 속하게 되었다. 이탈리아는 리비아에 이어 1912년 도데카네스제도[280]를 점령했다.

---

278 지중해에서 세 번째로 큰 섬으로 그리스 신화에 나오는 미의 여신인 아프로디테의 고향이기도 하다. 그리스, 아나톨리아, 이집트를 해상으로 연결하는 전략적 지점에 있어 역사적으로 지중해 북부 세력(그리스, 로마, 그리스도 국가)과 지중해 남부 세력(이집트, 페르시아, 이슬람 칼리프왕조, 오스만제국) 간 손바뀜이 잦았다. 16세기 오스만제국에 정복되었다가, 1878년 영국으로 넘어갔으나 1960년 영국으로부터 독립해 키프로스공화국이 되었다. 그러나 1974년 그리스계 군사 쿠데타가 일어나 강경한 그리스계 민족주의 정권이 들어서자, 튀르키예 정부가 이에 반대해 군대를 파견, 키프로스 북부를 차지했다. 이렇게 해서 북키프로스가 분리되고, 1983년 북키프로스 튀르키예공화국이 선언되었다. 이 공화국은 아직 국제사회의 승인은 받지 못하고 있으나, 키프로스공화국은 2004년 EU에 가입했다.

279 지중해에서 시칠리아, 사르데냐, 키프로스, 코르시카에 이어 다섯 번째로 큰 섬으로 그리스 문명의 선행 문명인 미노아문명이 일어난 곳이다. 여타 지중해 섬과 마찬가지로 지중해 북부 세력과 남부 세력 간 손바뀜을 겪다가 17세기 후반 오스만제국에 정복되었다.

280 에게해 남부에 있으며 로도스섬, 코스섬 등 150여 개의 섬으로 구성되어 있다.

오스만제국이 이렇게 흑해, 발칸반도, 북아프리카에서 점령지를 잃고 몰락할 때 제1차 세계대전이 발발한다. 전쟁의 원인은 오스트리아-헝가리제국의 왕위 계승권자인 프란츠 페르디난트 황태자 부부의 피살이다. 보스니아-헤르체고비나는 앞에서 이야기했듯이 1878년 오스트리아-헝가리제국의 관할로 들어갔고, 1908년에는 병합되었다. 이 병합은 당시 발칸에 확산하고 있는 범슬라브주의에 고무되어 있던 보스니아의 세르비아계 사람들의 민족주의를 자극했다. 이러한 시기에 황태자 부부가 1914년 6월 28일 보스니아-헤르체고비나의 수도 사라예보를 방문하자 세르비아계 보스니아 청년이 황태자 부부를 살해한 것이다.

전쟁은 오스트리아-헝가리제국이 1914년 7월 28일 세르비아에 선전포고하면서 시작됐다. 독일은 같은 게르만족 국가인 오스트리아를 전폭적으로 지원하며 전쟁에 참여했다. 러시아는 슬라브계 국가인 세르비아의 위기를 방치할 수가 없어 전쟁에 참여했다. 러시아가 전쟁에 참여함에 따라 러시아와 3국 협상을 맺고 있는 영국과 프랑스도 참전했다. 1907년 완성된 이들 세 나라의 3국 협상은 독일의 팽창을 저지하기 위한 것이었다. 이렇게 해서 동맹국(독일·오스트리아-헝가리제국)과 협상국(러시아·영국·프랑스) 간 제1차 세계대전이 벌어졌다. 동맹국에는 오스만제국과 불가리아 등이 합류했다. 나중에 연합국이라 불리기도 하는 협상국에는 세르비아, 이탈리아, 그리스, 미국, 일본 등이 함께했다. 이탈리아는 1882년부터 독일 및 오스트리아-헝가리제국과 3국 동맹을 이루었으나, 전쟁 발발 시 중립을 선언하다가 1915년 5월에는 동맹을 파기하고 연합군 측에 서서 참전했다.

오스만제국은 처음에는 두 진영 간의 전쟁에서 중립을 지키려 했다. 그러나 독일의 끈질긴 외교적 설득으로 동맹국 편에 서서 참전했다. 전쟁이 장기전으로 흐르던 중 1917년 4월 미국이 연합국 편으로 참전함에 따라 전황이 연합국에 유리하게 흘러갔다. 이에 독일이 10월 무조건적인 정전을 제안하고, 연합국이 1918년 11월 11일 이를 수락함에 따라 제1차 세계대전은 연합국의 승리로 끝났다.

패전국이 된 오스만제국은 1918년 10월 30일 연합국을 대표한 영국과 무드로스 정전 협정(Armistice of Mudros)을 체결했다. 이 협정에 따라 오스만제국은 시리아, 메소포타미아 등 정복지를 연합국에 양도하고, 보스포루스해협, 다르다넬스해협, 이스탄불에는 연합국 군대가 주둔했다. 그리스는 1919년 5월 영국의 지원을 받아 이즈미르(스미르나, 고대 이오니아 지방의 중심 도시)를 점령했다. 그리스는 과거 비잔티움제국의 영토를 수복하고자 했다.

그리스 군대가 이즈미르를 정복한 비슷한 시기에 오스만제국의 무스타파 케말 장군이 군대의 감찰관으로 아나톨리아 삼순에 도착했다. 그는 1915년 갈리폴리 전투에서 영국, 프랑스, 러시아 연합군에 승리하며 연합군의 다르다넬스해협 장악 시도를 분쇄하는 등 여러 전장에서 무공을 세워 전쟁 영웅으로 떠오른 인물이었다. 그는 또한 1908년 청년튀르크당의 혁명에도 참여했던 개혁주의자였다. 무스타파 케말이 삼순에 도착한 후 투르크 민족지도자들과 군 장교들이 무스타파 케말에게 외세에 대한 범국민적 독립 투쟁을 제안하고, 그를 지도자로 선출했다. 사태가 불온하게 진행되자, 오스만제국의 마지막 술탄인 메흐메드 6세(1918~1922)는 무스타파 케말을 파면하고 체포 명령을 내렸다. 그리고 1920년 3월에는 제국 의회도 해산했다.

무스타파 케말은 이에 대응해 선거로 새로 선출된 제1차 국민의회를

1920년 4월 23일 앙카라에서 소집했다.[281] 이 회의에서 무스타파 케말을 지도자로 하는 임시정부가 구성되었다. 이렇게 해서 오스만제국에 이스탄불 정부(술탄의 내각)와 앙카라 정부 두 개가 공존하게 되었다. 앙카라 정부의 국민군은 이즈미르 정복 후 앙카라 인근까지 침공한 그리스군을 1921년 8월 치열한 접전 끝에 격퇴했다. 1922년 8월에는 이즈미르도 탈환했다.

앙카라 정부는 이러한 군사적 승리를 바탕으로 1922년 11월 1일 명목상으로 남아 있던 술탄 제도를 폐지했다. 이렇게 해서 600여 년간 존속한 오스만제국이 역사에서 사라졌다. 오스만제국이 사라지자, 연합국은 무스타파 케말이 이끄는 앙카라 정부를 합법정부로 인정했다. 군대를 아나톨리아에서 철수시키고, 영토 조약도 다시 체결했다. 연합국은 앙카라 정부가 그리스와 전쟁 중인 1920년 8월 이스탄불 정부와 세브르 조약을 체결했었다. 이 조약에 따르면 오스만제국은 아나톨리아 동부의 상당 부분을 아르메니아에 양보하는 등 대부분의 영토를 상실하고, 아나톨리아 중부에서만 영토를 유지해야 했다. 그러나 세브르 조약은 1923년 7월 로잔 조약으로 대체되었다. 이렇게 해서 앙카라 정부는 오늘날 튀르키예의 영토를 구성하는 콘스탄티노플 및 인근 지역과 아나톨리아 대부분을 지켜냈다. 이러한 공로로 앙카라 정부를 이끈 무스타파 케말은 튀르크(튀르키예 민족)의 아버지를 의미하는 아타튀르크로 불린다.

국민의회는 1923년 10월 29일 무스타파 케말(1923~1938)을 초대 대통령으로 선출하고 새로운 국가는 튀르키예공화국(튀르크어 Türkiye Cumhuri-yeti; 영어로는 'the Republic of Turkey')임을 선포했다. 국민의회는 또한 1924

---

281 'Grand National Assembly of Turkey' from Wikipedia.

년 3월 3일 칼리프 제도를 폐지하고 튀르키예공화국은 세속주의 국가임을 천명했다. 632년 무함마드 사후 아부 바크르가 초대 칼리프에 오른 지 1,300년 만에 이슬람 세계의 구심체였던 칼리프가 없어진 것이다.

1299년 아나톨리아 북서부에서 조그만 공국으로 출발한 오스만제국은 1922년 술탄제가 폐지됨에 따라 600여 년 만에 역사에서 사라졌다. 16세기 전성기 때는 영토가 아시아, 유럽, 아프리카 3대륙에 걸친 대제국이었다. 그러나 근대화에 뒤처지며 아프리카·중동·발칸·흑해의 영토를 서방에 빼앗겼다. 아프리카·중동은 서방의 식민지가 되었고, 발칸과 흑해 북부는 슬라브화되었다. 이슬람 세계를 대표하는 오스만제국이 그리스도교 세계에 패한 것이다. 이런 연유로 오스만제국은 무능한 왕조로 평가받기도 한다.

그러나 아나톨리아의 이슬람화와 투르크화라는 관점에서 보면 오스만제국의 의의는 절대 과소평가할 수 없다. 아나톨리아는 유럽과 아시아를 연결한다. 아울러 지중해와 흑해를 연결하는 다르다넬스해협과 보스포루스해협이 위치해 지정학적으로 매우 중요한 곳이다. 이러한 연유로 아나톨리아는 역사적으로 지중해 북부 세력(그리스, 로마 등 서방)과 남부 세력(페르시아, 이슬람왕조 등 동방) 간 격전장이었다. 아나톨리아는 기원전 63년 로마의 폼페이우스가 정복한 때로부터 1453년 오스만제국에 의해 비잔티움이 함락될 때까지 약 1,500년 동안 로마의 지배를 받았다. 로마의 지배 아래 이 지역은 로마화하고, 기독교도의 땅이 되었다. 오스만제국은 1,500년이라는 장구한 세월에 걸쳐 로마화한 이 지역을 이슬람을 믿는 투르크인의 땅, 아시아인의 땅으로 만든 것이다.

맺음말

카자흐스탄과 유라시아의 투르크족에 관련된 책인 『유라시아의 중심국 카자흐스탄 이야기』를 2022년 가을에 냈다. 4년 만에 다시 『지중해와 흑해 사이, 제국들의 역사』라는 제목의 책을 내니 새삼 2010년 8월부터 2013년 8월까지 주아제르바이잔대사관에서 3년간 근무하던 시절이 주마등처럼 스쳐 지나갔다.

아제르바이잔에서 근무하기 전까지는 중앙아시아의 역사나 문화에 대해 무지에 가까웠다. 아제르바이잔과 인접한 이란에 대해서만 '과거 페르시아제국을 세운 사람들의 후손이 사는 나라'라는 정도만 알고 있었을 뿐이었다.

이곳에 근무하면서 튀르키예(터키), 이란, 조지아를 여행했다. 튀르키예와 이란은 혼자 고속버스로, 조지아는 가족과 비행기로 갔다. 튀르키예와 이란을 버스로 여행한 것은 좀 달콤한 생각을 했기 때문이다. 그것은 다름 아닌 중세에 투르크인들이 말을 타고 중앙아시아에서 페르시아와 아제르바이잔을 거쳐 아나톨리아로 들어간 그 길들이 어떠했을지 느껴보기 위해서였다.

오늘날 아제르바이잔과 튀르키예는 형제 국가라 불릴 정도로 친밀하다. 그러나 역사적으로 아제르바이잔은 페르시아의 일부분 또는 변방 왕조와 비슷했다. 이란 북서부에 있는 2개 주의 이름이 동아제르바이잔주와 서아제르바이잔주라는 것이 이를 말해준다. 10~11세기 셀주크 투르크족이 중 앙아시아에서 아나톨리아로 갈 때 아제르바이잔에 많이 정착했다. 이렇게 해서 아제르바이잔은 페르시아와 멀어지며 투르크화되었다.

아제르바이잔의 수도 바쿠에서 튀르키예의 이스탄불까지 버스로 45시간 정도 소요되었다. 말이 고속버스지 일반 시내버스보다 조금 나은 수준이 었다. 화장실이나 식당에 가기 위해, 그리고 국경 통관 수속을 위해 정차할 때만 제외하고 계속 달렸다. 기사 2명이 교대로 운전했고, 승객들은 차 안 에서 적당히 잠을 자며 갔다.

아제르바이잔에서 육로로 튀르키예로 가려면 조지아(인도유럽어계로 정교 국가)를 거쳐야 한다. 아르메니아를 거쳐 가면 더 지름길이나 두 나라가 나 고르노-카라바흐 영토 분쟁으로 교류하지 않아 아르메니아를 경유해 갈 수 없었다. 투르크족이 이동한 주변 풍광을 느껴볼 수 있으리라는 나의 희 망은 아제르바이잔에서 조지아로 들어가는 국경에서부터 조금씩 사그라지 기 시작했다. 국경 통과 시간이 너무 오래 걸려 진이 빠졌기 때문이다. 아 제르바이잔 국경을 통과해 조지아로 들어가는 데만 7시간 이상 소요되었 다. 국경을 통과하는 차량이 많은 점도 있겠지만 엄격한 검사 때문이었다. 아제르바이잔에서 튀르키예를 오가는 버스에 소위 말하면 보따리상들이 많았다. 국경 세관에서 이 사람들의 짐을 하나하나 검색하다 보니 시간이 오래 걸린 것이었다.

아제르바이잔과 달리 조지아 국경 통관 절차는 빨랐다. 종교적, 인종적 차이와 더불어 이러한 국경 통과 시스템도 두 나라 간의 차이를 느끼게 했 다. 조지아로 들어와 튀르키예와의 국경도시인 바투미로 갔다. 바투미를

통과해 튀르키예로 들어서자, 이제는 투르크족들의 이동 자취를 느껴볼
수 있으리라는 희망이 다시 일어났다. 그러나 이러한 희망은 버스가 흑해
연안의 고속도로를 끝도 없이 달릴 때 다시 무너졌다. 바투미에서 이스탄
불까지 이어지는 고속도로는 흑해 연안에 있어 보이는 것은 흑해 바다와
그 반대편에 있는 단조로운 육지뿐이었다.

2011년 이스탄불을 방문하고 그다음 해 이란의 테헤란을 여행했다. 이스
탄불과 같이 긴 시간은 아니었지만, 그래도 20여 시간은 소요되었다. 여행
목적도 이스탄불 여행 시 생각했던 것과 비슷했다.

국경을 통과하는 데 소요된 시간은 아제르바이잔에서 조지아로 들어갈
때보다 더 길었다. 조지아를 통과할 때는 아제르바이잔 측 세관을 넘을 때
만 시간이 오래 걸렸지만, 이란으로 갈 때는 아제르바이잔과 이란 두 곳의
세관을 통과하는 데 모두 오랜 시간이 소요되었기 때문이다. 이란의 국경
통과 시스템도 아제르바이잔과 비슷했다.

큰 준비 없이 막연한 희망만 품고 떠난 여행이어서 당초 기대했던 투르크
인들이 이동했던 길의 풍광에 대한 분위기를 느껴볼 수는 없었다. 그러나
의외의 소득이 있었다. 이스탄불에서는 비잔티움제국과 오스만제국의 숨
결을 느낄 수 있었다. 마르마라해를 바라보고 우뚝 서 있는 많은 모스크는
이곳이 이슬람 세계라는 것을 피부로 느끼게 했다. 성소피아 성당은 내부
에서 위로 올라갈 때 말을 타고 다닐 수 있도록 계단이 아닌 나선형 길로
되어 있었다. 그 말은 황제가 탔을 것이다. 사료에 비잔티움 황제는 회의
참석 시 말을 타고 자신의 자리로 갔다는 내용이 나오는데, 이 나선형 길
은 이를 증명하는 것 같았다. 새삼 비잔티움 황제의 위용을 느꼈다. 이스탄

불 고고학 박물관에는 비잔티움제국이 오스만 해군의 골든혼 진입을 막기 위해 설치했던 대형 쇠사슬이 전시돼 있었다. 오스만제국이 1453년 콘스탄티노플을 함락시킨 후 전리품으로 취한 것이었다.

이란 여행 시 소득을 얻은 곳은 테헤란과 타브리즈다. 테헤란은 페르세폴리스나 이스파한 같은 고대 페르시아제국의 수도가 아니어서 고대 유적은 별로 없다. 그래도 그곳에서 케이블카를 타고 토찰산을 오르다 같이 탄 이란 여성을 통해 재미난 사실을 알게 되었다. 그 여성은 히잡을 쓰고 있었는데, 케이블카에 타자마자 히잡을 벗고 호메이니를 싫어한다고 했다. 이란 여성들이 엄격한 이슬람의 교리에 불만을 품고 있는 것을 알게 되었다.

테헤란에서 돌아올 때 타브리즈에 2일 머물렀다. 여행의 피로감 때문에 바쿠로 바로 가려고 했다. 그러나 칭기즈칸의 손자 훌레구가 세운 일 칸국의 수도였던 타브리즈를 그냥 지나치면 후회할 것 같아 들러보기로 했다. 타브리즈는 한때 사파비왕조의 수도이기도 했다. 타브리즈는 오늘날 이란 동아제르바이잔주의 주도지만, 과거에는 아제르바이잔의 영향력이 강한 곳이었다. 이런 연유로 이곳에는 아제르바이잔 사람들이 많이 살고 있다. 이곳에 머물면서 모스크를 방문했다. 그곳에서 조그만 접시를 만들어 파는 사람이 있었는데 놀랍게도 접시에 그려져 있는 여인은 몽골계 여자였다. 몽골인들이 머나먼 타국 땅에 와서 남긴 흔적들이 600여 년이 지나도 남아 있다는 사실이 흥미로웠다.

아제르바이잔 근무를 마치고 알래스카로 발령이 났다. 다시는 중앙아시아로 못 올 줄 알았는데, 알래스카에서 2년 근무하고 주 알마티총영사관 총영사로 왔다. 다시 투르크 사람들을 만나고 이들의 종교인 이슬람과 문화를 접하니, 이들에 대해 더 자세히 알고 싶다는 생각이 자리 잡기 시작했다. 이러한 생각과 튀르키예와 이란을 힘들게 여행하며 몸으로 체험한 것들이 졸저 2권의 책을 내는 동기와 밑거름이 되지 않았을까 하는 생각을 해 본다.

연대표

연대	일어난 일
기원전	
5만 년경	현생인류, 아프리카를 떠나 중동, 유럽, 아시아 등지로 이동
3500년경	메소포타미아문명
3200년경	이집트문명
3000년경	지중해 동부에 청동기문명 발달(페니키아, 에게해 문명의 형성에 영향을 끼침)
2700년경	엘람 왕국(~539)
2334	아카드제국(~2154)
2112	우르제3왕조(~2004)
2000년경	아브라함, 갈대아 우르에서 가나안으로 이주
1895년경	고바빌로니아(~1595)
17세기 중반경	히타이트(~12세기)
1595	카시트왕조(~1155)

연대	일어난 일
기원전	
13세기	필리스티아인 가나안으로 이주
	히브리인, 이집트 탈출 가나안으로 이주
	바다 민족 등장
	바다 민족에 의한 미케네문명 소멸
13세기 중반	트로이 전쟁
기원전 11세기경	이스라엘(~586)
911	신아시리아(~609)
9세기	아르메니아 왕국(~6세기)
9세기 말	페니키아, 카르타고 건설 및 에스파냐 남부 진출
800년경	그리스 폴리스 등장
776	그리스인, 올림피아 경기 시작
753	로마 건국
750	스키타이, 흑해 북안으로 이주해 킴메르인 축출
8세기 중반경	그리스인, 발칸반도 및 흑해 연안 진출
728	메디아왕조(~550)
671	신아시리아, 이집트 정복

연대	일어난 일
	기원전
660년경	조로아스터 탄생
626	신바빌로니아(~539)
7세기 중반	메가라, 비잔티움 건설
600	페니키아인, 홍해 출발 아프리카 일주
597	바빌론 유수(~538)
550	아케메네스왕조(~330)
	아케메네스왕조, 메디아 정복
546	아케메네스왕조, 팀브라 전투에서 승리하며 리디아 정복
6세기 중반	펠로폰네소스동맹(~4세기 중반)
539	아케메네스왕조, 신바빌로니아 정복
530	키루스 대제, 맛사게태와의 전투에서 사망
525	아케메네스왕조, 이집트 정복
514	다리우스 대제, 흑해 북안에 있는 스키타이 원정
509	로마 공화정 시작
6세기 말	아테네 민주정 확립
499	이오니아 지방의 반란(~493)

연대	일어난 일
기원전	
494	로마, 호민관 제도 신설
492	페르시아의 제1차 그리스 원정(폭풍을 만나 회군)
490	페르시아의 제2차 그리스 원정(마라톤 전투)
480	페르시아의 제3차 그리스 원정(~479, 살라미스해전)
479	아테네, 사모스 섬 및 아비도스 점령
478	델로스동맹(~404)
5세기 중엽	로마, 그리스에 시찰단 파견
449	로마, 12표법 제정
448	델로스동맹, 페르시아와 칼리아스 평화 조약 체결
431	펠로폰네소스 전쟁(~404)
401	소 키루스, 쿠낙사 전투에서 아르타크세르크세스 2세에게 패배
399	마케도니아왕조(~168)
395	스파르타와 반스파르타 진영 간 코린토스 전쟁(~387)
390	켈트족, 로마 점령
387	스파르타, 페르시아와 안탈키다스 강화 조약 체결
371	스파르타, 레우크트라에서 테베와 격돌

연대	일어난 일
	기원전
4세기 말	아이톨리아 연맹(~2세기 초)
367	로마, 리키니우스법 제정
359	필리포스 2세, 마케도니아 왕위에 오름
338	카이로네이아 전투
334	알렉산드로스 대왕, 그라니코스 전투에서 멤논 격파
333	알렉산드로스 대왕, 이소스 전투에서 다리우스 3세 격파
332	알렉산드로스 대왕, 티레, 가자, 이집트 정복
331	알렉산드로스 대왕, 가우가멜라 전투에서 다리우스 3세 격파
330	다리우스 3세 사망
329	알렉산드로스 대왕, 중앙아시아 정복(~328)
326	알렉산드로스 대왕, 히다스페스 전투에서 포로스에 승리
324	알렉산드로스 대왕, 수사로 귀환
323	알렉산드로스 대왕, 바빌론에서 서방 원정 준비 중 사망
	바빌론 회의
321	페르디카스, 이집트 원정 중 사망
	트리파라디소스 회의

연대	일어난 일
기원전	
312	셀레우코스왕조(~63)
305	프톨레마이오스왕조(~30)
301	셀레우코스 1세, 리시마코스 등과 연합해 이프소스 전투에서 안티고노스 부자에 승리
281	폰투스 왕국(~63)
281	셀레우코스 1세, 코르페디온 전투에서 리시마코스에 승리
280	피로스, 이탈리아 원정(~275)
3세기 초	로마, 이탈리아반도 통일
3세기 초	아카이아연맹(~2세기 중반)
264	제1차 포에니 전쟁(~241)
247	파르티아왕조(~기원후 224)
238	하밀카르, 에스파냐로 건너가 신카르타고 건설
229	로마, 일리리아 진출
219	제2차 포에니 전쟁(~201)
216	칸나이 전투
215	마케도니아, 한니발과 동맹
214	제1차 로마-마케도니아 전쟁(~205)

연대	일어난 일
기원전	
207	한니발 동생 하스드루발 바르카, 메타우로 전투에서 사망
206	로마, 일리파 전투에서 카르타고에 승리하며 에스파냐 정복
205	로마, 마케도니아와 포이니케 강화 조약 체결
202	스키피오, 자마 전투에서 한니발에 승리
200	제2차 로마-마케도니아 전쟁(~197)
197	마케도니아, 키노스케팔라이 전투에서 로마에 패하고 템페 조약 체결
	프톨레마이오스왕조, 로마의 중재로 셀레우코스왕조와 리시마키아 강화 조약 체결
191	로마, 테르모필레에서 셀레우코스왕조의 안티오코스 3세 군대 격파
190	로마, 마그네시아 전투에서 셀레우코스왕조의 안티오코스 3세 군대 격파
188	로마, 셀레우코스왕조와 아파메아 강화 조약 체결
171	제3차 로마-마케도니아 전쟁(~168)
168	마케도니아, 피드나 전투에서 로마에 패하고 왕조가 폐지됨
149	제3차 포에니 전쟁(~146)

연대	일어난 일
기원전	
146	마케도니아, 로마의 속주가 됨
	로마 장군 뭄미우스, 코린토스 파괴
	카르타고 멸망
134	티베리우스 그라쿠스, 농지 개혁 시도
124	가이우스 그라쿠스, 농지 개혁 시도
83	술라 독재관 자리에 오름
63	로마, 아나톨리아 및 시리아 정복 완료
60	제1차 삼두정치
53	로마, 카르헤 전투에서 파르티아에 패배
47	율리우스 카이사르, 폰투스 왕국의 저항 진압
44	율리우스 카이사르 사망
43	제2차 삼두정치
31	악티움 해전
27	로마, 제정 시작

연대	일어난 일
	기원후
70	로마, 유대인 반란을 진압하고 제2성전 파괴
73	로마, 비잔티움을 로마제국에 편입함
130년경	로마, 바르코크 반란을 진압하고, 유다이아주를 시리아-팔레스타인주로 바꿈
224	사산왕조(~651)
286	디오클레티아누스 황제, 사두정 창안
312	콘스탄티누스 대제, 밀비우스 다리 전투에서 막센티우스에 승리
313	콘스탄티누스 대제, 기독교 공인
325	니케아 종교회의(삼위일체 교리 정립)
330	콘스탄티누스 대제, 수도를 비잔티움으로 이전
376	서고트족, 훈족의 침략을 받고 도나우강을 건너 동로마제국 영토 침입
378	발렌스 황제, 아드리아노플 전투에서 사망
380	테오도시우스 대제, 기독교를 국교로 하는 칙령 발표
383	테오도시우스 대제, 서고트족과 평화 조약 체결
384	동로마와 사산왕조, 평화 협정을 맺고 아르메니아 분할

연대	일어난 일
	기원후
395	로마제국, 동로마와 서로마로 분리
	서고트족 동로마 침입
397	동로마, 서고트족의 알라리크를 일리리쿰의 총사령관으로 임명
410	서고트족, 로마 점령
415	서고트 왕국(~711)
5세기	슬라브족 이동(~9세기)
429	반달족, 지브롤터해협을 건너 북아프리카로 들어감
439	반달족, 카르타고를 점령하고 반달 왕국을 세움(~533)
451	아틸라, 갈리아를 침공했으나, 상파뉴 평원 전투에서 패배
453	아틸라 사망
455	반달족, 로마 약탈
468	동로마와 서로마, 아프리카의 반달족을 원정했으나 실패함
476	오도아케르, 서로마를 멸망시킴
477	동로마, 동고트족의 족장 테오도리쿠스를 서부 지역 담당 사령관으로 임명
481	프랑크 왕국(~843)
493	동고트족, 오도아케르를 살해하고 동고트 왕국을 세움(~553)

연대	일어난 일
	기원후
507	프랑크 왕국, 부예 전투에서 서고트 왕국에 승리
553	동고트 왕국, 553년 몬테라타로 평원 전투에서 동로마에 패하고 망함
565	사산왕조, 동돌궐과 함께 에프탈을 멸망시킴
568	롬바르드 왕국(~774)
570년경	무함마드 탄생
602	포카스, 동로마 황제 마우리키우스를 살해하고 제위 찬탈
603	동로마와 사산왕조의 25년 전쟁(~628)
610년경	이슬람교 탄생
7세기 초	아바르, 사산왕조와 연합해 동로마 공격
627	동로마, 니네베 전투에서 사산왕조에 승리
632	무함마드 사망
632	라시둔(~661)
637	이슬람 군대, 알-카디시야 전투에서 사산왕조 군대 격파
638	칼리프 우마르, 동로마제국으로부터 예루살렘 빼앗음
642	이슬람 군대, 니하반드 전투에서 사산왕조 군대 격파
661	우마이야왕조(~750)

연대	일어난 일
기원후	
690	우마이야왕조, 카르타고 정복
704	우마이야왕조, 마그레브 정복 완료
711	우마이야왕조, 서고트 왕국 정복
712	우마이야왕조, 부하라, 사마르칸트 점령
717	우마이야왕조, 콘스탄티노플 공격
732	카를 마르텔, 푸아티에 전투에서 이슬람 군대 격파
740	베르베르족, 이프리키야와 안달루시아에서 반란을 일으킴
747	아바스 혁명(~750)
751	롬바르드 왕국, 라벤나 점령
751	아바스왕조, 탈라스 전투에서 당나라 군대에 승리
751	카롤링거 가문의 피핀 3세가 피핀 1세로 프랑크 왕국의 왕이 됨
756	아브드 알 라흐만, 에스파냐에 후 우마이야왕조(~1031) 건설
774	샤를마뉴 대제, 롬바르디아 왕국 정복
778	샤를마뉴 대제, 후 우마이야왕조를 침공했으나 실패
788	이드리스왕조(~974)
800	아글라브왕조(~909)

연대	일어난 일
기원후	
843	베르됭 조약
882	키예프 루시(~1240)
909	파티마왕조(~1171)
934	부이왕조(~1062)
10세기 중반경	셀주크족, 아랄해 인근에서 트란스옥시아나로 이동
967	파티마왕조, 시칠리아 정복
969	파티마왕조, 이집트 정복
972	파티마왕조, 왕조의 중심지를 이프리키야에서 이집트로 옮김
973	지리왕조(~1148)
983	파티마왕조, 다마스쿠스 정복
988	키예프 루시, 비잔티움 정교를 국교로 받아들임
1038	셀주크왕조(~1194)
1040	셀주크 투르크, 단다나칸 전투에서 가즈나왕조에 승리
1055	셀주크왕조, 바그다드 정복
1061년경	노르만족, 시칠리아를 파티마왕조로부터 쟁취
1071	셀주크 투르크, 만지케르트 전투에서 동로마 군대에 승리

연대	일어난 일
기원후	
1086	알모라비드왕조, 사그라하스 전투에서 가톨릭 군대에 승리
1096	십자군 전쟁(~1281)
1098	파티마왕조, 시리아 셀주크왕조로부터 예루살렘 탈환
1099	제1차 십자군, 파티마왕조로부터 예루살렘 쟁취
1169	아유브왕조(~1260)
1212	알모하비드왕조, 라스 나바스 데 톨로사 전투에서 가톨릭 군대에 패배
1218	칭기즈칸 사신단, 오트라르에서 살해됨
1219	칭기즈칸의 중앙아시아 원정(~1225)
1227	칭기즈칸 사망
	킵차크 칸국(~1502)
	서차가타이 칸국(~1370)
1232	에스파냐의 이슬람계 나스르왕조(~1492)
1236	바투의 유럽 원정(~1242)
1243	쾨세다으 전투
1250	맘룩왕조(~1517)
1258	훌레구, 아바스왕조 칼리프 살해

연대	일어난 일
기원후	
1259	일 칸국(~1336)
1260	훌레구, 시리아 정복 완료
	맘룩왕조, 아인 잘루트 전투에서 일 칸국 군대에 승리
1262	훌레구, 킵차크 칸국 공격
1263	킵차크 칸국과 맘룩왕조 동맹 체결
1279	몽골, 중국 정복
1299	오스만제국(~1922)
1336	잘라이르왕조(~1432)
1347	모굴 칸국(~1680)
1352	오스만 군대, 갈리폴리 진출
14세기	르네상스(~16세기)
1360	투글룩 티무르, 서차가타이 칸국 원정
1368	원나라, 중국에서 축출됨
14세기 후반	흑양(카라코윤루)왕조(~1467)
	백양(아크코윤루)왕조(~1501)
1370	티무르제국(~1507)

연대	일어난 일
기원후	
1371	세르비아, 마리차강 전투에서 오스만 군대에 패배
1389	세르비아, 코소보 전투에서 오스만제국에 패배
1390 초	오스만제국, 아나톨리아 동부 진출
1396	헝가리, 폴란드 등 유럽 십자군, 니코폴리스 전투에서 오스만제국에 패배
1400	티무르, 맘룩왕조에 속한 알렙포와 다마스쿠스 점령
1401	티무르, 잘라이르왕조의 바그다드 점령
1402	술탄 바예지드 1세, 주북 전투에서 티무르에 패하고 포로가 됨
1444	헝가리 주축의 유럽 십자군, 바르나 전투에서 오스만제국에 패함
1448	헝가리, 코소보 전투에서 오스만제국에 패함
1453	동로마제국 멸망
1460	오스만제국, 모레아(펠로폰네소스반도) 정복
1461	오스만제국, 트라브존 왕국 정복
1463	제1차 오스만-베네치아 전쟁(~1479)
1473	오스만제국, 오틀루크벨리 전투에서 백양왕조에 승리

연대	일어난 일
기원후	
1475	오스만제국, 크림 칸국 정복
	오스만제국, 카라만 공국 정복
1480	메흐메드 2세, 이탈리아 원정
	러시아, 타타르의 굴레에서 벗어남
1492	에스파냐에서 이슬람 세력 축출됨
1501	사파비왕조(~1736)
16세기	종교개혁(~17세기)
1510	우즈벡 칸국의 샤니바니, 메르브 전투에서 사파비왕조의 샤 이스마일에게 패함
1514	오스만제국, 찰디란 전투에서 사파비왕조에 승리
1516	바르바로사 형제, 알제리 정복
	오스만제국, 마르즈 다비크 전투에서 맘룩왕조에 승리
1517	오스만 술탄, 칼리프 직위도 차지
17세기 초	준가르제국(~1757)
1522	오스만제국, 로도스섬 점령
1526	오스만제국, 모하치 전투에서 헝가리에 승리
	무굴제국(~1857)

연대	일어난 일
기원후	
1529	오스만제국, 제1차 빈 공격
1533	하이레딘 바르바로사, 오스만 해군의 총사령관으로 임명됨
1538	프레베자 해전
1540	오스만제국, 오스트리아와 헝가리 분할
1551	오스만제국, 리비아 점령
1555	오스만제국, 사파비왕조와 아마시아 평화 협정 체결
1639	오스만제국, 사파비왕조와 주하브 조약 체결
1683	오스만제국, 제2차 빈 공격
1699	오스만제국, 빈 공격 실패 후 유럽의 신성동맹과 카를로비츠 협약 체결
1700	오스만제국, 러시아와 베를린 협정 체결
	스웨덴과 러시아의 북방 전쟁(~1721)
1701	에스파냐 왕위계승 전쟁(~1714)
1711	러시아, 프루트강 전투에서 오스만제국에 패배
1718	오스만제국, 오스트리아와 파사로비치 협약 체결
1722	호타키왕조, 사파비왕조의 수도 이스파한 점령
1729	나디르 샤, 호타키왕조를 이스파한에서 쫓아냄

연대	일어난 일
기원후	
1736	아프샤르왕조(~1796)
	러시아, 크림 칸국 침공
1739	오스트리아, 오스만제국과 베오그라드 조약 체결
1768	오스만제국, 러시아에 선전 포고(코사크족이 크림 칸국을 침입해 주민 살해)
1774	러시아, 오스만제국과 퀴 카이나르자 조약 체결
1783	러시아, 크림 칸국 합병
1792	러시아, 오스만제국과 야시 조약 체결
1794	카자르왕조(~1925)
1813	러시아, 카자르왕조와 굴리스탄 조약 체결
1821	그리스 독립운동 발발
1827	오스만·이집트 함대, 나바리노 해전에서 러시아·영국·프랑스 함대에 패배
1828	러시아, 카자르왕조와 투르크만차이 조약 체결
1829	러시아, 오스만제국과 아드리아노플 조약 체결
1830	프랑스, 오스만제국으로부터 알제리 쟁취
1831	제1차 이집트-오스만제국 전쟁(~1833)

연대	일어난 일
기원후	
1833	러시아, 오스만제국과 운키아르 스켈레시 조약 체결
1839	오스만제국, 귈하네 칙령 공표
	제2차 이집트-오스만제국 전쟁(~1840)
1841	오스만제국, 영국, 러시아 등과 런던해협 협약 체결
1853	크림 전쟁(~1856)
1876	오스만제국, 미드하트 헌법 제정
1878	러시아, 오스만제국과 산스테파노 조약 체결
	베를린 협정(산스테파노 조약 수정)
1881	프랑스, 오스만제국으로부터 튀니지 쟁취
1882	영국, 이집트 점령
1908	청년튀르크당 혁명
1911	이탈리아, 오스만제국으로부터 리비아 쟁취
1912	제1차 발칸 전쟁(오스만제국 대 그리스, 세르비아, 불가리아 등)
	이탈리아, 도데카네스제도 점령
1913	제2차 발칸 전쟁(불가리아 대 그리스, 세르비아 등)
	키프로스, 오스만제국에서 그리스로 넘어감

연대	일어난 일
기원후	
1914	제1차 세계대전(~1918)
1915	맥마흔 선언
1917	밸푸어 선언
1918	오스만제국, 연합국과 무드로스 정전 협정 체결
1920	무스타파 케말, 제1차 국민회의 소집
	오스만제국, 연합국과 세브르 조약 체결
1922	앙카라 정부, 술탄제 폐지
1923	앙카라 정부, 연합국과 로잔 조약 체결
1924	국민의회, 칼리프제 폐지
1936	오스만제국, 영국, 프랑스, 러시아 등 몽트뢰 조약 체결

참고 문헌

게오르기 베르낫스키 저, 김세웅 역, 『몽골제국과 러시아』(선인, 2016)

고마츠 히사오 외 저, 이평래 역, 『중앙 유라시아의 역사』(소나무, 2005)

곰돌이 co. 저, 강경효 그림, 『그리스에서 보물찾기』(미래엔아이세움, 2005)

곰돌이 co. 저, 강경효 그림, 『이스라엘에서 보물찾기』(미래엔아이세움, 2009)

곽영완, 『잃어버린 천년의 로마사』(애플미디어, 2017)

김문환, 『유물로 읽는 이집트문명』(지성사, 2016)

김산해, 『최초의 역사 수메르』(휴머니스트, 2021)

김석동, 『김석동의 한민족 DNA를 찾아서』(김영사, 2018)

김승철, 『지중해 삼국지』(알트, 2013)

김용덕, 『이야기폴란드사』(한국외국어대학교 출판부, 2013)

김정위, 『이슬람 사전』(학문사, 2002)

김정위, 『중동사』(대한교과서, 2005)

김학준, 『러시아 혁명사』(문학과지성사, 1999)

김호동, 『아틀라스 중앙유라시아사』(사계절, 2016)

김홍식, 『세상의 모든 지식』(서해문집, 2015)

데이비드 리버링 루이스 저, 이종인 역, 『신의 용광로』(책과함께, 2010)

라시드 앗 딘 저, 김호동 역, 『라시드 앗 딘의 집사 1 부족지』(사계절, 2002)

라시드 앗 딘 저, 김호동 역, 『라시드 앗 딘의 집사 2 칭기즈칸기』(사계절, 2003)

라시드 앗 딘 저, 김호동 역, 『라시드 앗 딘의 집사 3 칸의 후예들』(사계절, 2005)

라인하르트 슈메겔 저, 한국게르만어학회 역, 『인도유럽인, 세상을 바꾼 쿠르간 유목민』(푸른역사, 2013)

르네 그루쎄 저, 김호동·유원수·정재훈 역, 『유라시아 유목제국사』(사계절, 1998)

마크 갈레오티 저, 이상원 역, 『짧고 굵게 읽는 러시아 역사』(미래의 창, 2021)

메리 보이스 저, 공원국 역, 『조로아스터교의 역사』(민음사, 2020)

백준기, 『유라시아 제국의 탄생』(홍문관, 2014)

베르길리우스, 진형준 역, 『아이네이스』(살림, 2017)

사와다 이사오 저, 김숙경 역, 『흉노』(아이필드, 2007)

새뮤얼 노아 크레이머 저, 박성식 역, 『역사는 수메르에서 시작되었다』(가람기획, 2018)

새뮤얼 헌팅턴 저, 이희재 역, 『문명의 충돌』(김영사, 2016)

손주영·송경근, 『이집트역사 다이제스트 100』(가람기획, 2023)

송동훈, 『에게해의 시대』(시공사, 2020)

시오노 나나미 저, 김석희 역, 『로마인 이야기 1』(한길사, 2008)

시오노 나나미 저, 김석희 역, 『로마인 이야기 2』(한길사, 2008)

시오노 나나미 저, 김석희 역, 『로마인 이야기 3』(한길사, 2008)

시오노 나나미 저, 김석희 역, 『로마인 이야기 5 상·하』(한길사, 2008)

시오노 나나미 저, 김석희 역, 『로마인 이야기 6』(한길사, 2008)

시오노 나나미 저, 김석희 역, 『로마인 이야기 15』(한길사, 2012)

시오노 나나미 저, 이경덕 역, 『그리스인 이야기 1』(살림, 2017)

시오노 나나미 저, 이경덕 역,『그리스인 이야기 2』(살림, 2017)

시오노 나나미 저, 이경덕 역,『그리스인 이야기 3』(살림, 2018)

시오노 나나미 저, 김석희 역,『로마 멸망 이후의 지중해 세계(상·하)』(한길사, 2009)

아리아노스 저, 윤진 옮김,『알렉산드로스 대왕 원정기』(아카넷, 2017)

앨버트 후라니 저, 김정명·홍미정 역,『아랍인의 역사』(심산, 2010)

에이드리언 골즈워디 저, 전경훈 역,『필리포스와 알렉산드로스』(책과함께, 2023)

에이드리언 골즈워디 저, 이종인 역,『로마와 페르시아: 700년의 대결』(책과함께, 2025)

연규동,『세계의 문자 사전』(따비, 2023)

오가사와라 히로유키 저, 노경아 역,『오스만제국』(까치, 2020)

이무열,『러시아 역사 다이제스트100』(가람기획, 2009)

이원구,『수메르문명과 히브리 신화』(세창미디어, 2022)

이희수,『인류 본사』(휴머니스트, 2022)

이희수,『터키사』(대한교과서, 2005)

이희철,『오스만제국 600년사』(푸른역사, 2022)

이희철,『튀르크인 이야기』(리수, 2017)

장 졸리 저, 이진홍·성일권 역,『지도로 보는 아프리카 역사 그리고 유럽, 중동, 아시아(인류의 기원부터 현재까지)』(시대의 창, 2014)

전승민,『유라시아의 중심국 카자흐스탄 이야기』(들녘, 2022)

정수일,『실크로드 사전』(창비, 2013)

조윤수, 『오스만제국의 영광과 쇠락, 튀르키예공화국의 자화상』(대부등, 2022)

존 베인스·야로미르 말레크 저, 김성 역, 『이집트문명』(민음사, 2011)

존 줄리어스 노리치 저, 남경태 역, 『비잔티움 연대기 1』(바다출판사, 2007)

존 줄리어스 노리치 저, 남경태 역, 『비잔티움 연대기 2』(바다출판사, 2007)

존 줄리어스 노리치 저, 남경태 역, 『비잔티움 연대기 3』(바다출판사, 2007)

존 코넬리 저, 허승철 역, 『동유럽사 1』(책과함께, 2023)

주동주, 『수메르의 문명과 역사』(종합출판범우, 2022)

지오프리 파커 엮음, 김성한 역, 『아틀라스 세계사』(사계절, 2015)

제임스 A. 밀워드 저, 김찬영·이광태 역, 『신장의 역사: 유라시아의 교차로』
(사계절, 2013)

찰스 핼퍼린 저, 권용철 역, 『킵차크 칸국: 중세 러시아를 강타한 몽골의 충
격』(글항아리, 2020)

최성권, 『중동의 재조명: 역사』(한울아카데미, 2011)

최승아, 『페르시아·이란의 역사』(살림출판사, 2018)

크리스토퍼 벡위드 저, 이강한·류형식 역, 『중앙유라시아 세계사: 프랑스에
서 고구려까지』(소와당, 2014)

톰 홀랜드 저, 이순호 역, 『페르시아 전쟁: 최초의 동서양 문명 충돌, 지금의
세계를 만들다』(책과함께, 2006)

함규진, 『조약의 세계사: 역사의 흐름을 바꾼 결정적 조약 64』(미래의 창,
2014)

헤로도토스 저, 강은영 역, 『페르시아 전쟁사: 고대 동서양 문명의 대격돌』
(시그마북스, 2009)

홍익희, 『문명으로 읽는 종교 이야기』(행성B, 2019)

위키백과(Wikipedia)

왕조

Abbasid Caliphate

Aghlabid Dynasty

Ancient Carthage

Assyria

Ayyubid Dynasty

Babylonia

Buyid dynasty

Elam

Fatimid Caliphate

Fatimid Caliphate

Hamdanid Dynasty

History of Israel

Hittites

Hotak dynasty

Idrisid Dynasty

Ikhshidid Dynasty

Lydia

Mamluk Sultanate

Medes

Nasrid dynasty

Parthian Empire

Safavid Iran

Serbia

Serbia

Sumer

Syria

Third Dynasty of Ur

Timurid dynasty

Umayyad Caliphate

Vassal and tributary states of the Ottoman Empire

Zengid Dynasty

Zirid Dynasty

인물

Arsaces I of Parthia

Atsiz ibn Uwaq

Cyrus the Great

Hayreddin Barbarossa

Kavad 1

Nader Shah

Pompey

Sargon of Akkad

Tiglath-Pileser Ⅲ

Uthman

종족

Bedouin

Berbers

Dorians

Mamertines

Philistia

Sea Peoples

Turkic People

사건

Achaean League

Achaean War

Achaean War

Battle of Kosovo

Battle of Kosovo

Battle of Marj Dabiq

Berber Revolt

Crimean War

Grand National Assembly of Turkey

Ionian Revolt

Military campaigns under Caliph Uthman

Moldavian-Ottoman Wars

Russo-Turkish War (1735-1739)

Sicilian Wars

The First Punic Wars

The first Persian invasion of Greece.

The Punic Wars

Treaty of Belgrade

Treaty of Jassy

Treaty of Küçük Kaynarca

201, 204, 205, 207, 208, 209, 210, 241,

305, 311, 312, 313, 322, 335

계몽주의 320

고르디온 117, 118

고르디우스 117

고선지 234

고트족 23, 189, 195, 196, 197, 198, 199,

200, 201, 202, 204, 205, 206, 207, 208,

210, 214, 215, 217, 238, 239, 246, 297,

352, 353

골든혼 342

공중정원 33, 74

공화정 57, 158, 159, 183, 184, 186, 187,

346

구스타프 드로이젠 146

구즈 257

구티족 72

국민의회 336, 337

굴람 308

궐하네 칙령 363

그라나다 21, 242, 243, 262, 263, 298

그라니코스 전투 13, 115, 116, 118, 120,

133, 348

그라쿠스 형제 184

그라티아누스 196

그록카 325

그리스 21, 22, 23, 24, 25, 28, 29, 30, 31,

33, 34, 36, 37, 38, 39, 40, 41, 42, 43,

46, 47, 51, 53, 55, 56, 57, 58, 60, 61, 62,

64, 66, 67, 74, 78, 80, 81, 82, 83, 84,

85, 87, 88, 89, 90, 91, 92, 93, 94, 95,

96, 97, 98, 99, 100, 101, 102, 103, 104,

107, 108, 109, 110, 111, 112, 114, 115,

116, 117, 118, 120, 122, 123, 124, 130,

131, 133, 136, 137, 138, 139, 140, 141,

146, 147, 148, 149, 150, 155, 157, 159,

160, 161, 162, 163, 165, 166, 167, 171,

172, 176, 178, 181, 185, 186, 187, 188,

189, 190, 191, 194, 196, 197, 209, 213,

214, 215, 216, 220, 223, 225, 239, 253,

257, 291, 292, 294, 302, 304, 308, 311,

312, 313, 314, 315, 317, 318, 320, 321,

323, 325, 331, 332, 334, 335, 336, 337,

338, 345, 347, 362, 363

그리스도교 24, 29, 36, 43, 47, 51, 187,

188, 189, 190, 191, 195, 209, 213, 214,

215, 219, 223, 225, 253, 302, 311, 313,

314, 317, 325, 338

메로비크 210

메로빙거왕조 210

메르브 70, 227, 231, 233, 268, 276, 305,
307, 360

메소포타미아 28, 30, 31, 32, 34, 35, 36,
38, 39, 42, 47, 64, 65, 66, 69, 71, 72, 73,
74, 75, 77, 78, 80, 97, 109, 122, 123,
130, 131, 136, 140, 146, 149, 180, 181,
216, 218, 246, 247, 253, 258, 302, 305,
306, 307, 310, 316, 336, 344

메소포타미아문명 30, 31, 39, 42, 47, 64,
71, 130, 344

메시나 163, 164, 166, 167

메시나해협 163, 164

메시아 45, 51, 187, 224

메카 44, 45, 223, 224, 245, 246, 249, 299

메타우로 전투 173, 350

메흐메드 1세 293

메흐메드 2세 273, 294, 295, 296, 297,
298, 300, 311

메흐메드 6세 336

멤논 116, 348

명나라 273, 283

모굴 칸국 274, 275, 276, 305, 358

모레아 296, 297, 319, 320, 359

모로코 20, 202, 240, 242, 243, 244, 245,
302

모세 36, 44, 46, 50, 71, 72, 224

모세 5경 44

모스크바 공국 26

모하치 전투 301, 360

몬테네그로 24, 329, 330, 331

몬테라타로 201, 215, 354

몰다비아 공국 295, 298, 321, 326

몰타 20, 37, 168, 300

몽골 25, 26, 27, 29, 48, 66, 149, 150, 180,
204, 231, 236, 249, 250, 251, 252, 253,
254, 256, 258, 264, 265, 268, 269, 270,
273, 275, 276, 277, 278, 279, 282, 284,
285, 289, 290, 299, 305, 310, 312, 313,
319, 322, 323, 324, 342, 358

몽골고원 25, 27, 149, 204, 231, 251, 252,
253, 256, 264, 265, 268, 277, 312, 322

몽골제국 250, 256, 264, 270, 275, 276,
310, 365

몽트뢰 조약 333, 364

무굴제국 275, 283, 305, 360

무드로스 정전 협정 336, 364

무라드 1세 291, 292, 311

무라드 2세 293, 294, 295, 296

무사 이븐 누사이르 230

무세이온 147

무스타파 293, 294, 319, 326, 336, 337,
　364

무스타파 3세 326

무스타파 케말 336, 337, 364

무슬림들의 5대 의무 224

무아위야 227, 228, 239

무함마드 45, 46, 223, 224, 225, 226,
　227, 233, 243, 244, 245, 254, 260, 266,
　276, 289, 296, 332, 338, 354

뭄미우스 139, 351

뭉케 264, 269, 270, 272, 277

미노스 왕 39

미노아문명 39, 40, 55, 334

미노아문자 40

미드하트 헌법 317, 363

미르 후세인 282

미칼레 곶 95, 96

미케네 24, 37, 39, 40, 41, 42, 55, 56, 61,
　345

미케네 왕국 24

미타니 75

미트리다테스1세 180

민회 58, 60, 158, 159, 162

밀라노 188, 193, 200

밀라노 칙령 188

밀레토스 25, 83, 84, 116

밀레트 311

밀비우스 다리 전투 188, 193, 352

밀티아데스 86, 87, 89, 98, 100

ㅂ

바그다드 71, 73, 182, 233, 236, 240, 241,
　249, 255, 257, 260, 261, 270, 278, 279,
　285, 299, 307, 356, 359

바다 민족 24, 37, 41, 50, 56, 73, 75, 345

바르나 295, 359

바르사엔테스 126

바르셀로나 241

바르 코크바 51

바를라스 281, 282

바벨탑 32

바빌로니아 32, 33, 35, 38, 44, 45, 50, 51,

285, 290, 293, 312, 313, 322, 323, 324,

332, 336, 341, 342

비티니아 142, 180, 181

ㅅ

사그라하스 전투 357

사두정 187, 192, 352

사라고사 241, 242, 262

사라예보 335

사르곤 32, 71, 72, 75

사르데냐 20, 37, 161, 165, 166, 168, 175,

202, 334

사르디스 77, 82, 83, 84, 85, 86, 88, 94,

116

사르탁 264, 272

사리사 110

사마르칸트 126, 127, 229, 231, 234, 267,

268, 274, 281, 355

사만왕조 252, 255

사모스섬 25, 85, 95, 96

사비니족 155, 160, 161

사산왕조 47, 66, 68, 69, 70, 80, 180, 182,

200, 214, 216, 217, 218, 219, 220, 225,

227, 231, 234, 253, 254, 256, 261, 322,

323, 352, 354

샤트라프 82, 83, 85, 101, 116, 118, 124,

130, 133, 134, 139, 179

사파비야 303, 304

사파비왕조 267, 276, 297, 299, 303, 304,

305, 306, 307, 308, 309, 316, 324, 342,

360, 361

산스테파노 조약 330, 363

산토리니섬 40

살라딘 249, 261

살라미스해전 86, 88, 89, 92, 93, 94, 96,

97, 98, 103, 120, 347

삼니움족 155, 160, 163

삼순 336

삼위일체 51, 189, 214, 253, 352

상형문자 34, 38

샤니바니 276, 283, 305, 324, 360

샤를마뉴 대제 212, 213, 241, 314, 317,

355

샤머니즘 253, 254

샤와르 248, 249

샤 이스마일 276, 297, 299, 303, 304,

수메르인 31, 32, 130

수베에테이 267, 270

수사 64, 82, 83, 88, 123, 125, 130, 131,
140, 143, 146, 314, 348

수에즈운하 20, 22

수피즘 304, 305

술라 181, 185, 186, 229, 239, 351

술라이만 이븐 압드 알 말릭 229

술레이만 1세 299, 300, 301, 307

술레이만 이븐 쿠툴미쉬 247

술탄 247, 249, 257, 258, 265, 273, 279,
283, 284, 285, 290, 292, 293, 294, 295,
296, 298, 299, 301, 305, 311, 316, 317,
318, 326, 328, 336, 337, 338, 359, 360,
364

쉬르크 248, 249

슈코더르 298

스메데레보 291

스미르나(이즈미르) 285

스키타이 22, 26, 62, 65, 345, 346

스키피오 아이밀리아누스 176

스키피오 아프리카누스 138, 175, 176,
184, 238

스테파누스 209, 211, 212

스트라테고스 60, 87, 89, 90

스틸리코 198

스파르타 41, 42, 56, 57, 62, 80, 85, 88,
90, 92, 93, 94, 95, 96, 100, 101, 102,
103, 104, 111, 112, 115, 116, 118, 119,
139, 148, 157, 159, 163, 181, 197, 347

스펜타 마이뉴 68

스피타메네스 126, 130, 140

슬라브족 194, 291, 311, 312, 313, 323,
326, 328, 330, 353

슬로베니아 24, 137

시나이반도 50

시돈 37, 120, 121

시라쿠사 62, 88, 131, 166, 167, 171, 172

시르다리야 65, 257, 266, 283

시리아 24, 33, 34, 35, 38, 43, 45, 50, 51,
61, 65, 70, 71, 72, 73, 74, 75, 76, 77, 78,
118, 119, 135, 136, 140, 141, 142, 144,
149, 171, 177, 178, 180, 181, 187, 216,
219, 227, 228, 235, 240, 245, 246, 247,
248, 249, 253, 258, 272, 273, 278, 282,
283, 285, 299, 307, 332, 333, 336, 345,
351, 352, 357, 358

시리아 셀주크왕조 247, 248, 258, 357